외식마케팅론

김성혁 · 황수영 · 김연선 공저

백산출판사

머리말

외식산업은 다양하게 발전할 가능성이 높으며 고객만족서비스를 실천하고 노력하면 비교적 다른 사업에 비해 성공할 가능성이 높은 산업이다. 외식산업에는 매년 새로운 감각의 업태가 출현해서 기존업체의 틈새를 겨냥한 독특하고 차별화된 이미지를 부각시키고 새로운 스타일의 메뉴개발로 새로운 브랜드가 등장하고 있다. 건강과 장수에 대한 기대가 높아지면서 웰빙트렌드가 지속되고 있으며 패스트푸드 선호에서 슬로푸드로 소비자의 선호가 전환되고 있다. 외식업의 아이템은 육류위주에서 시푸드와 야채, 로우팻푸드 또는 다이어트 식품으로 다양화를 추구하고 있다.

최근 해외브랜드의 도입뿐만 아니라 한국브랜드의 세계화도 가속화되고 있다. 정부에서는 외식산업 육성과 한식의 세계화 정책방향에 대해 대대적인 노력을 경주하고 있으며, 한식세계화와 한식경쟁력 강화를 위한 학계의 노력도 엿보인다. 이러한 시기에 한국의 외식산업이 성장하고 발전할 수 있도록 외식 및 조리 마케팅의 체계적 이해가 밑받침되어야 한다. 특히 외식경영학과, 외식산업학과, 조리학과 등이 신설되고 통폐합되면서 관련 마케팅 교재의 필요성에 따라 외식마케팅의 이론과 실제를 중심으로 전개하면서 평이하고 이해하기 쉬운 외식마케팅 교재 개발에 부응하고자 하였다.

본서는 대학의 학생들을 대상으로 한 외식마케팅의 입문용 교과서로서 기초적인 마케팅 지식의 함양을 목적으로 하고 있다. 본서에서 다루고 있는 대상은 주로 호텔의 식음료 영업장, 일반식당 및 레스토랑, 편의음식점, 음료전문점, 주류전문점, 운송외식업, 클럽외식점, 출장연회뿐만 아니라 단체급식 등 서비스를 제공하는 기업들이다.

저자는 이미 수년 전에 본서와 관련이 깊은 서적을 출간한 바 있다. 그러나 대학생들이 학습하기에는 비교적 어려운 내용이 들어가 있어서 그 일부를 삭제하고 공저자들과 함께 다양한 내용과 사례를 추가해서 비교적 평이하게 내용을 구성하였다. 외식산업의 이해를 돕기 위해 도입부에는 외식산업에 대한 개념을, 후반부에는 고객관계관리에 대한 CRM, e-CRM 등을 추가하였다.

이 책의 특징은 마케팅 믹스와 전략을 중심으로 본서의 내용을 전개하였고 그 중에서도 외식구매행동, 외식마케팅 믹스, 브랜드, 외식채널행동과 조직, 내부마케팅, 고객만족경영과 고객관계관리 등의 내용이 강조되고 있다. 특히 각장의 말미에 외식경영자 및 외식기업의 사례를 싣고 외식업에 대한 이해를 돕도록 하였다.

우리는 외식산업이 안고 있는 본질적 문제들, 예를 들면 외식업체의 열악한 근무여건으로 말미암아 이직률이 높고 생산성이 낮으며 가족중심으로 운영하는 생계형 독립경영형태로 경영마인드가 낮은 현실적인 문제점을 해결하도록 노력해야 한다. 소자본, 저비용, 적은 인력으로 운영이 가능한 형태의 체인점이 출현하면서 그 본질적 문제들을 해결하고 성장하기 위해서 외식산업에서도 업체별로 다양한 마케팅 활동을 전개해 나가야 한다. 본서는 이러한 문제 해결의 하나로서, 마케팅 지식을 체계적으로 제공하고자 하였다.

졸저를 집필하는데 여러 교수님들의 의견을 반영하려고 하였다. 공저자들의 노력에 고마움을 표한다. 끝으로 호텔 · 외식 · 관광학문의 무궁한 발전을 위해 본서의 출간을 쾌히 승낙해준 백산출판사의 진욱상 사장님과 편집부 여러분께 감사의 말씀을 드린다.

2009년 8월 길일

공저자를 대표하여 김성혁 씀

차 례

제14장 고객만족경영과 CRM ••• 361

제1장

외식산업과 외식마케팅의 이해

1 외식산업의 이해

1) 외식의 개념

인간의 삶의 과정 속에서 의식주는 기본적이면서 필수적인 요소이다. 세 가지 모두 중요한 부분이겠지만, 그 중에서도 가장 기본적인 요소이며 삶의 원동력이 되는 요소가 바로 식(食)이라 하겠다. 이러한 식문화활동이 외식행위라 할 수 있고, 본서에서는 외식행동과 외식마케팅 활동에 관련된 부분을 다루고자 한다.

외식은 여가행동의 하나로 자리잡고 있으며, 주 5일근무제의 확산, 가처분소득의 증가, 여가시간의 증대 그리고 여성의 사회참여확대와 핵가족화 등이 외식행동의 확산에 일조하고 있다. 이러한 사회현상과 더불어 해외의 거대 외식 프랜차이즈기업의 등장은 국내 외식시장을 자극하기에 충분하였고, 국내 대기업들 역시 다방면에서의 외식업계 참여를 부추기고 있으며 매년 뚜렷한 증가세를 보이고 있다. 따라서 그 시장의 규모도 점차 커지고 있다.

본래 '외식'이라는 의미는 '가정외 식생활'을 줄여서 부르는 말이며, 이와는 반대로 '내식'이라는 의미는 '가정내 식생활'을 줄여서 부른 데서 기인하였다. 하지만 '내식'과 '외식'을 구분하는 것은 형식적일 수밖에 없으며 또한 근래에는 '내식'의 의미가 거의 사용되어지지 않고 있다.

많은 학자들이 외식의 정의를 내리고 있지만 외식을 명확히 구분하기는 어려울 수밖에 없다. 왜냐하면 다양한 업종과 업태가 꾸준히 생성되고 있으며, 가정 밖에서의 식생활도 다각도로 변모되고 있기 때문이다.

도이토시오[土井利雄]라는 일본의 학자는 소비자의 외식행위도 다양하고 새로운 개념을 가진 업체들의 등장으로 인해 외식의 내식화, 내식의 외식화 등 다양한 형태의 외식행위를 설명하기도 한다. 즉 내식적 내식은 가정에서 직접 조리하여 가정에서 직접 식사하는 행위를 설명하며, 외식적 내식은 가정에서의 조리행위가 극히 제한되는 반조리 식품과 완전 조리식품을 구매하여 가정에서 식사를 하는 형태를 의미한다.

내식적 외식은 가정에서 조리한 음식을 가정 밖에서 식사하는 행위를 말하며, 외식적 외식은 일반적인 외식행위, 즉 레스토랑에서의 식사행위를 의미한다. 넓은 의미로서의 외식의 범위는 내식적 외식과 외식적 외식을 포함하는 형태를 외식의 범위로 간주할 수 있을 것이다. 하지만 외식산업을 생산과 소비의 관점에서 또한 영리추구의 산업이라는 관점에서 이해를 한다면 엄밀히 말해서 외식은 외식적 외식을 말할 수 있다. [그림 1-1]은 내식과 외식의 분류를 잘 설명하고 있다.

사전적 의미로서의 외식의 정의는 "가정 밖에서 행하는 식사행위의 총칭", "자기 집이 아닌 밖에서 식사하는 것"으로 말하며, 학자들의 정의는 "가정 이외의 장소에서 시간의 구애됨이 없이 대가를 지급하는 모든 식생활 활동"을 외식이라고 정의하고 있다.

사전적 의미와 학자들이 정의한 외식의 정의를 종합적으로 정리하면, 외식은 "가정밖에서의 식사행위를 말하며 식사에 대한 일정한 대가를 지불하는 식생활 활동"이라고 정의할 수 있다.

[그림 1-1] 내식과 외식의 분류

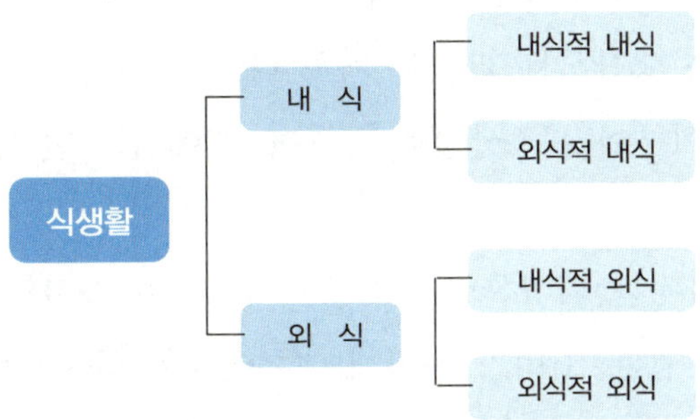

자료 : 도이토시오, 외식(일본경제신문사, 1990)에서 인용

2) 외식산업의 정의와 특성

외식산업은 1940년대와 1950년대를 거치면서 미국에서 "Dining-out industry" 또는 "Foodservice industry" 등으로 불리어졌으며, 이 용어를 1970년대 이후 일본에서 외식산업이라고 번역하여 사용하였다. 이후 우리나라에도 롯데리아를 시작으로 외식업이 본격화되면서 외식산업이라는 용어를 사용한 것으로 본다.

외식사업연구소에 의하면, 외식산업이라는 용어는 초기에는 요식업, 식당업, 음식업 등으로 불리어지고 알려지다가 점점 그 규모가 커지고 경영면에서도 체계적이고 합리적인 형태로 발전해 가면서 포괄적인 의미로 외식산업이라 칭하게 되었다.

손일락(1993)에 의하면, 외식산업을 인간의 외식행위에 대응하여 성립된 일단의 사업군이라고 정의하였고, 이정실(2002)은 가정 밖이나 가정 내에서 상업적인 식생활 전체를 말하며, 일반적으로 가정이 아닌 밖에서 직접 혹은 간접적으로 조리·가공 식음료를 상품화하여 교환을 거쳐 고객에게 제공하는 업을 영위하는 기업군이라고 할 수 있다고 하였다.

따라서 외식산업은 고객에게 음식을 제공하는 산업이라고 할 수 있고, 레스토랑을 방문하는 고객이 직원에게 음식을 주문하고 이를 주방에 전달해서 주방에서 주방장이 음식을 생산하는 과정을 거쳐 다시 주문한 고객에게 음식을 제공하여 즉시 소비가 이루어지는 산업을 말하며, 이에 합당한 대가를 받는 산업을 말한다.

이러한 개념을 가지는 외식산업은 다음과 같은 몇 가지의 독특한 특성을 가진다. 첫째, 주문과 생산, 소비가 동시에 이루어지는 동시성이다. 다른 산업 군에서 보여지는 생산과 유통의 과정이 생략되고, 레스토랑이라는 장소 안에서 고객의 주문과 동시에 생산이 이루어지고 곧바로 고객의 식사행위라는 소비가 이루어지며, 또한 같은 장소 안에서 고객의 평가도 즉석에서 이루어지는 유일한 산업이다. 따라서 레스토랑에서는 시스템적으로 신속성과 이에 따른 정확성이 요구된다.

둘째, 외식산업은 수예예측이 어렵다는 점이다. 레스토랑은 시간대별, 요일별, 계절별 특히 날씨에 따른 고객의 수요를 예측하기 어려운 점이 큰 특징이다. 날씨에 따라서 고객의 선호 음식이 시시각각 변하고 쏟아지는 미디어의 과잉 광고와 홍보에 따라서 변화하기도 한다. 이러한 문제로 인해 식재료 재고상의 문제와 원가상승에 악영향을 미치기도 하는데, 이러한 문제의 해결책으로는 예약문화의 정착으로 어느 정도 해결할 수 있지만 예약시스템의 도입이 어려운 소규모 업장에서는 과거의 레스토랑 운영경험에 의지할 수 없는 문제점에 봉착하게 된다.

셋째, 외식산업은 사람의 노동력에 의존도가 높은 노동집약적 산업이다. 외식산업뿐만 아니라 환대산업(Hospitality Industry) 전체의 특징인 노동집약적인 문제는, 고객을 맞이하고 고객에게 서비스하고 고객의 평가를 받아야하는 환대산업전체의 공통적인 문제이기도 하다.

기계화와 자동화는 주방의 일부와 POS 관련 업무가 도입이 되었지만 아직도 일부분에 머물러 있는 실정이고, 대고객서비스의 많은 부분은 직원의 인력으로 충당하는 부분이 많다. 따라서 레스토랑에서의 직원관리의 필요성이 절실하며, 품격 있는 서비스를 제공하기 위해서는 자질 있는 직원을 선발하여 꾸준한 관리와 교육이 필요하리라 사료된다.

넷째, 외식산업은 주변 환경, 즉 정치 · 경제 · 사회 · 문화 등 다방면에서 민감한 반응을 보인다. 특히 외식과 내식의 의미로 보면 경기가 불황이고 사람들이 씀씀이를 줄이는 상황에서는 가계지출은 외식의 횟수와 비용을 가장 먼저 줄이고 내식의 비율을 높여간다. 이는 외식업계가 안고 있는 문제이며 이를 슬기롭게 극복하기 위한 방안 마련에 적극적으로 나서야 한다.

다섯째, 외식산업은 식자재의 부패가 용이하다는 단점이 있다. 외식산업에서의 식자재는 채소류, 과일류, 유제품류 또는 냉장류, 냉동류 등의 제품이 관리소홀로 인하여 쉽게 변질될 가능성이 있으며, 이를 식재료로 사용하게 되면 큰 문제에 직면할 수도 있다. 이러한 문제에서 자유롭기 위해서는 매일매일 식자재의 재고조사를 통한 유통기한의 확인과 아울러 신선한 상태를 유지해야 할 것이다.

여섯째, 외식산업은 입지의존성이 높다. 외식업체의 성공의 핵심은 첫째도 입지, 둘째도 입지, 셋째도 입지라고 할 만큼 큰 비중을 차지한다. 일반적으로 입지에 의한 매출과 영업력에 의해 좌우되는 매출의 비율이 7 : 3 정도로 알려진 바와 같이 매출은 입지에 의해 좌우된다고 해도 과언이 아니다.

아무리 훌륭한 음식과 멋진 실내 인테리어, 분위기, 세련된 서비스, 넓고 편리한 주차장 등이 잘 갖추어져 있다고 하더라도 접근성이 불편하거나 주변의 상주인구와 유동인구를 전혀 고려하지 않은 입지에 자리잡고 있는 외식업체는 성공과는 거리가 멀 수밖에 없다.

일곱째, 고객의 외식 트렌드와 입맛이 빠르게 변화하고 있다. 인터넷과 다양한 형태의 매스미디어의 증가와 이러한 매체가 끼치는 영향, 또한 해외여행으로 인한 국제교류의 활성화 등으로 음식의 교류와 새로운 먹거리에 대한 열망이 높아져가고 있다. 따라서 외식업체는 이러한 트렌드에 부응하기 위한 노력으로 새로운 형태의 음식문화를 선도하고, 고객의 입맛을 사로잡을 수 있는 신메뉴 개발에 노력을 기울여야 한다.

3) 외식산업의 범위

외식산업의 범위는 가정 밖에서 이루어지는 식사행위의 산업군, 즉 전형적인 식사위주의 행위가 이루어지는 산업뿐만 아니라 제과점, 커피숍, 전통찻집, 유흥주점과 나이트클럽 등의 주점업 그리고 배달업과 출장연회(Catering)등의 음식관련 사업까지도 외식산업의 범주에 포함된다고 할 수 있다. 게다가 근래에 많은 호응을 얻고 있는 테이크아웃 형태의 전문점, 도시락, 김밥 등의 업체도 외식산업의 한 범주에 속한다. 우리나라 외식산업의 범위는 [그림 1-2]와 같다.

우리나라의 외식산업은 크게 영리를 목적으로 하는 상업적 외식산업과 비영리적 목적, 즉 공익을 위하거나 회사의 직원, 학교의 학생, 군대의 군인 등을 위한 비상업적 외식산업으로 구분할 수 있다. 먼저 상업적 외식산업은 일반적 외식산업과 제한적 외식산업으로 구분되며 일반적 외식산업은 특급호텔을 비롯한 각 등급의 호텔 내에서 운영 중인 레스토랑과 바, 호텔 이외의 일반 외식업체의 레스토랑, 편의음식점, 음료전문점 그리고 알코올음료를 전문적으로 취급하는 주류전문점 등이 있다. 최근 들어 와인 바와 맥주 바, 사케 전문점, 막걸리 전문점 등 저 도주 취향의 주류와 다양한 형태의 주류 전문점이 틈새시장을 파고들어 각광을 받고 있다.

제한적 외식산업은 항공기나, 선박, 기차 등의 승객이나 회원들을 대상으로 하는 운송외식업과 클럽외식업이 있으며 고객이 원하는 곳에 음식을 배달하여 서비스를 제공하는 출장연회(Catering)업은 편리성과 품격 있는 모임을 돋보이기 위한 수단으로써 많은 이들로부터 큰 호응을 받고 있다.

[그림 1-2] 외식산업의 범위

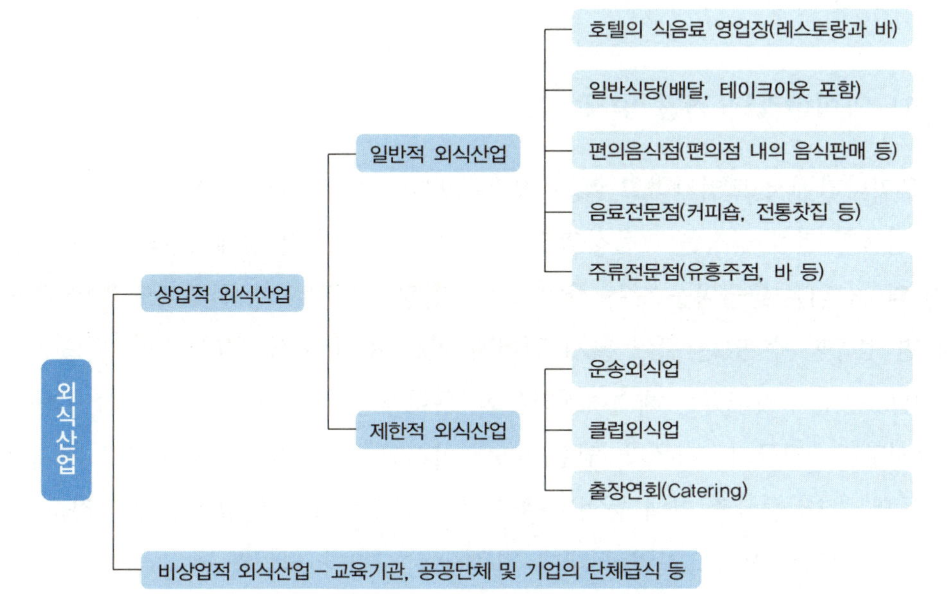

자료 : 신재영 · 박기용(외식산업개론, 2000)에서 인용

비상업적 외식산업은 일종의 단체급식의 형태를 띠며, 전적으로 무상으로 제공하는 형태의 공익성을 전제로 하는 외식산업이지만, 초 · 중 · 고 · 대학교나 병원 등의 외식산업은 단체급식을 전문으로 하는 업체에 위탁하여 경영하는 경우 제한적이기는 하지만 영리를 추구하는 단체급식의 형태에 속하기도 한다. 이러한 형태의 단체급식업체는 다른 외식업체에 비해서 위생관련 사고가 빈번히

발생하고 있어 위생적인 면에서 각별한 주의가 요구된다.

특히 단체급식을 하고 있는 초·중·고등학교의 식당은 식재료의 원산지 문제의 투명성과 이러한 부분에 있어서의 합리적인 방안 마련, 전문 영양사와 조리사를 고용하여 위생적이고 영양적인 면을 고려해야 한다. 또한 극단적인 영리 추구보다는 공익적인 범주에서의 체계적이고 바람직한 방향으로의 운영을 기하여야 할 것이다.

4) 외식산업의 현황 및 전망

우리나라에서 도입기라고 할 수 있는 1970년대부터 외식산업은 그야말로 매년 괄목할 만한 성장을 거듭하였고, ’70~’80년대 급속한 경제성장의 여파로 인해 외식산업은 황금알을 낳는 산업으로서 각광을 받았으며, 현재에도 잘만 운영하면 성공할 수 있는 길이 넓게 펼쳐져 있는 것이 사실이다.

1980년대 우리나라는 해외여행자유화, 문화개방정책, 국민의식수준의 변화, 3저(저달러·저금리·저유가) 영향, ’86년 아시안게임, ’88년 올림픽게임, 가처분소득의 증가, 중산층 확대 등의 영향으로 국민소득이 2,500달러를 돌파하고 외국의 외식프랜차이즈 기업이 대거 진출하는 시기가 되었다.

1990년대에 들어서면서 외식산업은 연평균 20% 이상의 고속성장을 하게 되는데, 이는 편리한 식생활추구, 다양한 외식 추구현상, 여성의 사회진출 확산 등이 계기가 되었다. 이후 IMF라는 외환위기 속에서 경기의 침체가 지속되면서 외식산업 역시 줄도산이 속출하게 되는데, 실직자들과 구직자들까지 가세하여 오히려 무분별한 생계형 창업이 줄을 잇게 되는 현상이 지속되었다.

2000년대에 들어서는 외식산업이 질적인 성장을 거듭하였고 IMF 이후 난립되었던 외식업이 프랜차이즈 형태의 거대 기업형으로 성장하기 시작하였다. 하지만 2002년 하반기 이후 저성장 추세의 경제여건으로 외식산업도 불황의 긴 터널에 진입하였고, 2007년 이후 경제의 하강곡선에 외식산업도 도산하는 업체가 증가하고 있다.

그러나 통계청의 『가계조사연보』에 의하면, 1984년 7,950원이던 월평균 가구당 외식비가 1996년에는 136,000원으로 급성장하였고, 이후 지속적으로 증가하여 2005년에는 246,900원, 2006년에는 247,900원 그리고 2007년에는 257,900원까지 증가하였다. 이는 단순한 외식비의 증가뿐만 아니라 국내 외식산업의 규모가 커진 것이며, 이를 가능하게 한 배경은 급격한 소득의 증가, 여성의 사회진출 가속화, 주 5일근무제로 인한 여가시간의 증대, 핵가족화, 독신 남녀의 증가, 식생활의 간편화 추구, 식생활의 다양화 및 고급화 등을 들 수 있다.

또한, 1980년대와 1990년대 이후 꾸준히 증가해 온 외식시장은 1990년 10조원 정도의 시장규모였던 것이 2000년 33조원, 2004년 48조원을 넘어서는 규모로 성장하였고, 외식업체의 숫자 역시 60만개를 넘어서고 있다. 이러한 성장세에 힘입어 2008년 현재는 57조원이 넘는 시장규모로 성장하였다. 외식산업의 전문가는 향후 지속적으로 성장할 것이며, 양적인 성장뿐만 아니라 내실 있는 질적 성장도 뒤따라야 한다고 조언하고 있다.

우리나라의 외식산업은 살펴본 바와 같이 과거 30~40년 동안 지속적으로 발전해 왔으며, 향후 전망은 다음과 같이 전망해 볼 수 있다.

첫째, 외식산업에서도 새로운 감각의 업태가 출현할 것이다. 또한 기존 업소는 적극적으로 근대화를 추진할 것으로 예상된다. 기존의 레스토랑이나 외식업체가 보여준 진부한 형태의 것이 아닌 감각적이고 신세대의 스타일에 맞추어 가는 새로운 형태의 업태가 계속적으로 나타날 것이다.

둘째, 외식산업에서도 독창적 아이디어가 가미된 차별화된 브랜드가 시장에서 고객들에게 사랑을 받을 것으로 본다. 기존 업체의 틈새시장을 겨냥한 독특하고 차별화한 이미지를 부각시키고 새로운 스타일의 메뉴개발을 통한 업그레이드 된 브랜드가 시장을 선점할 가능성이 있다.

셋째, 고객만족과 고객가치에 주안점을 두는 외식프랜차이즈 업체가 당분간 지속적으로 확산될 것이다. 이는 레스토랑 전반의 외식프랜차이즈 업체뿐만 아니라 와인과 맥주, 사케 전문점 등의 주류 업계에서도 지속적으로 성장할 가능성이 높다. 이러한 가능성은 현재에도 주류 프랜차이즈 전문점이 성황을 이루고 있는 것을 보면 예측가능하다.

넷째, 건강과 장수에 대한 기대가 높아지면서 외식산업에도 웰빙트렌드는 지속될 예정이며, 패스트푸드(Fastfood)보다는 슬로푸드(Slowfood) 중심으로 강세를 보일 것이다. 배고프고 한 번 먹으면 배부르게 먹던 시절의 외식은 이제 아주 먼 이야기가 되었고, 외식의 형태가 양보다는 질적인 면에 치우치고, 질적인 측면에서의 건강과 장수, 즉 웰빙에 대한 관심이 최고조인 시대이다. 창업의 주된 아이템 역시 웰빙에 관련한 소재를 택한다면 좋은 결과를 나타낼 것이다.

다섯째, 외식산업의 아이템은 육류 위주에서 시푸드(Seafood)와 야채, 로우팻푸드(Lowfat Food) 또는 다이어트 식품 위주로의 다양화를 추구하는 시도들이 곳곳에서 진행될 것이다. 육류 위주의 식사가 건강에 극단적으로 해로운 것은 아니지만 향후 외식 아이템 역시 전술한 바와 같이 웰빙의 트렌드가 지속될 것이며, 시푸드와 야채, 로우팻푸드와 다이어트식사 위주의 열풍이 당분간은 지속될 전망이다.

여섯째, 외식산업의 레스토랑들은 다운사이징(Downsizing)하여 점포규모를 줄이고 소자본, 저비용, 적은 인력으로 운영이 가능한 형태의 점포들이 출현할 것이다. 조사자료에 의하면 직장인 10명 중에 9명 정도가 창업을 고려한 적이 있으며, 역시 외식업이 가장 높은 비중을 차지하였고, 창업 자금으로는 1억 원 정도를 생각하고 있다고 한다.

이러한 응답으로 유추할 수 있는 점은 1억 원 정도의 소자본과 직원 5명 내외의 적은 인력으로 운영할 수 있는 소규모 점포를 희망한다고 볼 수 있고, 적은 비용으로 비교적 큰 이익을 창출하고자 하는 외식업종을 선호한다고 할 수 있다.

일곱째, 소비자들의 라이프스타일의 변화와 함께 편리성과 간편성을 추구하는 그들의 기호에 맞추어 가정식 대용식품(HMR : Home Meal Replacement)이라는 산업이 부각할 것이고, HMR시장이 확대될 것이다.

여덟째, 표준화, 시스템화, 메뉴얼화, 기술혁신 등의 용어로 설명되는 선진기술과 노하우(Knowhow) 등의 도입이 외식업체 전반에 걸쳐 가능하리라 본다. 새로이 오픈하는 외식업체에서는 이의 도입이 이미 진행되었고, 기존의 외식업체는 이러한 변화에 발빠르게 대응해야 할 것이다.

아홉 번째, 외식산업에서도 업체별로 다양한 마케팅활동이 전개될 것이다. 예를 들면 고객 분산 마케팅, 연계 마케팅, 인터넷 마케팅, 포인트나 마일리지 마케팅 등 다양한 종류의 마케팅 활동이 꾸준히 진행될 것이다. 고객 분산 마케팅은 해피아워 시간을 지정하여 다양한 혜택을 부여함으로써 고객이 어느 한 시점에 집중하는 것을 막고 고객을 분산시켜 매출액을 높이고자 하며, 레스토랑을 효율적으로 관리하고자 하는데 그 목적이 있다.

열 번째, 외식산업이 다양한 형태로 발전할 것이다. 가령 다양한 업종에서의 테이크아웃(Takeout)점, 케이터링(Catering) 업체, 단체급식 등의 업체들이 활성화될 것으로 전망한다. 테이크아웃점의 경우 기존의 커피와 분식류, 버거류 등에서 다양하고 광범위한 형태의 업태로 발전할 것으로 전망한다.

위와 같이 외식산업은 다양하게 발전할 가능성이 높으며, 또한 고객 만족서비스를 실천하고 노력한다면 비교적 다른 산업에 비해 성공할 수 있는 가능성이 높은 산업이다. 하지만 외식산업이 안고 있는 본질적인 문제들, 예를 들면 외식업체의 열악한 근무여건(미래의 비전부재, 낮은 급여, 복리후생 등)으로 말미암아 이직률이 높고, 생산성이 낮으며, 외식업체의 70% 이상이 가족중심으로 운영하는 생계형 독립경영 형태이다 보니 경영마인드가 낮은 현실적인 문제점은 외식산업의 공통의 과제이기도 하다.

이러한 어려움은 경영진과 근무하고 있는 직원 모두가 하나가 되어 본질적인 문제를 해결하고자 하는 의지를 보여주고 모두가 주인의식과 적극적인 자세를 가지고 근무에 임하여, 안 된다는 부정적인 생각보다는 해낼 수 있다는 자신감을 가지고 임하는 것도 하나의 방안이라고 본다. 특히 거대 외식기업에 맞설 수 있는 방안은 여러 가지가 있겠지만, 그 중에 하나가 가족 같은 분위기로 외식업체의 운영을 화목하게 운영하는 것이라 할 수 있다.

2 외식마케팅의 기본요소

1) 마케팅의 중요성

요즈음의 기업들은 공식적이고 문서화된 마케팅계획과 해외시장 진출을 위한 노력을 기획하기 위하여 마케팅부서와 마케팅 부사장을 두고 있다. 그들은 추진해 나가려는 기업전략 방향과 수행하고자 하는 목표를 사전에 명확히 파악하고 있다.

외식시장 내부에는 경쟁이 매우 치열하기 때문에 외식산업에 있어서 체계적인 계획 설정이 특히 중요하다. 이 산업의 밝은 장래 전망이 피자헛(펩시코), 캔터키 프라이드 치킨(팹시코), 올리브 가든(제너럴 밀즈) 등의 레스토랑 시스템을 운영하는 패키지 푸드산업으로부터 거대기업을 만들어내기에 이르렀다. 이러한 기업은 슈퍼마켓에 있어서 선반의 공간과 판매경쟁에 이기기 위하여 필요로 하는 냉엄한 경쟁적인 환경 가운데서 적극적인 마케팅기법을 운영하고 있다. 즉 각 거대기업은 마케팅의 세련도를 높임으로써 마케팅기법을 레스토랑사업에 적용했던 것이다. 거대기업의 환대업계로의 진출은 개인소유의 레스토랑이나 호텔이 표준이었던 생업적 산업을 체인방식에 따라 1개 기업이 지배하는 산업으로 성장시켰다.

2) 마케팅과 판매

마케팅과 판매란 용어는 흔히 서로 혼동되어 사용되고 있다. 그러나 두 용어는 동일한 것이라고 말할 수 없다. 외식산업에서도 대다수의 사람들이 광고·판매촉진과 마케팅을 구별하지 못하고 있다. 실제로 광고효과에 실망하고 있을 때에 레스토랑 지배인이 "마케팅 같은 것은 믿을 것이 못 된다"고 털어 놓는 것을 들을 때가 있다.

마케팅이란 "많은 제품과 서비스 가운데서 특정제품 및 서비스를 구매하도록 구매자를 확신시키기 위해서 판매자측이 행하는 모든 의사결정과 행동의 총체"라고 정의할 수 있다. 마케팅은 고객이 무엇을 원하고 있는가를 알아내고 그들의 욕구에 맞게 상품을 제공해 주고 상품을 팔기 위한 가장 적절한 장소를 선택해야 하며, 상품의 유용성을 잠재고객에 알려주고 마케팅 전체과정을 평가하는 것뿐만 아니라 판매를 창조하는 것을 포함한다.

판매는 상품을 구입하기 위해 고객이 돈을 지불하거나 상품을 인도하기로 약속하는 것을 말한다. 따라서 판매는 마케팅 과정의 한 국면에 불과하다고 할 수 있다. 즉 광고와 판매는 마케팅믹스 가운데 촉진의 구성요소이다. 그 밖의 마케팅믹스 가운데는 제품·가격·유통과 같은 구성요소가 있다. 또한 마케팅은 조사, 정보시스템, 계획 작성을 포함하고 있다.

메리엇(J. Willard Marriott)은 코트야드호텔(Courtyard Hotel)의 신개념을 개발하였고, 제너럴 밀즈(General Mills)는 최초의 올리브 가든 레스토랑을 설계하였으며, 필즈(Debbi Fields) 부인은 쿠키를 판매하기 시작하면서 고객이 넘칠 정도로 큰 성공을 거두었다. 이 세 사람들은 새로운 소비자 이익(consumer benefits)을 제공하는 차별화된 제품을 기획했던 것이다.

유명한 경영학자인 드럭커(P. F. Drucker)에 의하면, 마케팅의 목적은 필요 이상의 판매행위를 방지하고 고객을 잘 알고 이해함으로써 고객의 욕구에 맞는 제품과 서비스를 개발하여 스스로 판매되도록 하는 것이라 한다.

이것은 물론 판매활동과 촉진이 시장에서 최대의 효과를 얻을 수 있도록 잘 조화된 마케팅믹스의 한 부분에 불과하다는 것을 강조하기 위한 것이다.

3) 외식마케팅의 기본요소

(1) 욕 구

욕구(needs)는 마케팅에 내재된 가장 기본적인 개념으로, 욕구란 인간이 무엇인가 결핍을 느끼는 상태를 말한다. 인간은 매우 복잡하고 다양한 기본적인 욕구를 갖고 있는데, 이에는 의(衣)·식(食)·주(住), 안전함·편안함 등과 같은 기본적인 물리적 욕구를 포함하고 있다. 또한 귀속성·애정·즐거움 및 휴식에 대한 사회적 욕구, 위신·인지 및 명성에 대한 존중의 욕구, 지식 및 자기실현에 대한 고차원의 개인적 욕구가 있다. 이러한 인간의 기본적 욕구는 외부의 자극에 의해 창조되는 것이 아니라 인간 내부에서 자연히 발생하는 인간형성의 기본적 부분이다.

욕구가 만족되지 못하면 인간은 불행을 느낀다고 한다. 중요하고 열망하는 욕구일수록 불행의 정도는 강하다. 불행을 느끼는 사람은 욕구를 충족할 수 있는 물건을 획득하기 위한 노력을 기울이거나 또는 욕망을 소멸시키는 행위를 선택한다. 욕구의 해소는 다음 식과 같이 두 가지의 방법으로 행해진다.

$$\text{욕구의 해소} = \frac{\text{갈망하는 제품이나 서비스의 획득}}{\text{욕망의 소멸}}$$

흔히 서양인들은 분자인 갈망하는 제품이나 서비스의 획득에 의해 욕구를 해소시키려는 경향이 있다. 이는 만족을 충족시키는 물건을 찾아내는 것에 의해 욕구를 처리하는 것이다. 그러나 동양인은 전통적으로 분모인 욕망을 소멸시키는 것에 의해, 즉 가능한 욕구를 배제하거나 줄이는 행위로 욕구를 해소한다.

토니즈(Tony's)는 휴스턴에 위치한 비교적 세련된 고급 레스토랑 가운데 하나이다. 일반적으로 토니즈에서 식사하는 것은 경제적으로 성공을 거두고 있다는 표상이기도 하다. 어느 단골고객은 다른 이용객의 주목을 끄는 중앙테이블을 차지할 것을 요구하고 그것으로 자기들의 인지 욕구를 충족시킬 수가 있었다.

베니건스(Bennigan's)와 같은 레스토랑에서는 사회적 욕구를 충족시켜 줌으로써 사업을 영위해 왔다. 다른 사람들과 함께 있고 싶어 하는 욕구이고, 즐거움과 편안한 휴식을 갖고 싶어 하는 욕구이다. 이 레스토랑 체인은 자유스럽고 편안함이 있는 분위기를 창출하고, 그곳의 오픈 바는 인근의 고객이 모이는 장소로서 이 레스토랑을 이용하는 것을 가능하게 하였던 것이다.

(2) 욕 망

욕망(wants)이란 문화(culture)와 개성(personality)에 의해서 형성되는 욕구를 충족시키기 위한 형태이다. 욕망이란 사람들이 자기들의 욕구를 전달하는 방법이다. 예를 들어, 발리섬 사람들은 배가 고플 때에는 망고, 새끼 돼지, 콩을 원하지만, 한국 사람이 배가 고플 때에는 밥, 된장국, 김치찌개, 매운탕, 숭늉 등을 원하게 된다.

오늘날의 고객은 한층 더 세련되어 있다. 레스토랑에서는 상표가 붙어 있지 않은 화이트 와인을 글라스로 제공할 수 있게 되었다. 또한 레스토랑에서는 샤르도네(Chardonnay), 쇼비뇽 블랑(Sauvignon Blanc), 리슬링(Riesling)과 같은 와인을 글라스로 제공하고 있다. 오늘날의 레스토랑 고객들은 양질의 와인을 감상하고 있고 또한 그것을 기대하고 있는 것이다.

대부분의 판매자는 욕구와 욕망을 때때로 혼동하고 있다. 드릴(drill)의 칼 제조업자는 고객은 드릴의 칼을 필요로 하고 있다고 생각할지 모르나, 고객이 진정으로 필요로 하는 것은 드릴로 만들어내는 구멍이다.

욕망은 욕구를 충족시킬 수 있는 대상과 관련된 개념으로서, 사회가 진보됨에 따라 그 구성원들의 욕망은 증가하게 된다. 사람들은 그들의 호기심과 욕망을 자극하는 수많은 대상에 노출되므로 마케터는 이러한 인간의 욕망을 충족시킬 수 있는 제품과 서비스를 제공하여야 한다.

(3) 수 요

인간의 욕망은 끝이 없지만 그 욕망을 충족시키기 위해 소용되는 자원(소득, 저축, 시간, 에너지 등)은 한계가 있으므로 인간은 그들이 지불할 수 있는 금액에 대해 가장 큰 만족을 주는 제품을 선택하게 된다. 이러한 욕망이 구매력을 수반할 때 수요(demands)가 된다.

특정 사회에서 어느 시점에서의 수요를 집계할 수 있다. 예를 들면, 2010년 수도권의 최고급 레스토랑 이용객 수요는 100만명이고, 2025년에는 300만명이 된다고 말할 수 있다. 어떤 사회에서는 올해의 수요상태로부터 내년의 생산을 계획할 수 있다. 사회주의 국가와 같은 중앙계획경제에서는 기준이 되는 생산량을 계획한다. 그러나 수요는 신뢰성이 없다. 사람들은 현재 소비하고 있는 제품에 싫증을 쉽게 느끼기 때문이다. 따라서 여러 종류의 제품을 찾아내고 가격과 소득의 변화에 따라서 새로운 선택을 하게 된다.

란카스터(K. J. Lankaster)에 의하면 제품은 사실상 속성의 집합체이고 사람들은 추구하는 제품 가운데 최상의 속성을 지닌 집합체를 제공하여 주는 제품을 선택한다고 한다. 예를 들면, 경승용차는 기본적인 수송, 가격, 연비의 경제성 등을 고려하여 혜택의 집합체로 표현되고 있다. 사람들은 지출이 가능한 금액으로 최상의 집합체를 갖추고 있는 자동차를 선택하는 것이다.

(4) 상 품

상품(products)이란 인간의 욕구나 욕망을 충족시킬 수 있는 것으로, 주의(注意)의 대상이 되거나 취득, 사용 및 소비를 위해서 시장에서 제공되는 것을 말한다.

상품의 개념은 유형적 물건에 한정되는 것은 아니다. 욕구를 충족시킬 수 있는 것이면 무엇이든 상품이라고 부를 수 있다. 어느 경영자가 경쟁이 치열한 산업에서 업무로 인하여 쌓인 스트레스를 풀고 싶어 하는 욕구를 느끼고 있다고 가정해 보자. 이러한 욕구를 충족시킬 수 있는 상품군(商品群)을 상품선택 집합(product choice set)이라고 부르기로 하자. 이 집합은 콘서트, 레스토랑에서의 식사, 4일간의 카리브해 휴가, 헬스클럽의 운동 등을 포함한다. 이러한 상품은 균등하게 소망되고 있지는 않는다. 비교적 이용하기 쉽고, 그렇게 고가의 것이 아닌 상품, 다시 말하면 콘서트나 레스토랑에서의 식사와 같은 것이 우선 먼저 빈번히 구입되는 경향이 있다.

상품은 간혹 제품으로도 불리고 있으나, 엄밀히 말하자면 제품이 서비스와 결합되어서 상품이 된다. 즉 제품은 상품의 하위개념이고 판매되는 시점에서는 서비스와 제품이 결합되므로 상품이 거래의 대상이 되는 것이다.

한 상품이 고객의 욕구를 보다 효과적으로 충족시킬수록 그 상품은 성공할 가능성이 더 높다. 따라서 마케터는 고객의 욕구를 잘 파악하고 그 욕구를 가장 잘 충족시킬 수 있는 상품을 공급하여야 할 것이다.

(5) 교 환

사람들이 교환을 통해서 욕구와 욕망을 충족시키고자 할 때 마케팅활동이 발생한다. 교환(exchange)이란 "어떤 사람에게 필요한 것을 주고 그 대가로 자신이 원하는 것을 얻는 행위"이다. 사람들이 원하는 것을 얻기 위한 방법에는 네 가지, 즉 자급자족, 강요, 구걸, 교환 등의 방법이 있다. 교환이란 사람들이 자기가 원하는 것을 얻는 방법 중의 하나일 뿐이다. 예를 들어, 자급자족은 배가 고픈 경우에 자신이 음식을 만들어 먹는 행위이고, 강요는 음식을 빼앗아 먹는 행위이며, 구걸은 음식이나 물건을 그냥 달라는 행위이고, 교환은 화폐나 다른 물건 또는 서비스를 제공하여 필요한 음식을 얻는 행위이다. 여기서 교환이 가장 합리적인 방법이다.

교환은 마케팅 개념의 핵심이다. 교환이 발생하기 위해서는 몇 가지 조건이 충족되어야 한다. 첫째, 최소한 2인 이상의 당사자가 있어야 한다. 둘째, 각자는 상대방에게 가치가 있는 어떤 것을 가지고 있어야 한다. 셋째, 각자는 상대방과 연락 및 수송이 가능하여야 한다. 넷째, 각자는 상대방의 제의를 자유로이 거부 또는 승낙할 수 있어야 한다. 다섯째, 각자는 상대방과의 거래에서 타당하고 바람직하다고 생각하고 있어야 한다.

이러한 의미에서 볼 때, 생산이 가치를 창조하는 것과 같이 교환도 가치를 창조하므로 교환은 사람들에게 소비의 가능성을 확대시켜 준다.

(6) 거 래

교환이 마케팅의 핵심개념이라면 거래는 마케팅의 측정단위이다. 거래(transactions)란 두 당사자 간에 가치를 매매하는 것으로 형성된다. 즉 거래에서는 A가 B에게 X를 주고 Y를 받는다고 할 수 있어야 한다. 예를 들면, 어떤 사람이 백화점에서 30만원을 주고 텔레비전을 구입하였을 때, 이를 금전적 화폐거래라고 한다. 그렇지만 모든 거래가 화폐로 이루어지는 것은 아니다. 예컨대, 물물교환거래의 경우도 있는데, 모 라디오 방송국에서 무료광고를 해주는 대신에 어떤 레스토랑이 방송국에 무료식사권을 제공하는 것을 들 수 있다. 또는 변호사가 의사에게 유언장을 작성해 주고 그 대가로 의료서비스를 받는 경우도 이에 해당된다. 거래가 성립되려면 적어도 두 개의 가치 있는 제품이 있어야 하고, 교환조건, 교환시기 및 교환 장소에 대한 당사자 간의 합의가 있어야 한다.

거래는 다음과 같이 몇 가지 측정 가능한 것을 포함하고 있다. 첫째, 적어도 두 개의 가치가 있을 것, 둘째, 동의하는 조건, 셋째, 계약시간, 넷째, 계약장소 등이다.

거래는 이전(移轉)과는 구별되어야 한다. 이전(transfer)에는 교환상대방 가운데 한쪽이 상대방에게 무엇인가를 제공했다고 해도 그 대가로 무엇을 받았는가를 확실하게 알 수 없다. 이전에는 선물, 원조금, 이타적 행위들이 포함되고 있다.

마케터는 흔히 자신의 업무를 이전이 아니라 거래에 한정해야 한다고 생각할 가능성이 있다. 그러나 좀 더 생각해 본다면 이전활동은 또한 교환개념을 포함하고 있다는 것을 알 수 있다. 넓은 의미에서 이전활동은 감사, 호감, 죄악감의 경감, 또는 타인에게 채무를 지게 했다고 생각하게 하는 것 등 차후에 얻어지는 이익을 기대하여 선물(gift)을 보내는 행위 등을 포함한다.

3 외식마케팅의 정의

1) 마케팅의 정의

마케팅개념은 시대와 함께 변화하고 있고, 또한 학자에 따라 다양하게 정의되고 있다. 현재 가장 많이 인용되고 있는 것은 코틀러(P. Kotler)의 마케팅 정의이다. 코틀러에 의하면 마케팅(marketing)이란 "개인과 집단이 제품과 가치를 창조하고 타인과의 교환을 통하여 그들의 욕구와 욕망을 충족시키는 사회적 또는 관리적 과정"으로 정의하고 있다.

이러한 코틀러 정의를 근간으로 하여 마케팅 연구자의 모임인 AMA(American Marketing Association)에서 1985년에 새로운 정의를 제시하였다. 즉 마케팅이란 "개인 및 조직의 목표를 만족시키는 교환을 실현하기 위하여 아이디어, 제품 및 서비스의 개념구성·개발, 가격설정, 프로모션 및 유통을 계획·실시하는 과정"이라고 정의하였다. 이러한 정의는 최근에 교환을 중심으로 하여 서비스상품에 대한 이론을 정립하려는 흐름으로 이어지고 있다.

2) 외식마케팅의 정의

역사적 추세를 살펴보면, 마케팅에 관한 흐름은 과거에는 상품지향적이었고 상품과 서비스를 매력 소구점으로 내세워 마케팅활동이 전개되어 왔다. 그러나 현대에서는 이러한 경향은 쇠퇴하고 외식마케팅의 관심은 잠재고객에게로 전환되어 이용객의 동기 및 고객만족과 같은 새로운 개념이 마케팅사고에 도입되었다. 즉 잠재이용객의 욕구와 욕망을 충족시켜 주기 위한 고객 중심의 마케팅 활동이 이루어지고 있다.

본서에서는 외식마케팅을 다음과 같이 정의하고자 한다. 외식마케팅(foodservice marketing)이란 "외식업의 목표를 달성하기 위해 교환을 통하여 제품 및 서비스, 아이디어를 사용해서 상품화, 가격결정, 유통 및 촉진을 계획·실시하는 전략적 조직활동"이다.

4 환대산업 마케팅이론의 발달

환대산업의 마케팅개념은 비교적 최근에 발전하였다. 20세기 이전에는 다른 산업과 마찬가지로 제품과 서비스는 간결하고 전통적인 방법으로 판매되었다. 그 때는 특히 목적지, 관광루트, 숙박시설, 외식시설 등이 한정되어 있었기 때문에 진보의 흔적을 찾아볼 수가 없었다. 20세기가 넘어서 비로소 마케팅이론이 싹트게 되었고 차츰 환대·외식산업에 적용되기에 이르렀다.

1) 생산지향적 개념

생산지향적 개념(production oriented concept)은 판매자의 지침이 되는 가장 오래된 개념 가운데 하나이다. 생산지향적 개념은 소비자가 입수가능하고 값이 적절한 제품을 선호할 것이라는 가정에 출발하므로 경영관리자는 생산과 유통에 효율을 높이는데 중점을 두지 않으면 안 된다. 생산지향적 개념의 문제점은 경영자가 생산시스템에 중점을 두고 고객의 기호를 망각하기 쉽다는 데 있다.

사람들 가운데는 식사시간에 뒤늦게 당도하여 보통의 생산지향적 레스토랑에서 식사를 한 경험을 가지고 있다. 그 레스토랑은 3분의 1의 객석밖에 차지 않았으나, 모든 고객을 레스토랑의 한 곳으로 몰아서 앉기를 강요하므로, 불필요한 혼잡과 고객의 불만을 사고 있었다.

이러한 상황이라는 것은 한쪽에서 청소를 하든가 최소한의 동작으로 웨이터들이 서비스를 제공할 수 있게 하기 위함이다. 서비스 직원의 조직화는 생산 측면의 심리상태를 높이는 또 하나의 이유이다.

2) 제품지향적 개념

교통, 통신, 산업기계의 발전으로 대량생산의 시대가 도래하였으나, 고객지향적이라기보다는 이익지향적인 활동에만 관심을 두는 기업이 대부분이었다. 제품지향적 개념(product oriented concept)은 생산지향개념과 마찬가지로 내부지향적이다. 즉 소비자가 기본제품과 제품형태를 선호하고 있어서 관리자의 업무는 이러한 제품의 우수한 개량품을 개발한다는 것을 의미하고 있다.

제품지향적 개념은 가장 좋은 제품을 생산한다면 고객이 반드시 그 제품을 구매한다는 원리가 그 기초를 이루고 있다.

빅토리아 스테이션(Victoria Station)은 최고급의 갈비를 전문화한 레스토랑 체인이었다. 그들은 놀라운 성공을 거두었고 급속한 확대를 추진하여 50개 이상의 점포를 가지게 되었다. 경영자들은 그 제품을 어떻게 하면 더 맛있고 낮은 원가로 조리할 것인가에 중점을 두었다. 그들은 적절한 시간에 맞추어서 그 쇠고기가 숙성하는 것을 기다렸다. 그 로스트 비프는 고기기름이 빠져나가지 않게 서서히 조리되고 고기가 수축하는 것을 방지하게 되어 그들은 최고급의 제품을 제공하였다. 그러나 색깔이 변하게 되는 커다란 단점을 갖게 되었다. 결국 고객은 식사하러 가서 이미 붉은 색깔의 고기를 주문하지 않았다. 대신에 치킨, 시푸드, 파스타를 주문하였다. 즉 빅토리아 스테이션은 최고급의 갈비 살코기 디너를 개발하였으나 그 표적시장은 고급갈비를 찾지 않았다. 빅토리아 스테이션은 시장지향을 추구하여야 했는데 제품지향적이었던 것이다.

1950년대 후반부터 미국인들이 매우 긴 대기시간, 지나치게 값비싼 제품, 상대적으로 맛이 없는 음식 등 호텔 레스토랑에 대한 불만이 명백해진 사실에도 불구하고 많은 풀 서비스 호텔은 고객의 식사욕구를 인식하는데 뒤떨어지고 말았다. 많은 컨설턴트들은 고객의 기호변화를 명백히 하기 위하여 객실 휴지통안에 버려진 햄버거의 포장지와 피자상자의 의미를 생각해 보도록 이들 호텔에 조언을 주었다.

이와 같은 레스토랑 관계자의 제품지향적인 사고는 제품지향적 마케팅의 대표적인 예라고 할 수 있을 것이다. 이것을 마케팅 근시안(marketing myopia)이라고 부르기도 한다.

3) 판매지향적 개념

기업의 생산능력이 점차로 증가하여 제품이 초과 공급되기 시작하자 기업경영자들은 그들이 만든 모든 제품을 사람들이 구매하도록 설득해야 한다는 것을 깨닫게 되었다. 그리하여 그들은 판매직원의 선발 및 훈련, 인센티브, 경영관리를 증진시키기 위하여 마케팅활동을 확대하였다. 이러한 혁신활동을 밑받침으로 하는 이론을 판매지향적 개념(selling oriented concept)이라 한다. 판매지향적 개념은 기업이 충분한 판매와 촉진노력을 기울이지 않으면 소비자는 기업의 제품을 대량으로 또는 반복하여 구입하지 않을 것이라고 가정하고 있다. 판매활동의 목표는 가능한 판매를 달성하는데 있으며, 판매 후의 만족 또는 판매에 따른 수익의 기여에 대하여 염려하지 않는 것이다.

레스토랑에서는 매출액이 감소하고 있는 이유를 처음부터 분석하려 들지 않고 판매가 떨어지기 시작할 때에 비로소 광고를 내는 경향이 있다. 그들은 자기들의 제품을 변경하여 변화하는 시장에 맞추려 들지 않는다. 그들은 판매가 더 곤란해지면 광고와 쿠폰의 제공을 늘려서 고객에게 그 제품을 판매하려고 한다. 결국 그 제품이 시장욕구를 충족시킬 수 없게 되므로 그들은 그 사업에서 손을 떼게 될 것이다.

판매지향적 개념은 관광·환대산업에 있어서 특유의 것이다. 그 주된 이유 가운데 하나는 만성적인 과잉능력상태가 지속되고 있다는 점이다. 실제로 외식부문을 비롯해 이 업계의 모든 주요부문은 과잉능력으로 고민에 빠져 있다. 현재도 그렇고 앞으로도 그것을 경험하게 될 것이다.

4) 마케팅지향적 개념

기업들은 고객의 욕구를 충족시키지 못한다면 고객은 제품을 구매 또는 재구매하지 않는다는 사실에 주목하였다. 제품이 넘쳐흐르기 시작하여 시장은 극도로 경쟁적 상황으로 변하였고, 그 결과 마케팅기술은 좀 더 세련되고 전문적으로 발전하게 되었다. 기업은 고객이 무엇을 요구하고 원하는가를 판단하기 위해 시장조사의 실시를 더욱 강조하게 되었다. 마케팅이론은 시장조사와 제품디자인을 포함하는 데까지 확대되기 시작하였다. 이와 같이 현대의 마케팅지향적 개념(marketing oriented concept)은 고객의 관점에서 실시되고 있다.

마케팅지향적 개념이 가정하는 것은 조직목표의 달성이 표적시장의 욕구와 욕망을 결정하는 데 좌우되고 경쟁사보다도 효과적이고 효율적으로 고객에게 만족을 제공한다는 것이다.

마케팅지향적 개념은 "욕구를 발견하여 그것을 충족시킨다", "만들 수 있는 것을 팔려는 것이 아니고 팔리는 것을 만들어라", "좋을 대로 해주세요(버거킹)", "당신은 우리들의 보스입니다(유나이티드항공)"와 같이 다채로운 표현으로 설명되고 있다.

고객지향적 마케팅의 본보기는 리조트이다. 리조트에서는 처음에는 휴식, 휴양, 기름진 음식을 제공하다가 고객의 기호 변화에 따라 점차로 운동, 피트니스, 저칼로리 음식 등을 제공하게 되었다.

5) 사회지향적 개념

사회지향적 개념은 오늘날의 환경오염, 자원부족, 폭발적 인구증가, 세계적인 인플레이션 등 무시되고 있는 사회적 측면을 고려하여 기업행위가 이루어지고 있는가 하는 의문에서 생겨난 마케팅 개념이다.

사회지향적 개념(societal oriented concept)은 개인의 욕구를 파악하여 이에 대처하고 이를 충족시키는 기업은 장기적으로 소비자와 사회를 위하여 최선의 길을 항상 실행하고 있는 것이다. 사회지향적 개념을 주장하는 사람들은 장기간에 걸쳐서 사회에 이익을 가져다주는 의사결정을 기업이 실행하도록 이해관련집단에 요구해 왔다.

호텔체인은 레스토랑에 금연석과 금연 장소를 설치해 왔다. 미국의 MADD(음주운전반대 어머니회) 등은 보다 엄격한 음주운전법, 해피아워(happy hour : 바나 레스토랑 등 음식점이 어느 일정시간에 파격적 요금이나 가격차를 붙여서 제품을 제공하는 시간대)의 장려에 반대하는 법률, 고객에게 과도한 알코올을 제공하는 것에 대하여 레스토랑의 책임을 무겁게 지우는 법률을 입법화하였다. 레스토랑과 그 주(州)의 조합은 책임지고 알코올류를 제공하는 방법에 관하여 훈련프로그램을 개발하였다. 칵테일 파티는 과거의 낱말이 되었고 오늘날에는 거의 모든 파티에서 여러 종류의 미네랄 워터, 후르츠 주스, 소프트 드링크가 제공되고 있다.

요즈음은 지배인과 직원은 고객이 만취하는 것을 방지한다든가 취객의 간호방법을 알 필요가 있다. 사회지향적 개념을 채택하고 있는 패스트푸드 레스토랑에서는 환경에 더 유익한 포장을 추구한다든가 영양가가 더 많은 식품을 생산하고 있다.

그 후 그린마케팅(green marketing)의 영역이 환경에 대한 일반대중의 관심으로 발전하였다.

5 외식마케팅 환경요인

외식기업이 매우 성실하게 마케팅과정을 계획하고 통제하려고 하더라도 어쩔 수 없는 환경요인으로 인하여 업무의 진행에 영향을 받거나 방해를 받기도 한다. 이러한 일이 발생하면 기업은 그 상황에 대처해 나갈 만큼 충분히 유연성을 발휘해야 한다. 외식기업은 시장조사를 통하여 이러한 상황을 예상하고 그것에 대처할 수 있도록 해야 한다.

마케팅환경은 내적 환경요인과 외적 환경요인으로 구분되며, 후자는 업무환경과 비업무환경으로 세분할 수 있다.

1) 내적 환경요인

기업의 내적 환경요인이란 마케팅기능 이외의 관리기능 또는 부서로서 생산, 인사, 재무, 회계, 구매, 연구개발 등을 의미한다.

마케팅부문 책임자는 고립상태에서 근무할 수는 없다. 관리자는 사내의 각 부문과 밀접한 제휴 하에 업무를 추진하지 않으면 안 된다.

외식기업의 최고경영층은 사업부의 전반관리자, 집행위원회, 사장, 회장, 이사회 등으로 구성된다. 이러한 상위부문 경영층은 기업의 사명, 목표, 전사적 전략 및 방침 등을 수립한다. 마케팅부문 관리자는 반드시 최고경영층이 설정한 계획범위 내에서 의사결정을 해야 할 뿐만 아니라 그들의 마케팅계획을 실행하기 전에 최고경영자의 승인을 받아야 한다.

또한 마케팅관리자는 타 기능부문과 긴밀하게 협조해야 한다. 외식기업의 재무팀장은 마케팅계획 수립을 위한 자금의 조달 가능성 및 운영에 관심이 높을 것이며, 상품팀장은 변화하는 시장욕구에 적합한 신제품을 만들어낼 책임을 지고 있다. 구매팀장은 예측된 고객 수만큼의 식사나 서비스를 제공하는데 필요한 원료 및 소재의 충분한 확보에 관심이 있으며, 고객서비스팀은 충분한 서비스능력과 노동력을 확보하고 상품제공 목표를 달성하는데 책임을 진다. 회계팀장은 계속적으로 이익 및 비용을 측정하여 기업의 목표가 잘 성취되고 있는가를 마케팅부서가 알 수 있도록 수익과 비용을 계산하고 정보를 제공하는 데 책임이 있다. 이와 같이 모든 부서의 팀장들은 마케팅부서의 계획과 활동에 직·간접적으로 영향을 미친다.

2) 외적 업무환경요인

고객, 공급업자, 중개업자, 광고대행사, 노동조합 그리고 주주 등은 외적 환경요인 중에서도 마케팅활동을 직접 제약하거나 돕는 요인들이다. 시장중심적인 경영에서 특별히 중요한 요인은 두말할 필요도 없이 고객이다. 고객에 대해서는 본서 전반에 걸쳐 언급하므로 여기서는 생략하기로 한다.

(1) 공급업자

공급업자는 외식기업이 제품과 서비스를 창출함에 있어 필요한 자원을 제공하는 기업 또는 개인을 말한다. 공급업자에게 영향을 미치는 동향 및 전개는 기업의 마케팅계획에도 큰 영향을 미친다. 예를 들면, 레스토랑의 지배인이 주말에 산 바다가재 특별요리 판매계획을 결정하였다고 가정하자. 어패류 공급업자를 불러들여 주말의 판매촉진을 위하여 바다가제 300마리의 납품을 약속한다. 금요일 아침 이 공급자업자로부터 동해시에서의 출하량으로는 바다가제가 부족하여 토요일 아침이 돼서야 입하된다는 전화연락이 왔다. 그래서 지배인은 곧 다른 구입처를 찾아야 했다. 그렇게 하지 않으면 금요일 밤에 예약해 둔 고객을 실망시키기 때문이다.

스테이크 앤 에이이(Steak and Aie)는 가리비(scallop dish)를 사용한 해물요리를 메뉴에 첨가하고 싶었다. 그래서 6개월 걸려서 그 가리비요리를 완성시켰다. 그러나 개발기간 중에 가리비의 가격은 2배로 뛰었다. 결국 그 레스토랑은 당초 예정한 요금보다 크게 인상하지 않을 수 없게 되었다. 이러한 일을 미연에 방지하기 위해 마케팅관리자는 재료구매 가능성과 구매비용의 변동에 주의를 기울이지 않으면 안 된다.

(2) 중개업자

중개업자는 어느 기업이 최종구매에 대하여 제품을 홍보하고 판매하여 유통시키는 것을 지원하는 기업을 말한다. 즉 외식업의 고객개척과 판매를 도와주는 사업체이다.

제조업과 마찬가지로 외식업 가운데는 다양한 중개업자를 보유하고 있어서 자기회사의 레스토랑으로 보내는 원자재 수송을 그 수송시스템에 의존하는 곳도 있다. 그러나 기업은 운송회사에 대하여 거의 아무런 지배력을 행사하지 못하는 경우가 대부분이다. 그래서 기업이 성장함에 따라 제품의 유통수송시스템을 창설·구축하는 곳도 나타난다. 예를 들면, 레드 랍스터(Red Lobster)는 플로리다 올랜도에 대규모 식품가공 공장을 가지고 있다. 이를 전국에 운반하기 위하여 전국 물류·유통시스템을 심각하게 고려한 적이 있다.

마케팅서비스 대리점에는 기업의 적절한 시장을 표적으로 삼아 판매촉진을 지원하는 마케팅 조사회사를 비롯하여 광고대리점, 매체, 마케팅 상담기업 등이 포함된다. 금융중개업자로는 기업이 거래를 위하여 자금을 조달하든가, 상품과 서비스의 매매에 관한 위험부담에 보험가입 등을 지원하는 은행, 카드회사, 보험회사 등이 포함된다.

3) 외적 비업무 환경요인

많은 외부요인들이 마케팅에 영향을 미치고 있다. 비업무 환경요인은 가장 변두리에 위치하여 마케팅에 간접적으로 영향을 미치긴 하지만, 이들은 업무환경으로서의 고객과 함께 직접 경영에 위협과 기회를 제공하는 장본인이라는 점에서 이들이 갖는 전략적 중요성을 간과해서는 안 될 것이다. 비업무 환경요인으로는 경쟁사, 사회·문화, 정치·법률, 생태, 경제, 기술 등이 있다.

(1) 경쟁사

어떤 기업이라도 경쟁력과 함께 최적의 마케팅전략을 갖출 수는 없다. 업계에서 우위의 입장에 있는 대기업은 소규모기업으로서는 불가능한 전략을 채택할 수 있다. 그러나 소규모기업도 자기들에게 유리한 전략을 선택할 수 있다. 예를 들면, 대형 레스토랑체인은 그 구매력을 활용하여 전국적인 광고를 내고 다수의 사업체에게 비용을 분담시킬 수 있다. 그러나 소규모 개인소유 레스토랑은 지역 동향에 신속히 적응할 수가 있어서 수백 가지나 되는 레스토랑 메뉴품목을 통일시킨다는 어려움이 없기 때문에 다양한 메뉴를 신속하게 제공할 수 있다. 휴스턴시 씨푸드 레스토랑의 경영자는 수마일 이내에 다른 씨푸드 레스토랑이 없으므로 그의 레스토랑에는 경쟁사가 없다고 말하고 있었다. 그러나 수개월 후 그 레스토랑은 폐업하고 말았다. 고객은 멀리 떨어진 씨푸드 레스토랑까지 승용차로 이동하여 식사를 하였기 때문이다.

모든 외식업은 네 가지 차원에서 경쟁사와 대면하고 있다.

① 기업은 경쟁사를 동일한 제품과 서비스를 동일한 가격으로 제공하는 회사로 볼 수 있다. 이를테면, 맥도널드는 버거킹, 웬디스 및 하디스를 경쟁사로 보고 있다.

② 기업은 경쟁사를 동일제품 또는 동일 종류의 제품을 제조하고 있는 모든 기업으로 볼 수 있다. 이를테면, 맥도널드는 보스턴 치킨, 켄터키 프라이드 치킨, 타코 벨 및 아비스를 포함한 모든 패스트푸드 레스토랑을 경쟁사로 보고 있다.

③ 기업은 경쟁사를 보다 폭넓게 동일 서비스를 제공하는 모든 기업으로 볼 수 있다. 이를테면, 맥도널드는 모든 레스토랑과 슈퍼마켓의 음식코너와 그 밖의 모든 반조리 식품공급업자와 경쟁하고 있다고 생각한다.

④ 기업은 경쟁사를 보다 넓은 의미에서 동일고객의 돈을 경쟁적으로 노리는 모든 기업으로 볼 수 있다. 맥도널드는 식품잡화점과 고객 자신의 식료품 저장과 경쟁하고 있다고 생각한다.

맥도널드의 "당신에게 어울리는 오늘의 휴가(You Deserve a Break Today)"라는 광고 캠페인은 경쟁의 제4차원을 겨냥하여 주부들에게 요리를 하지 말고 휴가를 즐기라고 소구하고 있다. 버제트 모텔회사가 모텔과 연계하여 식품사업에 진출하기로 결정하였다면 장래 경쟁가능성이 있는 상대를 봅 에반즈 또는 데니즈 등의 패스트푸드 레스토랑이라고 볼 수도 있다. 일부 모텔체인의 소유자들은 이런 수준에서 경쟁하는 것을 중지하고 그 대신에 전자렌지용 팝콘, 스낵과자, 소다 및 피자와 같은 한정된 종류의 냉동식품을 판매해서 편의점과 경쟁하기로 결정할 수도 있다.

(2) 진출장벽과 철수장벽

경쟁에 영향을 미치는 요인으로는 기업의 시장진출능력과 철수능력이 있다. 진출장벽은 기업의 사업개시를 막고 철수장벽은 기업이 사업에서 손을 떼는 것을 방해한다.

레스토랑업계는 진출 장벽이 낮다는 것이 특징이다. 비교적 소액자본으로 레스토랑사업을 시작할 수 있다. 직접적 경쟁을 하지 않고 개점한 레스토랑 경영자는 얼마 지나지 않아서 1년마다 경쟁사가 4~5점씩 늘어나는 것을 알게 된다. 이러한 사실은 경쟁을 예측하고 누구나 항상 경쟁하고 있다는 것을 전제로 하여 사업을 추진해야 한다는 것이다. 그 바탕에는 항상 고객만족이 중요하다는 것을 염두에 두어야 한다. 왜냐하면, 고객은 언제든지 다른 곳으로 떠날 수 있기 때문이다.

(3) 인구통계학적 환경

인구통계학은 규모 · 인구밀도 · 장소 · 연령 · 성별 · 인종 · 직업 등 통계의 관점에서 본 인간의 인구에 관한 연구 분야를 말한다. 시장은 인간에 의하여 구성되므로 인구통계학적 환경은 마케팅담당자에게는 매우 흥미로운 것이다. 인구통계학적 구분은 어린이(children), 10대층(youths), 젊은층(young adults), 중년전기(early middle age), 중년후기(late middle age), 퇴직자(retirees) 등으로 구분할 수도 있다. 이러한 인구통계적인 요인을 활용하면 레스토랑에서 수립할 수 있는 대책을 마련하기가 용이하다.

① 공간 : 서양인은 동양인보다 넓은 개인적 공간을 필요로 하는 경우가 많다.

② 테이블의 넓이 : 영국에서 실시한 어느 조사에 의하면 레스토랑에 4인용 테이블밖에 없는 경우 고객은 먼저 온 1명의 고객이 앉아 있는 테이블에 합석을 거절하고 나가버린다고 한다. 코스타리카 전력회사에서 사원식당에 관한 조사에서도 같은 현상이 관찰되었다. 그곳에서는 혼잡, 느린 서비스와 스트레스에 대해 고객이 고충을 호소하고 있었다. 그 대응책으로는 2인용 테이블을 더 많이 준비하는 것이다. 그럼에도 고객은 혼자 온 고객과의 합석을 싫어했으나 테이블의 회전율은 향상되었다.

③ 소음 : 현대인은 각종 소음에 시달리고 있다. 환경오염시대에는 우선적으로 심한 소음에 따른 개선이 필요하다.

④ 색채와 조명 : 레스토랑뿐만 아니라 다른 환대산업에서도 색채와 조명은 중요한 요인이다. 어느 조사에 의하면 남성우위의 시장에서 완벽한 것으로 간주되던 검은 목재로 만든 판넬 장식은 여성고객에게는 아무런 매력을 느끼지 못하는 것으로 판명되었다. 패스트푸드 체인 가운데는 고객이 오래 앉아 있지 못하게 색채를 고르고 회전율을 향상시키는 점포도 있는 것으로 알려지고 있다.

⑤ 서비스 보증 : 햄프튼 인즈는 숙박객의 스트레스를 해소하기 위한 서비스 보증을 채택하고 있다. 햄프트 인즈의 직원들은 숙박객을 만족시키기 위하여 신속한 행동을 일으킬 권한이 주어져 있다.

(4) 경제환경

경제환경은 고객의 구매력과 소비형태에 영향을 미치는 요인으로 구성되어 있다. 또한 수입의 변화, 소비형태, 인플레이션, 환율, 비용 등과 같은 경제적 조건은 고객의 소비액에 커다란 영향을 미칠 것이다.

시장에는 구매력이 필요하다. 왜냐하면, 총구매력은 현재의 수입·물가·저축 및 크레디트의 액수에 좌우되기 때문에 마케팅담당자는 수입에 있어서 주요 경제동향과 변화하는 소비자의 소비형태에 주의를 기울이지 않으면 안 된다.

(5) 자연환경

자연환경은 마케팅담당자가 필요로 하든가, 또는 마케팅활동에서 영향을 받는 자연자원으로 구성되고 있다. 텍사스주에서는 감시집단이 연어와 송어의 상업어업을 금지하는데 충분한 지지를 모았다. 그 때문에 이 지역 레스토랑은 다른 나라로부터 이 생선을 수입하든가, 메뉴에서 일제히 삭제하지 않으면 안 되게 되었다. 또한 숯불구이 그릴이 내뿜은 연기 때문에 그릴 사용을 금지하고 있는 지역도 있다. 최근에는 자연자원을 절약하려는 운동이 크게 일어나고 있다. 이를테면, 냅킨의 크기를 25% 적게 하는 것만으로 종이폐기물의 양을 130톤 이상 삭감할 수가 있다. 미국 남서부에서는 물은 귀중한 자원이 되고 있다.

외식기업은 환경보호를 위한 노력을 적극적으로 펴나갈 필요가 있다. 미국의 레스토랑은 매립지 고갈의 주된 원인으로 ① 플라스틱제 빈 용기는 생분해되지 않으므로 매립공간을 크게 하고, ② 쓰고 버린 플라스틱은 재생시킬 수 없으며, ③ 발포 스티롤은 대기 중의 오존을 손상시킨다는 지적을 받고 있다. 이러한 결과는 푸드 서비스산업, 특히 패스트푸드 분야에 부정적인 인상을 주고 있다.

(6) 기술환경

사실상 기술적·사회적 변화는 식사 그 자체의 본질과 외식상품이 거래되고 판매되는 모든 방법에 대해 영향을 미치고 있다.

그러므로 실용적인 기술진보를 채택하는 기업은 경쟁우위의 지위를 획득하게 될 것이다. 타코 벨은 K마이너스(K-minus)라 부르는 계획을 세워놓고 있다. 그 의미는 조리장(調理場)을 배제한다는 것이다. 1980년대 중반에 시작된 이 방침은 조리장을 줄이고 궁극적으로는 조리장을 없앤다는 방향으로 노력하고 있다. 그 첫째 이유는 조리장에서의 작업은 타코 벨 직원들이 가장 싫어하는 일이라는 것을 알았기 때문이고, 두 번째 이유는 조리장이 없는 보다 소형의 타코 벨은 쇼핑센터, 슈퍼마켓, 공항, 영화관과 같은 장소에 비교적 많이 설치할 수가 있다는 것이다.

타코 벨은 로봇공학을 응용하여 자사제품의 생산공정을 개발 중에 있다. 또한 동사는 1년에 타코(tacos) 900개를 생산하는 타코 플렉스테이션(taco flexstation)을 가지고 있다. 서비스지향적인 직원을 유지하고 기존의 점포에서는 불가능한 몇 천 개에 이르는 유통분야로의 접근을 가능하게 해주는 것은 기술이라고 생각하고 있는 것이다.

(7) 정치환경

마케팅에 관한 의사결정은 정치환경으로부터 강한 영향을 받고 있다. 정치환경은 법률, 정부기구, 사회의 여러 조직과 개인의 활동에 영향을 미치기도 한다. 최근에는 사업에 영향을 미치는 법률과 규제가 증가하고 있고 또한 정부기관의 법집행이 더욱 강력해지고 있으며, 공익이해집단이 성장함으로써 기업의 의사결정에 막대한 영향력을 행사하고 있다.

(8) 윤리 및 사회적 책임

기업의 사회적 책임에 대한 소비자운동의 신장은 마케팅전략에 커다란 영향을 미치고 있다.

기업의 사회적 책임이 발생하는 근거는 기업이 사회적 존재로서 이윤을 지향하면서도 다른 한편으로는 사회적 역할을 다하는 제도적 존재이기 때문이다. 기업이 사회에서 받은 이익의 일부를 사회에 환원하려고 노력할 때 그 기업은 사회적 책임을 이행하고 있다고 할 수 있다. 기업은 사회와 계약을 맺고 있다고 볼 수 있는데, 사회계약이란 여러 가지 사회적 요소 가운데 행동양식에 관한 일련의 규칙이라고 할 수 있다.

기업 및 조직체에게 적용되는 사회적 책임의 주요 영역은 환경, 에너지, 공정한 기업운영, 인적자원, 지역활동 참가, 상품, 정부와의 관계, 주주와의 관계, 경제활동 등을 포함한다.

외식업계의 혁신적인 외식경영자

Coffee Break

패스트푸드산업의 아버지 레이 크록(Ray Kroc)

레이 크록(Ray Kroc, 1902~1984)은 패스트푸드산업의 아버지로 여겨지고 있다. 그는 멀티 믹서기에 대한 수요를 창출하기 위해 1955년 맥도널드 프랜차이징을 시작하였다. 크록은 한 번에 5개의 밀크쉐이크를 혼합할 수 있는 멀티믹서기의 독점판매 유통업자였다. 최대의 유일한 수요자는 캘리포니아 햄버거 레스토랑인 맥도널드였다. 크록은 믹서기에 대한 보다 많은 수요를 창출하게 될 이 레스토랑의 개념을 확산하기 위하여 맥도널드 형제와 거래를 시작하였다. 이 레스토랑의 성공으로 인해 그는 사업을 즉시 믹서기에서 햄버거로 바꾸었다.

크록은 매우 위대한 마케팅 능력의 소유자였다. 그는 영거 패밀리(younger family)에 소구하는 신속한 서비스, 청결한 환경, 값싼 식사라는 개념의 레스토랑을 개발하였다. 메뉴를 단순화하고 질 높은 서비스 제공시스템을 개발함으로써 가치를 창출하였다. 그의 공식인 QSC & V(Quality, Service, Cleanliness, and Value)는 레스토랑 성공의 열쇠였다. 그는 모든 프랜차이즈 점포가 상품규격을 엄격히 지키고 영업장을 청결하게 하며 가격설정을 통하여 보다 나은 가치를 제공할 것을 철저하게 함으로써 체인점의 일관성을 유지하였다. 가족적인 분위기를 유지하고 10대들이 훔치기를 어렵게 만들기 위하여 레스토랑 내에 전화나 주크박스(juke boxes)를 두지 않기로 하였다.

Coffee Break

외식업계의 혁신적인 외식경영자

크록은 PR의 가치를 인식하여 그것을 맥도널드의 전략계획에 도입한 최초의 레스토랑 사업가 중 한 사람이었다. 그는 신문의 호의적인 기사가 광고보다 더 큰 가치가 있다는 것을 인식하고 1957년 쿠퍼(Cooper), 번즈(Burns), 고린(Golin)이라는 PR회사를 고용하였다. 맥도널드는 타임지나 AP통신사와 같은 언론을 통하여 순식간에 全美에 알려졌다. 쿠퍼, 번즈, 고린도 프랜차이즈가 지역시장에서 사용할 세일즈 킷(kits)을 개발하였다. 이러한 킷은 지역의 자선행사나 이벤트에 관여하는 것을 통하여 지역공동체를 지원하는 방법과 이러한 활동에서 언론매체가 다루어주는 방법을 해설하였다. 현재 몇 개의 체인회사가 맥도널드가 30여 년 전부터 실시해온 지역점포의 마케팅기법을 모방하기 시작하고 있다.

로널드 맥도널드 하우스는 맥도널드의 전국 자선단체 중 하나이다. 어느 조사에 의하면, 로널드 맥도널드 하우스를 통한 커뮤니티 지원이 인지되고 있어서 고객들은 맥도널드에 매우 호의적이라는 사실이 밝혀졌다. 크록은 기업이미지가 고객에게 중요할 뿐 아니라 주주, 프랜차이즈, 장래 고용할 직원, 점포가 있는 지역공동체에 영향을 미친다는 사실을 알고 있었다.

크록의 지도력에 의해 맥도널드는 총 매출액에서 세계 최고의 레스토랑회사가 되었다. 현재 맥도널드는 14,000개 이상의 점포를 갖춘 국제적인 조직이다. 매년 2,000명 이상의 사람들이 맥도널드와 프랜차이즈 계약을 신청하고 있다. 1960년대까지 대부분의 대학에서 마케팅을 가르치지 않았기 때문에 이 환대산업의 지도자들은 이 사업에 착수하기 전에 정규적인 마케팅 과목을 수강한 적이 없었다. 그러나 마케팅 원리를 형성하고 있던 그러한 컨셉은 이러한 과거경영자들에게도 성공의 열쇠였던 것이다.

제2장

외식마케팅의 특성과 사이클

1 외식마케팅의 특성

하나의 산업은 사업체 또는 법인 그리고 그들을 위해 일하는 사람들의 집단이다. 자동차산업, 보험산업 그리고 컴퓨터산업은 이미 잘 알려진 산업의 본보기이다. 산업(Industries)이란 제품 및 서비스 또는 그것을 혼합한 것을 생산하고 있다. 제품이란 개발 · 제조 · 성장되어 만들어진 물건이다. 그것은 구매자에 의해서 소비 또는 사용되며, 자동차, 트럭, 철광석 등을 예로 들 수 있다. 반면에, 서비스는 누군가에게 혜택을 주는 행위 또는 실행이다. 소득세를 계산하기 위해 회계사를 고용한다거나, 가슴이 답답하여 의사에게 진찰을 받는다면 서비스를 구매하는 것이 된다. 대부분의 산업은 제품이나 서비스를 생산한다.

그러나 외식산업은 보기 드물게 제품과 서비스가 동시에 생산되는 산업이다. 외식상품은 식음에 관련된 제품과 서비스가 결합된 상품을 말한다. 우리가 외식상품을 구매한다면 거기에서 우리는 많은 서비스를 구매하고 있는 것이다.

외식상품은 대부분의 다른 산업제품과는 다른 몇 가지의 특성, 즉 무형성, 생산과 소비의 동시성, 불가분성, 소멸성, 변동성, 계절성 등을 지니고 있다. 이런 각각의 특성은 외식상품이 시장에서 어떻게 거래되는가에 영향을 미친다.

1) 무형성

무형성(intangibility)은 비행기의 항공여행, 해안유람선 승선, 호텔에서의 숙박, 미술관의 방문, 산악에서의 전망, 나이트클럽에서의 즐거운 시간 그리고 더 많은 것을 포함하고 있다. 즉 이들 상품은 경험이다. 또한 경험이 생성되면 경험은 오직 기억으로 남게 된다.

비행기의 좌석, 호텔객실의 침대, 레스토랑의 음식과 같은 유형적인 대상은 경험을 창조하나, 이러한 것들은 고객이 지불하려고 하는 대상이 아니다. 그 대신에 고객은 경험에 따르는 무형적인 혜택, 즉 즐거움, 휴식, 편의, 흥미 등을 위해 지불하고 있다. 환대상품에서 유형적 부분은 무형적 부분에 덧붙여져 제공되고 있다.

무형성에서 유래하는 불확실성을 줄이기 위하여 구매자는 그 서비스에 관한 정보와 확신을 제공하는 유형의 증거를 찾는다. 레스토랑의 외관은 도착한 이용객의 눈에 들어오는 최초의 유형적 단서이다. 레스토랑의 바닥과 전체의 청결상태는 그 레스토랑이 얼마만큼 잘 운영되고 있는가 하는 증거를 제공한다.

2) 생산과 소비의 동시성

대부분의 환대상품은 같은 장소에서, 같은 시간에 생산되고 소비된다. 예를 들면, 항공사의 승객은 항공권을 먼저 구매하지만, 실제 승객의 항공기 탑승이 이루어질 때에 서비스가 생산되고 승객은 그것을 소비하는 것이다. 그리고 호텔의 손님은 야간 취침이 가능케 되어야 비로소 객실을 사용한다고 말할 수 있다. 이것이 생산과 소비의 동시성(simultaneous production and consumption)이다.

환대상품이 동시에 생산되고 소비된다는 사실은 공급자와 고객 간에 어떠한 상호의존적 관계를 창조하게 한다. 환대상품의 생산과 소비는 공급자의 설비나 약속에 의해 발생되므로 고객과 공급자는 상호작용을 하여야 하고 그들의 상호작용은 여행경험을 만들어낸다. 외식공급자의 대표자인 접객직원의 행위와 태도, 친절함이 만족에 중요한 역할을 한다. 직원과 고객 간의 상호의존관계는 서비스가 외식산업에서 가장 중요하다는 사실을 말하는 이유 중의 하나인 것이다.

3) 불가분성

외식산업에 있어서는 서비스 제공자와 고객 양자가 거래의 성립을 위하여 그 장소에 함께 있지 않으면 안 된다. 접객직원은 제품의 일부이다. 레스토랑에서 요리가 환상적으로 훌륭했다 하더라도 서비스를 제공하는 사람의 태도가 좋지 않든가 주의력이 떨어지는 서비스였다면 고객은 레스토랑 체험의 종합적 평가를 낮추게 되고 그들의 체험은 만족한 것이 되지 못할 것이다.

불가분성(inseparability)은 고객도 제품의 일부라는 것을 의미한다. 커플고객이 레스토랑을 조용하고 로맨틱하다는 이유로 선정할지 모르나, 만약 큰 소리로 떠들썩한 어떤 대회 참가자 집단이 같은 실내의 좌석을 차지하였다면 이 커플고객은 실망하게 될 것이다.

4) 소멸성

유람선여행을 하는 관광객들은 이틀째 밤에 피터스버그에 도착하기로 되어 있었다. 일행은 선 어브 노르웨이홀(Sons of Norway Hall)에서 저녁 뷔페를 예약해 두었다. 그 날 해상에서 몇 마리의 흑고래를 예기치 않게 발견하여 쫓아다녔기 때문에 저녁시간에는 피터스버그로부터 50마일이나 멀리 떨어져 있었다. 유람선의 크루즈 디렉터는 선 어브 노르웨이홀에 전화를 걸어 일행의 저녁식사를 취소했고 그 대신 가까운 연안부두 레스토랑에 식사를 수배하였다. 비록 선 어브 노르웨이홀은 여행사로부터 취소료를 받지만, 그 날 다른 여행객들에게 저녁식사를 판매하는 것이 불가능하기 때문에 손해를 보게 된다. 이럴 경우 저녁식사는 "소멸되었다"는 표현을 한다. 이런 특징이 환대상품의 소멸성(perishability)이다. 외식상품이 생산되는 즉시 소비된다는 사실과 소멸성은 서로 관련이 있다.

항공기가 한 번 비행할 때마다 판매할 수 있는 항공기의 좌석은 일정하게 정해져 있고, 호텔은 주말 투숙객을 위해 판매할 수 있는 객실의 수가 정해져 있다. 또한 비행기 출발시간에 항공좌석을 구매하는 사람이 없고, 밤이 되어도 호텔객실을 예약하는 일이 없다면 그 때 그 상품을 팔기 위한 기회는 지나가고 상품도 없어지며 영원히 소멸되어 버린다. 그것을 그 환대기업의 재고자산으로 저장해 둘 수가 없기 때문이다.

환대산업에서는 판매되지 않는 상품을 보호하기 위하여 몇 가지의 마케팅전략을 개발하여 왔다. 그 중의 하나가 초과예약인데, 한 예로 항공사는 노쇼(No Show)로 탑승하지 않는 사람들이 있어 확실한 승객의 수를 알아내기가 어렵다고 판단하여 실제로 이용 가능한 좌석보다 더 많이 판매하고 있다. 이와 같은 방법으로 항공사는 좌석이 남을 것이라고 예상해서 초과예약을 받아 만석을 만들 수 있다.

소멸성을 이유로 어느 호텔은 가령 고객이 그곳에 체크인을 하지 않은 경우에는 고객에게 보증된 예약확보요금을 징수하고 있다. 레스토랑에서도 예약하고 나타나지 않은 고객에게 요금을 징수하고 있다. 즉 예약을 해두고 오지 않을 경우 그 좌석을 판매할 기회를 상실한데 대한 보상으로 이해되고 있다. 레스토랑이 서비스 수입을 최대화하려고 든다면 팔고 남은 재고는 이월할 수 없으므로 수용능력과 수요를 적절히 관리하지 않으면 안 되는 것이다.

5) 변동성

대부분의 서비스는 매우 변동적이다. 서비스의 질은 그것을 누가, 언제, 어떻게 제공하는가에 달려 있다. 이것을 서비스의 변동성(variability)이라고 한다. 변동성을 가져다주는 요인은 여러 가지이다. 서비스는 생산과 소비가 동시에 완료되기 때문에 질적 수준의 관리에는 한도가 있다. 수요의 변동은 성수기에 일정한 품질의 제품을 제공하는데 곤란을 수반한다. 서비스의 제공자와 고객 간의 빈번한 접촉은 제품의 일관성이 교환시점에서 서비스제공자의 기술과 수행도에 달려 있다는 것을 의미한다.

고객은 어느 날은 좋은 서비스를 받고 다음날 같은 직원으로부터 평범한 서비스를 받을 수도 있다. 평범한 서비스의 경우에는 서비스 제공자의 기분이 좋지 않거나 그가 감정적인 문제를 끌어안고 있을지도 모른다. 제품의 변동성 또는 일관성의 결여는 외식산업에 있어서 고객 불만의 주요원인이 되고 있다.

6) 계절성

대부분의 외식상품은 계절의 지배를 받는다. 이러한 계절성(seasonality)은 매년 다른 계절 및 시간대에서 수요의 변동을 말한다. 겨울에 북쪽지방 사람들은 추운 날씨를 피하여 남쪽의 플로리다, 애리조나, 멕시코지역, 카리브해 등 온화한 지역으로 떼 지어 이동한다. 호텔이나 리조트, 레스토랑의 수요는 그러한 지역에서 증가한다. 그러나 북쪽지방 사람들이 자기들의 따뜻한 기후를 즐기기 위해 집에 머무르게 되는 여름에는 그 수요가 감소한다.

계절성은 일반적으로 기상조건에 의해 영향을 받는 것을 말하지만, 그 주의 요일 또는 그 날의 시간대로부터 발생되는 수요의 변동에까지 적용되기도 한다. 이러한 것은 레스토랑에서 명백하게 나타난다. 대부분의 사람들은 주중에 일하기 때문에 주말에는 시내 사무실 근처의 레스토랑은 텅 비게 된다. 휴일은 또한 외식상품 수요에 영향을 미친다. 예를 들어, 스키리조트 지역의 레스토랑은 크리스마스 휴가 때 더욱 많은 사람들로 붐비는 경향이 있다.

계절성에 영향을 받는 상품에 대한 마케팅대책은 비수기 동안에 수입을 올려야 한다는 것이다. 외식업자는 그들 상품의 사용을 평준화하든가, 판매가 부진한 기간 동안에 상품의 수요를 창조해야 한다. 이렇게 하는데 가장 두드러진 방법은 비수기 동안에 가격을 인하하는 것이다.

일부 리조트의 레스토랑은 비수기 동안 그들의 초점을 바꾸기도 한다. 스키장에서는 여름시즌 동안에 폐업하는 대신에 컨벤션이나 문화센터로서 스키장시설을 제공하고 있다.

외식업자는 또한 이익의 주기적인 상승과 하락을 염두에 두면서 그에 따라 생산능력을 조절한다. 예를 들어, 직원수의 감축이라든가 비수기에 레스토랑의 임시폐쇄를 의미하는 것이다. 외식사업자는 비수기 동안 발생한 손실을 보전하기 위하여 성수기 동안에 가격인상을 한다거나 특별고객을 유치하는 방법을 고려하기도 한다.

2 외식기업의 경영전략

1) 제품의 유형화

외식기업의 마케팅담당자는 무형적인 서비스를 유형화하여 잠재고객에게 제공할 수단을 강구하여야 한다.

고급 레스토랑의 연회판매담당자는 세일즈 방문 때에 서비스내용의 견본을 가지고 감으로써 제품을 형태가 있는 것으로 만들 수 있다. 이는 좋은 인상을 창조하고 장래의 고객에게 그 레스토랑 요리의 품질에 대해 눈에 보이게 하는 기회를 제공한다. 판매담당자는 연회장의 배치, 여러 가지 종류의 주된 요리의 제시, 이용한 고객이 보낸 감사의 편지 등의 사진앨범을 지참할 수도 있다. 또한 판매원은 고객의 입장에서 보면 그 사업의 최초의 접촉자일 것이다. 판매원이 깔끔하고 단정한 모습으로 질문에 대하여 신속한 전문직업인의 태도로써 응대한다면 고객이 그 식당에 대한 긍정적인 이미지를 갖게 하는데 크게 기여할 수 있다.

한편, 적색과 백색의 차광, 외부의 테라스, 대문자로 쓴 TGI 프라이데이즈의 간판, 청색과 백색을 결합한 건물의 모든 것이 이 레스토랑이 제공하는 것으로써 형식에 얽매이지 않는 즐거움을 전달하는 기호라고 간주할 수 있다. 그러나 우아하고 편안한 레스토랑을 찾는 커플고객은 프라이데이즈에 실망할지도 모른다.

2) 수요변경관리

수요변경관리는 수요량의 일시적인 변동 및 욕구에 적극적으로 대응하기 위한 노력이다. 구체적으로 가격정책에 의한 수요의 조정, 비수기 때의 수요 확대, 보충적 서비스의 개발, 예약시스템의 설치, 업무시스템 적응관리, 고객활용관리 등을 실시함으로써 통제하기 어려운 수요에 영향을 주려는 전략적 시도이다.

(1) 가격정책

가격정책에 의한 수요의 조정은 성수기에서 비수기로 수요를 이행시키기 위하여 차별적인 가격구성을 사용하는 방법이다. 이것은 성수기에 있어서 고가격정책에 의한 수익성 향상 및 비수기에 대한 수요를 증가시키는 요인도 될 수 있다.

(2) 비수기의 수요개발

대부분의 중간관리자는 수요가 부진한 시기에는 서비스교환의 거래취급량을 증가시키기 위하여 새로운 돌파구를 찾아 끊임없이 노력하고 있다. 그 중에서도 높은 고정비와 낮은 변동비 구조로 짜인 설비상태를 운영하는 기업에서는 특히 수요창조 및 개발이 절실한 문제로 등장한다. 그러한 설비를 보다 유용하게 가동시키는 것에 따라 기업 전체의 수입증가가 비즈니스의 수익에 막대한 영향을 미치게 된다. 비수기의 수요를 개발하려는 노력은 일상적인 영업활동에서 흔히 볼 수가 있다. 예를 들면, 햄버거 체인은 메뉴에 조식이라는 아이템을, 또한 커피숍은 석식이라는 아이템을, 또는 비수기의 리조트 호텔은 기업연수 유치라는 아이템 등을 각각 개발하여 활용하고 있다.

그러나 이러한 비수기의 수요창출에 관한 새로운 시도에는 재차 새로운 노동력과 레이아웃(layout) 및 새로운 감독 실시 등을 필요로 하게 된다. 그렇다고 해서 새로운 수요촉진책이 비수기의 수요창조에 성공한다고 해도 그 효과는 항상 명백하게 나타난다고 단정할 수는 없다.

따라서 비수기의 새로운 수요개발을 실시할 경우에는 자사의 기존 자원, 이를테면 인재, 설비, 기술, 노하우 등을 유효하게 활용할 수 있는 방책과 본업의 이미지 향상에 대한 공헌도를 중시하는 계획을 수립하여 실시할 필요가 있다.

(3) 보충적 서비스의 개발

환대기업이 성수기에 초과수요를 완화시킬 수 있는 다른 방법으로는 보충적 또는 대체적 서비스를 개발하는 것이 있다. 그것은 소비자를 성수기의 병목현상

(bottleneck operation)에서 끌어내리든지 또는 능력이 제한된 오퍼레이션으로 인해 소비자가 행렬을 짓고 기다리는 경우에 대체적 서비스를 제공하는 방법이다. 예를 들면, 레스토랑에서 다빈도 고객이라도 식당 입구의 대기좌석에서 열을 짓고 기다리는 것이 일반적인 현상인데, 그러한 경우 대합실을 겸한 바(bar)를 설치하면 그 이용에 의해 순번대기에 대한 불평을 감소시킬 수 있고, 또한 대기시간에 음료수 판매로 인하여 레스토랑 자체의 수익성 향상을 기대할 수도 있다.

고객이 순번 대기시간을 저항 없이 받아들이도록 서비스 상품이나 기타 설비를 사전에 준비하여 두는 것도 하나의 전략이다. 그 예로서 어느 대형식당에서는 각 플로어의 중앙로비에 거울을 설치하여 고객이 엘리베이터를 기다리는 사이에 복장 및 용모를 정돈하며 대기시간에 신경을 쓰지 않도록 함으로써 거울 설치 이전보다도 불평이나 클레임이 대폭적으로 감소하는 전략적 성과를 얻어내었다. 비슷한 예로는 병원의 대합실이나 은행의 점포에서 주간지나 그림책을 비치하는 등 여러 가지 부수적 서비스 제공에 크나큰 배려를 하고 있음은 주지의 사실이다. 새로운 서비스 개발로는 우체국 및 은행에서 예금 자동인출기에 의한 업무의 자동화·기계화를 실시하여 고객의 대기시간을 대폭적으로 단축시킨 예는 잘 알려져 있다.

(4) 예약시스템의 창조

환대기업의 경영자는 예약시스템을 사용함으로써 수요를 효과적으로 관리할 수가 있다. 이것은 이른바 서비스 제공시스템의 생산능력을 사전에 판매하는 방법이다. 특정의 서비스시설이 특정의 시간대에 사전에 예약되는 경우에 관리자측은 때때로 초과수요를 메우기 위하여 동일시설을 다른 시간대로 옮기거나 또는 동일기업의 다른 시설로 이동시켜 기존시설을 활용하는 방안을 강구할 수 있다. 그리하여 실질적으로 대기시간을 감소하게 하고 어떤 경우에는 고객 서비스를 보증할 수 있다.

그러나 예약시스템에는 약간의 문제점이 있다. 소비자가 사용하지 않는 예약, 즉 노 쇼(No Show)나 취소의 경우가 있다. 일부 서비스의 경우에 소비자는 예약의 불이행에 대해서 조금도 금전적인 책임을 지지 않기도 한다. 따라서 기업의 대부분은 만약 예약이 명시한 시간보다도 그 이전에 취소되지 않는 경우나 미사용인 때에도 예약한 공급능력에 상당하는 금액의 청구서를 발송하는 방법을 취하고 있다.

(5) 업무시스템 적응관리

외식업은 최대수용능력으로 운영할 수 있게 업무시스템을 적응시키지 않으면 안 된다. 예를 들면, 5월 어버이날은 예로부터 레스토랑으로서는 1년 중 가장 바쁜 날이 되는데, 오전 11시부터 오후 2시 사이의 브런치는 최고영업시간이다. 이 3시간 동안은 레스토랑 경영자에게 1년 중 최대판매기회를 제공하고 있다.

대부분의 레스토랑에서는 수용능력을 늘리기 위하여 어버이날에는 뷔페를 유인물로 삼고 있다. 매력적인 뷔페는 즐거운 분위기를 만들고 다양성과 값싼 느낌을 제공하며, 요리주문을 받아 준비할 필요를 줄임으로써 서비스를 신속하게 하고 있다. 고객 자신이 서비스하고 음료와 청구서를 내기만 하면 되므로, 한정된 서비스요원으로 보다 많은 고객에게 응대할 시간적 여유를 가진다.

뷔페방식은 주문을 받는 일과 주문을 준비하기 위해 필요한 시간을 단축한다. 요리는 고객이 도착하면 이용할 수 있게 되어 있어서 도착하자마자 곧 식사를 시작할 수 있다. 이는 테이블의 회전율을 향상시켜 레스토랑의 수용능력을 한층 증가시킨다. 뷔페는 수요대응의 완충용 재고도 가능하게 만든다. 3시간 동안 맛있는 요리의 품질과 매력을 떨어뜨리지 않게 하는 것은 스팀 테이블에서도 잘 할 수는 없으나, 뷔페의 경우에는 음식회전이 빠르므로(대개 20분부터 30분간은 충분하므로) 몇 회분으로 적게 나누어 요리할 수가 있다.

(6) 고객활용관리

상기의 관리수법 이외에 그것이 뒤지지 않는 전략으로 수요관리에 소비자의 참가를 활용하는 방법이 있다. 서비스 제공자측에 의한 수요단계(demand level)의 관리는 많든 적든 간에 소비자의 능력이나 참가를 전제로 한 것이다.

스팀보트 스프링스의 부메랑(boomerangs)과 같은 일부 레스토랑에서는 고객들이 자기들의 주 요리를 준비할 것을 기대하고 있다. 고객은 육류를 고르고 그것을 자신들이 숯불에서 굽는다. 또한 샐러드 바에서 자기들이 골라서 가져온다. 노스캐롤라이나의 K & K와 같이 평가가 높은 카페테리아는 재고품을 잘 관리하여 인기를 얻고 있다. 그들은 요리를 적정하게 가격설정을 하고 신선도를 유지하며 인도카레와 같은 특별한 기호품이 아니라 로스트 비프와 치킨 포트파이와 같은 일반적인 요리를 고객의 기호에 적합하게 메뉴선정을 하고 있다.

3) 공급조정관리

환대기업의 관리자는 기업의 수요공급 능력 가운데 수요의 측면보다도 공급측면에 적극적인 영향을 미치기 쉽다. 매니저가 수요의 변화에 능력을 조절하는 방법이 공급조정전략이다.

공급능력 조정전략에서 장기적인 수요단계의 상승이 예상될 경우에는 장래의 단계적 확장을 예상하여 시설측면의 재검토를 실시할 필요가 있다. 그리고 저수요단계의 시기적 대책으로는 직원의 일시 해고, 휴가 스케줄의 조정, C · P (contact personnel : 현장직원)의 타 부서로의 전용, 혹은 성수기를 대비한 준비교육, 훈련활동 그리고 외부로의 시설대여 등 여러 가지 방법을 활용할 수 있다.

(1) 파트 타이머의 활용

대다수의 외식기업은 성수기와 비수기를 평준화하려고 노력하기보다는 성수기에 수요를 조작하는 편이 훨씬 효율적이고 용이하므로 흔히 수요조작방법을 채택한다. 일반적으로 성수기란 각 기업의 사업내용 및 유형에 따라 변한다. 성수기는 레스토랑의 경우는 하루 중 점심, 저녁시간대, 미장원은 일주일 중에 특정의 수일간, 은행 업무는 한 달의 월말을 비롯하여 봉급지급기간 등 수 주간, 세무서의 소득세 업무는 1년 중 특정의 수개월간(분기 및 연말) 등 각양각색이다.

이러한 서비스에서는 통상적으로 성수기에는 필요하지만, 비수기에는 유휴노동력으로 대기하고 있는 완전고용 직원을 채용하고 있다. 거기에서 보편화되고 있는 수단의 하나가 파트 타이머의 활용방안이다. 이것은 특히 고등학교나 대학교 재학생, 주부 또는 주 수입원의 부족을 채우려는 사람들을 활용하는 방안이다.

(2) 효율극대화 방안

환대기업의 대다수의 매니저는 수요기간 동안인 성수기의 서비스 제공시스템에서 효율을 극대화하는 방법을 찾아내기 위해 자사의 프로그램을 분석하고 있다.

사실상 그러한 분석에 의하여 서비스기업은 소액의 추가적 코스트를 부담하지 않고도 성수기의 능력을 증대시킬 수가 있을 것이다. 예를 들면, 피크 시즌 중 직원은 서비스 제공에서 빼서는 안 되는 핵심서비스(core service)만을 수행하고 기타 부수적 서비스(fringe service)는 생략함으로써 부수적 서비스에 사용되는 인력 및 설비를 축소하고 핵심서비스의 양적 확대를 실현하여 일시적으로 팽창한 수요에 적절하게 대처할 수 있는 공급체제를 정비할 수 있다. 또한 사전에 한가한 시간(slack time)을 이용하여 업무 재점검을 실시한다면 이러한 공급체제정비에 도움이 될 것이다. 본질적으로 그것은 성수기의 재고조사라고도 말할 수 있다.

효율을 극대화하기 위해서 서비스기업은 동일 성수기의 업무를 음미하여 어떤 기능이 결여되어 있는지, 또는 비효과적으로 사용되고 있는 기능이 있는지를 분석하고 있다. 만약 새로운 기능이 이전의 기능보다 생산적인 것이 될 수 있다면 그 시스템의 생산능력은 효과적으로 증대할 것이다. 예를 들면, 준 의료 종사자와 법률보조원은 의사와 법률가의 생산성을 현저하게 증가시킬 수 있다. 서비스 제공시스템의 레이아웃을 재조정하는 업무도 서비스 제공자의 생산성에 커다란 영향을 미치는 경우가 많다.

(3) 현장직원의 전용방안

성수기의 공급능력의 제약을 자체적으로 극복하기 위한 또 하나의 방법은 크로스 트레이닝(cross training)에 의한 것이다. 서비스 제공시스템은 여러 가지 구성요소로서 성립되어 있다. 성수기에 시스템이 완전능력으로 일개의 서비스를 제공하는 경우와 시스템 가운데 몇 개의 서브 부문이 현재 능력부족인 경우가 있다. 만약 어느 한 부문에서 일시적으로 능력부족이 발생한 경우에 전자의 부문 중에서 후자의 애로 장소로 공급능력을 이전하여 설비능력을 추가할 수가 있다. 시일이 지나서 경과한 시스템의 다른 구성요소로 애로 장소가 이동하거나, 아니면 수요가 감소할 경우에 임시배치된 직원은 재차 원래의 장소로 복귀할 수 있게 된다.

(4) 생산능력의 공동이용

환대기업은 서비스의 제공에 언제나 완전 생산능력을 사용하고 있는 것은 아니며, 또한 때때로 어떤 서비스를 수행하기 위하여 새로이 고가의 설비나 노동기능에 대한 투자를 필요로 하기도 한다. 그러한 경우에 기업측은 현재 사용 중인 설비나 정보원을 공동으로 이용하기 위하여 타 기업과의 능력분담을 고려할 수 있다. 예를 들면, 일부 식자재를 동일공급처에서 공급을 받는다거나, 규모의 경제성을 얻기 위하여 동일수입업자에게서 식자재를 공동수입하기도 한다. 또한 일시적으로 수요가 급등할 때 주변의 타 기업의 유휴공간을 빌려서 일시적으로 단체고객을 유치할 수도 있다.

(5) 예상확장에의 투자

환대기업의 현장은 구매 장소가 곧 공장이고 또한 소비 장소이기도 하다. 거기에 수요의 확대가 발생하였을 경우에 증설확장이 곤란하지 않도록 사전에 시설이나 건물의 확장을 고려한 예비투자를 실시하는 것도 공급조정전략의 하나이다.

지금까지 수요공급 관리에 관한 두 개의 기본적인 전략을 보아왔는데, 서비스기업의 매니저의 과제는 수요와 공급 간의 가장 적합한 수준을 발견하는 것이다.

환대기업에 특징적인 수급의 전환적 상황을 효과적으로 관리하기 위해서 매니저는 수요에 대한 일시적인 임시방편적 대응으로 업무를 끝내버리는 것이 아니라 일시적 수요폭발 및 과잉공급에 대처할 수 있는 적절한 계획을 설정할 필요가 있다. 또한 매니저는 관리상 문제가 되고 있는 특정기간에 대하여 수요예측을 시도할 필요가 있다. 그리하여 예측된 수요를 기초로 하여 서비스 제공시스템을 각 구성부분으로 분해하고 각 구성부분의 현재능력을 계산하여 각 부분에서의 사용결과와 합리적인 평가를 내려야 한다. 각 시스템은 그 능력을 초과한 막대한 수요를 처리할 수 없기 때문에 그 해결을 위하여 매니저는 우선적으로 성수기에 얼마나 많은 수요를 그 시스템에서 처리할 수 있는가, 또는 서비스 제공시스템 중 공급하기에 적절한 서비스 수준에는 어떠한 것이 있는가 등을 문제로 삼을 필요가 있다.

일단 매니저가 이러한 문제에 대하여 해결안을 발견하고 거기에 어떠한 기본 전략을 사용하는가를 결정하게 되면, 다음 단계로 수요와 공급을 일치시키기 위해 여러 가지 옵션을 시험해 보아야 한다. 매니저는 새로운 계획이나 옵션 중 어느 것이 비용이 과다하게 걸리는가를 파악할 필요가 있고, 그것들 중에 특정의 서비스에 대해서 가장 적합한 것이 무엇인가를 선택하지 않으면 안 된다.

결국 수요의 측면에서 생각하면 매니저의 최종적 목적은 현재의 기존 서비스 제공시스템 능력을 수요조절을 통하여 가능한 효율 있게 운용하여 총수입을 증대시키는 것이다. 한편, 공급의 측면에서 생각하면 매니저의 목적은 능력을 증대시키거나 감소시키기 위하여 필요한 코스트를 최소화하는 것이다.

4) 직원관리

외식산업에서 직원은 제품 및 마케팅믹스의 중요한 부분이다. 이는 인적자원과 마케팅부문이 밀접하게 협동하지 않으면 안 된다는 것을 의미하고 있다. 인적자원부문, 예를 들면 인사부나 인사팀을 갖지 않은 레스토랑에서는 레스토랑 지배인이 인적자원 팀장의 역할을 담당한다.

지배인은 친절하고 유능한 직원을 고용하여 직원과 고객 간의 건설적인 관계를 지원할 방침을 명확히 해야 한다. 이를테면 인사방침의 지엽말단적인 부분일지라도 그것은 제품의 질에 중요한 영향을 미칠 것이다.

어느 패스트푸드 레스토랑에서 모든 직원은 오후 10시 15분까지 일을 마치도록 하는 방침을 가지고 있었다. 이 방침을 실행하기 위해서는 직원은 가령 10시까지 개점하고 있음을 광고하고 있어도 9시 40분에 점포를 닫기 시작하지 않으면 안 되었다. 과연 이 방침은 올바른 결정인가?

5) 일관성 관리

일관성이란 고객이 당연한 것으로 기대하는 제품을 수령하는 것을 의미한다. 일관성(consistency)은 서비스 비즈니스의 성공에서 열쇠가 되는 것 가운데 하나이다.

레스토랑 비즈니스에서 일관성이란 새우튀김요리는 2주일 전과 똑같은 맛이라는 것, 화장실의 타올은 언제나 깨끗한 것을 이용할 수 있다는 것, 지난주에 준비하고 있던 보드카 브랜디는 다음 달에도 재고가 있어야 한다는 것을 의미한다. 일관성을 달성하는 것은 당연하고 간단한 일 같이 생각될지 모르나, 실제로는 명확하지 않을지도 모른다.

수요의 변동은 일관성에 영향을 미친다. 버스가 출발하기 2분 전에 3명의 가족동반자가 패스트푸드 레스토랑에 도착한다면 레스토랑이 정상적으로 잘 운영되고 있더라도 직원은 그 가족일행에게 좋은 서비스를 제공할 수는 없을 것이다.

3 외식마케팅의 사이클

일반적으로 마케팅과정(marketing process)에 있는 각 단계는 하나의 원(circle)을 형성한다. 각 단계는 [그림 2-1]과 같이 하나씩 꼬리를 물고 이어져 원을 그려서 사이클 모양을 형성한다. 마케팅과정은 신제품의 개발이나 기존제품의 개량단계, 시장조사의 실시단계, 마케팅목적의 수립단계, 마케팅전략의 수행단계, 평가 및 조정계획단계로 순환되며, 이것은 또한 처음의 단계로 환류(feed back)된다. 그러나 마케팅과정의 시작은 시장조사부터 우선적으로 실시되기도 한다.

[그림 2-1] 마케팅과정의 순환

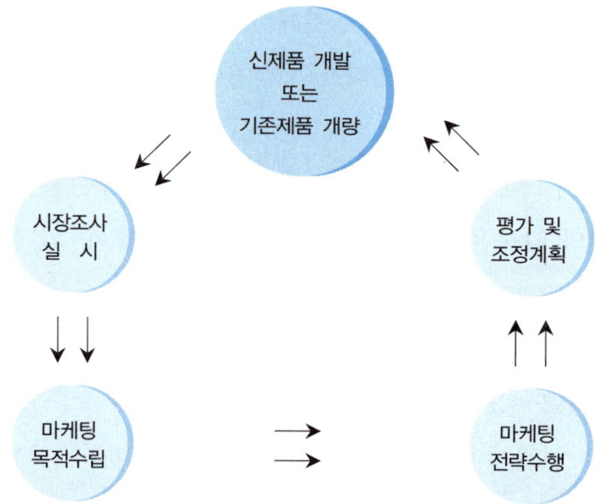

1) 신제품 개발과 기존제품 개량

마케팅 사이클은 기업이 제품이나 서비스에 대한 아이디어를 창출해낼 때, 또는 기존제품을 개량하는 방법을 결정할 때 시작된다. 그 다음 시장조사는 제품에 대한 수요가 존재하는가, 제품개량이 판매를 증가시킬 것인가를 알아내기 위해 실시된다. 이런 절차는 순서가 뒤바뀌어 실시될 수도 있다. 시장조사에 의하여 기업은 고객의 불만족한 욕구를 확인하고 신제품 및 서비스에 대한 아이디어나 기존제품의 개량을 위한 방법을 강구해 낼 수 있다. 경쟁적인 체질강화와 판매를 증대시키기 위해 기업은 끊임없이 연구하여 신제품을 개발하고 있다. 신제품은 기업의 성장에 있어 필수적인 요소이다. 예를 들면, 패밀리 레스토랑은 상용고객시장이 충분히 개발된 시점에서, 곧이어 후속단계로서 단체급식 수요를 확대시키기 위해 노력하기도 한다.

2) 시장조사의 실시

기업은 시장조사를 통하여 잠재고객이 누구이며 그들이 무엇을 원하는가를 발견한다. 설문지, 개인면담, 고객기록 등은 이러한 정보를 수집하기 위해 사용되는 도구이다. 또한 통계청의 연구보고서나 경제·사회에 관한 최신 논문들은 잠재시장을 파악하는 데 도움이 된다.

일단 정보가 수집되면 그것은 조심스럽게 분석되고 해석된다. 기업은 항상 최근에 시장에서 무슨 일이 일어나고 있는가를 알기 위하여 효율적인 정보수집체계를 필요로 한다. 모든 여행객의 욕구를 충족시키려는 것보다는 일반적으로 시장의 한 세그먼트, 즉 하나의 표적시장에 제품과 서비스를 직접적으로 제공하려고 한다. 표적시장(標的市場)은 동일한 제품과 서비스를 구매하리라고 예상되는 일련의 사람들로서 어느 정도 규모가 있고 통제가 가능하여야 한다. 표적시장(target market)은 이용목적(사업, 휴가, 친구나 친지의 모임), 연령 및 혼인여부(독신, 노년층, 자녀가 있는 부부), 경제적 상태(부유층, 중간층, 서민층), 흥미(식

[그림 2-2] 외식시장에 있어서 표적시장 선정

도락, 예술, 음악, 건강) 등과 같은 여러 가지 요인을 기초로 하여 나누어진다. 표적마케팅은 [그림 2-2]에 표시된 것처럼 특정 표적시장에 소구하기 위하여 제품개발 및 촉진전략 등을 실시한다.

3) 마케팅목적 수립

모든 마케팅계획의 기초가 되는 것이 마케팅목적이다. 마케팅목적은 기업이 일정기간 내에 달성하기를 원하는 목표이다. 마케팅의 목적을 수립해 두면 기업의 노력 및 성공을 측정하기가 용이해진다. 그 목표 달성기간은 장기(5년이나 10년) 또는 중기(1년이나 2년), 단기(3개월이나 6개월)가 될 것이다.

레스토랑의 장기간 목적은 예를 들면, 다음 연도에 연간 총판매의 3%에서 10%까지 가족고객의 판매량을 증가시키는 것 등이 될 것이며, 단기간 목적은 예를 들면 9월 1일과 12월 31일 사이에 단체손님에게 50,000식을 판매한다는 것 등이 될 것이다.

4) 마케팅전략 수행

마케팅에 있어서 중요한 개념의 하나로 상품 포지셔닝이 있다. 상품 포지셔닝(product positioning)의 기초는 상품포지션(product position)이다. 상품포지션이란 고객이 일정한 속성을 기준으로 해서 여러 경쟁상품을 비교하는데, 각 상품이 어떠한 위치를 차지하고 있는가를 나타내는 것을 말한다. 상품포지션은 때때로 제품포지션이라고 부르기도 한다.

상품포지션은 고객의 인상이나 경험, 정보를 통해서 형성되며, 이것은 기업의 입장에서 보면 바람직할 수도 있고 그렇지 않을 수도 있는데, 고객의 마음속에 자사의 상품을 원하는 위치로 부각시키려는 노력을 상품 포지셔닝이라고 한다.

외식시장에서 성공을 위한 기회를 증대시키기 위해서 기업은 고객의 마음속에 타 상품보다 유리한 위치를 차지하도록 자사상품을 확실히 전달하여야 한다. 예를 들면, 몇 개의 휴양지에서는 부유층을 위한 고급레스토랑으로서 또는 어떤 식당은 결혼식에 참가하는 고객 위주의 레스토랑으로서 자사상품을 포지셔닝하려고 할 것이다.

시장포지션과 표적시장을 확립한 후에 그 다음으로 기업은 현존시장에서 더욱 많은 점유율을 차지하기 위한 전략을 개발하거나 미개척 시장을 침투하기 위한 전략을 개발해야 한다. 그러한 전략에는 제품디자인, 이미지, 유통, 가격 등에 대한 의사결정이 필요하다. 또한 상품을 어떻게 광고·촉진할 것인가에 대해서도 의사결정이 내려져야 한다. 이러한 의사결정은 기업의 모든 자원을 고려하여 결정되어야 한다.

5) 마케팅평가와 조정계획

마케팅과정은 일단 판매가 형성되었다고 해서 끝나는 것은 아니다. 그 대신에 성공한 기업들은 그들의 마케팅목적이 어느 정도 효과적으로 작용하였는가를 평가한다. 그들은 이러한 점에서 시장조사를 행하여 제품이나 서비스에 대한 소비자의 인식을 조사한다. 예를 들면, 호텔은 빈번히 고객에게 설문지를 내보이고 호텔식사에 대한 고객들의 인상을 기입하도록 부탁한다. 고객과 기업의 평가와 시장의 변화를 기초로 하여 기업은 그들의 제품 및 서비스를 평가·조정하는 것으로 마케팅 사이클은 한 바퀴 순환하게 되는 것이다. 그러나 여기서 끝난 것은 아니다. 이제까지의 사이클에서 획득한 정보를 이용하여 신제품 개발 및 기존제품의 개량작업이 추진되면서 마케팅 사이클은 재차 시작된다.

한편, 마케팅 사이클에 있어서 또 다른 측면은 현존하는 고객과의 양호한 관계를 유지하는 것이다. 모든 기업의 공통적인 과오는 새로운 고객을 창조하는데 모든 노력을 바치고 판매 후의 마케팅, 즉 이미 확보한 고객을 유지하는 데는 거의 주의를 쏟고 있지 못하는 데 있다. 그 결과로서 많은 기업이 망하고 있는 것이다. 사업을 계속 유지하기 위해서 성공한 외식업체들은 현존고객에게 가격할인이나 특별 클럽의 회원권 등을 제공하고 있다. 많은 기업들은 개인의 희망에 맞추어 판매하거나 적절한 제품과 서비스가 쓸 만한 가치가 있을 때 고객에게 알려주기 위해서 단골고객의 프로필을 만들어 보관하고 있다. 이러한 유형의 마케팅은 때때로 관계마케팅(relationship marketing)으로 불리고 있다.

Coffee Break

외식업계의 혁신적인 외식경영자

보졸레의 황제 죠르쥬 뒤뵈프(George Dubeuf)

죠르쥬 뒤뵈프(George Dubeuf)는 프랑스의 작은 시골마을이었던 보졸레를 전 세계적으로 널리 알린 인물이며 '보졸레의 황제'로 불린다. 보르도나 부르고뉴 같은 명성을 지니지 못하였으며 전통적으로 영세하였던 보졸레 지역이 전 세계적으로 유명한 와인생산지역으로 자리잡게 된 것이 바로 죠르쥬 뒤뵈프의 공헌이다.

보졸레 누보는 오래 전부터 보졸레 지역에서 매년 포도를 생산한 해에 바로 햇와인을 마시던 전통에서 유래한다. 제2차 세계대전 기간 동안 많은 사람들이 보졸레로 피난을 와서 보졸레 햇와인을 즐기게 되었으며, 종전 후 파리로 돌아간 후에도 보졸레 햇와인의 맛을 잊지 못해 다시 찾게 되면서 파리는 물론 프랑스 전역으로 퍼져나가게 된 것이다. 최근에는 매년 11월 셋째 주 목요일 자정을 기해 햇포도주인 보졸레 누보를 마시기 위해 전 세계인들이 이 날만을 손꼽아 기다리며 보졸레의 탄생을 축하한다.

보졸레 누보는 1950년대 초반까지만 해도 리옹의 대중적인 레스토랑이나 파리의 비스트로(Bistro, 작은 선술집)에서 매년 늦가을에 까라프(Carafe, 유리 물병)에 담겨져 팔리던 대중적인 와인이었다. 이런 보졸레 누보를 외국으로 처음 수출하여 전 세계적으로 누보의 선풍을 몰고 온 사람이 바로 '보졸레의 황제' 또는 '보졸레의 교황'으로까지 불리우는 죠르쥬 뒤뵈프이다.

외식업계의 혁신적인 외식경영자

Coffee Break

죠르쥬 뒤뵈프는 심혈을 기울인 연구를 거쳐 레드와인의 포도 품종인 갸메(Gamay) 품종이 지닌 개성을 충분히 살려낸 독특하고 품질이 뛰어난 와인을 만들어냈으며, 매년 아름답고 독창적인 라벨을 디자인하여 프랑스 전역은 물론 전 세계에서 보졸레 누보의 베스트셀러가 되고 있다.

현재 죠르쥬 뒤뵈프는 보졸레, 마꼬네 지방의 와인을 150여 개국에 수출하는 명실상부한 보졸레 최대의 네고시앙(제조된 와인을 저장·유통시키는 업체 / 양조업자)이다. 죠르쥬 뒤뵈프를 비롯한 양조전문가들이 해마다 포도원을 돌며 품질을 측정하여 죠르쥬 뒤뵈프 와인의 품질을 유지한다. 보졸레 와인 중에서도 죠르쥬 뒤뵈프가 돋보이는 이유는 바로 이 엄격한 품질관리에 있다. 현재 죠르쥬 뒤뵈프는 연간 263만 케이스를 생산하여 전 세계에서 1초마다 1병씩 소비되고 있으며, 미국에서 프랑스와인으로는 최고의 인기와 명성을 얻고 있다.

죠르쥬 뒤뵈프의 와인에 대한 열정은 보졸레 지역의 로마네슈 또랭(Romaneche-Thorins)에 들어선 보졸레 박물관에 가면 직접 느낄 수 있다. 보졸레 와인의 역사, 와인 제조과정, 와인 테이스팅을 거쳐 보면 인간다운 와인이 어떤 것인지 알 수 있다.

보졸레 누보가 오늘날 세계적인 명성을 얻게 한 죠르쥬 뒤뵈프의 헌신적인 노력과 마케팅 감각을 높이 사는 프랑스 사람들은 보졸레 누보를 '죠르쥬 누보'로 별칭하기도 한다. 죠르쥬 뒤뵈프는 스스로 "뒤뵈프와 보졸레는 사랑의 이야기이며 한 가문이 자신의 대지에서 생산되는 과일과 이루어낸 행복한 결혼 이야기이다"라고 표현하고 있다.

보르도가 '귀족의 와인', 부르고뉴가 '제왕의 와인'이라 불리는 가운데 죠르쥬 뒤뵈프는 보졸레를 '시민의 와인'이라 부른다. 보졸레는 모든 사람들이 즐길 수 있는 와인, 사람을 행복하게 만드는 와인이라는 의미인 것이다.

제3장

외식구매행동

1 외식구매행동의 기초개념

1) 소비자행동분석의 필요성

오늘날의 시장에서 경쟁은 치열하기 짝이 없다. 과거 30년 동안에 몇 백 개의 체인형 레스토랑과 체인형 호텔이 설립되면서 몇 만 개의 레스토랑과 호텔이 건설되었다. 또한 최근에 외식산업에서 지구적 규모화가 진전되고 있다. 미국·유럽·일본·홍콩에 본부를 둔 레스토랑이 싱가포르와 한국 및 중국 등의 시장에서 공격적으로 경쟁을 전개하고 있다. 이러한 가운데 각 기업은 경쟁에서 이기기 위하여 시장의 변화를 예의 주시하고 있다. 고객은 무엇을 먹으려 하고 있고, 어떤 장소를 선호하며, 어떤 쾌적한 요소를 중시하는가? 그리고 어떤 구매행동을 취하는가 등을 파악하는데 지대한 관심과 노력을 쏟고 있다.

소비자구매행동이란 최종소비자, 즉 개인적인 소비로서 상품 및 서비스를 구입하는 개개인과 세대에 의한 구매행동을 가리킨다. 그리고 소비자시장은 개인적인 소비를 위하여 상품 및 서비스를 구입하거나 획득하려는 모든 개인과 세대로 구성된다.

그러나 소비자행동을 설명하는 것은 쉬운 일이 아니다. 거기에는 개인의 행동에 영향을 미치는 많은 요소가 있기 때문이다.

2) 소비자구매행동의 영향요인

고객이 어떻게 의사결정을 하는가를 이해하기 위해서는 선택결정에 영향을 미치는 심리적 요인을 관찰할 필요가 있다. 아래 [그림 3-1]의 중앙에 위치한 의사결정자는 개인적 영향 및 사회적 영향 등에 의해서 영향을 받는데, 개인의 내적·심리적 요인으로는 ① 지각(知覺, perception), ② 학습(學習, learning), ③ 성격(性格, personality), ④ 동기(動機, motive), ⑤ 태도(態度, attitude) 등이 있다.

지각이란 고객이 주변세계에 대한 의미 있는 심상(心象)을 만들기 위하여 정보를 선택하고 조직하고 해석하는 과정이다.

[그림 3-1] 소비자행동의 주요 영향변수

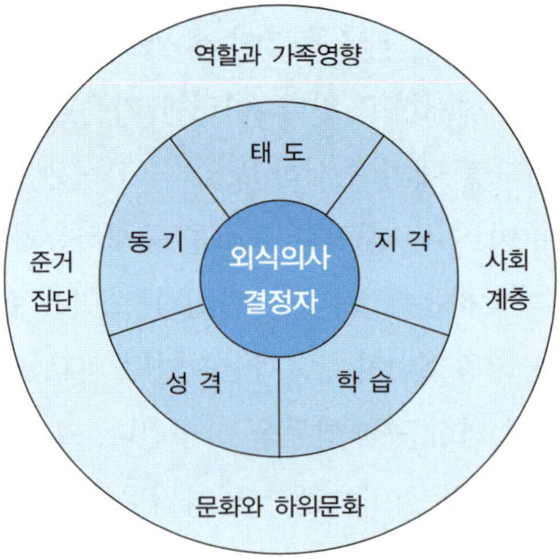

학습은 경험에 근거한 고객의 행동변화를 말한다. 성격은 고객이 행하는 행동의 형태이며, 또한 경험과 행동을 질서 있게 연결시키는 지적 구조를 말한다. 동기란 어떤 목적을 달성하기 위하여 고객의 행동을 유도하는 내적 충동이라고 할 수 있다. 태도는 어떤 대상, 사상, 또는 다른 고객에 대한 긍정적이거나 부정적인 감정과 지식으로 구성되어 있다.

이러한 심리적 요인은 구매행동의 내적인 요소로 작용하지만, 그것은 외부의 영향이 없는 진공상태에서 일어나는 것은 아니다. 구매의사결정은 개인외부의 힘과 타인에 의해서 많은 영향을 받는다. 타인에 의해서 발휘되는 영향은 사회적 영향이라고 하는데, 여기에는 크게 ① 역할(role)과 가족영향(family size), ② 준거집단(reference group), ③ 사회계층(social stratification), ④ 문화(culture)와 하위문화(sub-culture) 등 네 가지가 있다. 이에 대한 자세한 내용은 후술하기로 한다.

2 외식구매의 결정요인

1) 외식구매행동의 이해

외식상품을 판매하려고 할 경우 외부시장상황에 대해서 모든 것을 알고 있어야 하지만, 우선적으로 구매과정에서 개별고객들의 마음속에서 무엇이 일어나고 있는지를 이해할 필요가 있다. 마케터는 왜 사람들이 상품을 사고 거기에는 어떠한 동기가 있는지에 대해서 주의를 집중할 필요가 있다.

동기는 특정의 일을 하려는 욕구나 욕망으로 표현되는, 개인에게 작용하는 내부적 요인이다. 동기는 강력한 개인적인 요인이다. 두 사람이 동일하지 않기 때문에 똑같은 욕구나 구매동기를 가질 수 없으며, 동일인이라 할지라도 시간에 따라 달리 생각하고 느끼며 행동할 수 있다.

그러나 소비자 욕구를 충족시키는 과정에 있어서 많은 유사점을 발견할 수가 있다. 개인은 한 가지 욕망을 다른 욕망보다 뚜렷이 나타내고 있고 그러한 욕망들을 충족시키기 위해서 기꺼이 돈을 지불하려고 한다. 소비자는 그들이 즐기고자 하는 어떤 편익과 이익을 결정하고 나서 선택된 이익을 약속하는 제품과 서비스를 구매한다.

마케팅전문가들은 개인의 내부적·심리적 과정이 특정한 휴가목적지와 그 목적지에서 특정한 형태의 상품에 대한 개인의 선택에 어떻게 영향을 끼치는가를 이해하는 것이 중요하다. 고객의 동기와 욕구를 이해함으로써 외식전문가들은 외식상품을 더 효과적으로 판매할 수 있으며 구매자 선택에 영향을 줄 수 있다. 그리고 고객을 더욱 만족시킬 수가 있는 것이다.

2) 외식구매결정의 요인

사람들은 어떤 이성적·감성적인 이유로 인하여 특정한 상품을 선택한다. 이성적 의사결정은 다음과 같은 요인에 기초한다.

① 비용 : 소비자는 동일한 도시에 있는 두 레스토랑 가운데 저렴한 곳을 선택한다.

② 신뢰성 : 고객은 과거에 사용했던 신뢰할 만한 특정 업체를 찾아내고 그곳을 다시 선택한다.

③ 편리성 : 고객이 특정 업소를 선택하는 이유는 그 레스토랑이 편리한 시간에 식사를 제공하기 때문이다.

④ 서비스 : 고객은 서비스가 뛰어나다고 알려진 레스토랑을 선택하는데, 그 이유는 서비스가 그 고객에게 중요하기 때문이다.

3 외식구매과정의 단계

고객이 이와 같이 특정상품의 구매를 결정하는 이유로는 이성적 이유와 감성적 이유가 복합적으로 상호작용을 한 결과라고 볼 수 있다. 이성적 이유로는 비용 및 신뢰성, 시간, 서비스 등에 의해 구매를 결정하는 것이고, 감성적 이유로는 즐거움, 휴식, 지위 등에 의해 구매를 결정하게 되는데, 이러한 요인이 복합적으로 작용하여 특정상품을 선택하게 되는 것이다.

[그림 3-2] 외식구매과정의 단계

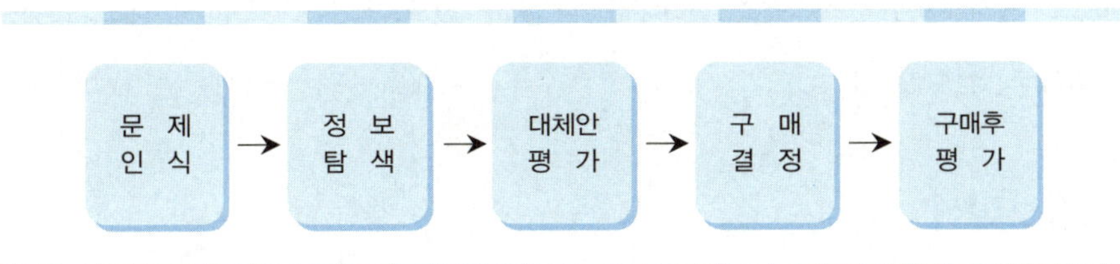

외식전문가는 구매결정과 관련된 단계를 이해함으로써 고객의 구매결정을 돕거나 판매를 성사시키는 것이 더욱 용이할 것이다.

구매동기가 복잡하고 특이하다 하더라도 외식상품의 구매과정은 일반적으로 문제인식, 정보탐색, 대체안 평가, 구매결정, 구매후 평가 등 다섯 가지 단계로 나누어진다. 그러나 관례화된 구매에서는 이러한 단계 가운데 어느 것인가가 생략되거나 또는 순서가 뒤바뀌는 일이 있다. 맥주를 주문하려는 고객은 정보탐색과 대체안 평가를 생략하고 직접 구매행동을 취할지도 모른다. 이를 자동반응루프(autoloop)라고 한다. 마케팅담당자의 과제는 자기들의 상품에 소비자를 자동적으로 반응하게 하는 것이다. 그러나 현실적으로 그렇게 되는 일은 거의 없다.

1) 문제인식

구매과정은 문제인식(recognizes a problem) 또는 욕구나 욕망을 인식함으로써 시작한다. 잠재고객은 자신이 실제로 놓여 있는 상황과 이렇게 되었으면 하는 소망간의 거리를 인식한다. 이렇듯 욕구는 내적인 자극에 의해서 발생한다. 사람들은 과거의 경험에서 발현한 욕구에 대해 어떻게 대처하는가를 학습하고 욕구를 충족시키려는 행동을 취할 동기가 부여되는 것이다.

또한 욕구는 외부적인 자극에 의해서도 발생한다. 예를 들면, 어느 레스토랑을 지나갈 때, 막 구운 신선한 빵 냄새가 식욕을 돋운다. 그리고 카드숍 앞을 지나갈 때 생일카드가 눈에 보이자 여자 친구의 생일이 다가온다는 것을 생각해 내고, 여자 친구가 프랑스 요리와 와인을 선호하므로 프렌치 레스토랑에서 식사하기로 결정한다.

2) 정보탐색

외식상품에 대한 욕구나 욕망을 인식한 후에 사람들은 여러 가지 정보를 탐색하게 된다. 잠재고객은 개인적 지식과 외부자료를 참고로 할 수 있다. 개인적 지식은 과거의 경험, 친구나 매체를 통하여 얻은 정보로 구성된다. 예를 들면, 친구로부터 특정 레스토랑에 대해서 듣고 또 그곳의 사진을 본 사람은 그 레스토랑에 대한 개인적 지식을 갖는다. 특정 외식상품이 어느 정도 욕구를 충족시킬 수 있는지 그 여부를 결정하는데 개인적 지식이 불충분한 경우에는 외부자료가 참고가 된다.

외부자료에는 신문, 잡지, 비디오, 여행사, 책, 인터넷 등 외식상품에 대해 정보가 되는 모든 것이 포함된다. 어떤 사람들은 인쇄 자료로부터 정보를 모으려 한다. 또 어떤 사람들은 조언을 받으려고 친구나 인터넷에 의존하기도 한다.

3) 대체안 평가

여러 가지 정보를 입수한 후에 잠재고객은 레스토랑 시설 및 음식상품을 비교하여 자신에게 맞는 대체안을 찾으려고 한다. 각각의 대안을 평가하는 데 시간과 노력을 기울일 것이다. 이 때 사람들의 태도와 신뢰성은 그들이 상품에 부과하는 가치에 대하여, 그리고 그들의 욕구를 얼마나 충족시켜줄 것인가 하는 가치에 대하여 영향을 미친다. 또한 사람들은 그들이 상품을 구매함으로써 얻게 되는 이익을 기준으로 하여 상품에 가치를 부여한다. 일부 사람들은 상품의 다른 특성에 더 큰 가치를 부여하기도 한다.

예를 들어, 어떤 고객이 맛있는 식사가 나오고 서비스도 좋은 레스토랑을 선호하고 있다고 하자. 그래서 그는 고려 중에 있는 레스토랑이 그런 조건을 모두 갖추었는가를 다시 한번 점검한다. 또 한편으로는 무엇인가 여흥을 제공해 주는 로맨틱한 분위기를 풍기는 레스토랑을 찾는다. 예산이 한정되어 있으므로 가격도 중요하다. 기준에 맞는 레스토랑이 있다면 그 가운데서 가장 편리한 장소에 있는 레스토랑을 선택하게 될 것이다.

4) 구매결정

구매결정단계는 판매자에게 가장 큰 관심사이다. 어떤 구매는 습관에서 나온 것이기도 하며 어떤 구매는 의도적인 계획에 의한 것일 수 있다. 그러나 어떤 구매에 대해서든 고객은 상품을 결정하는 과정을 반드시 거치게 된다.

마케팅전문가에게 중요한 점은 구매결정이 동기와 직접적으로 연계된다는 것이다. 다시 말하면, 동기는 구매자의 심리적 상태와 연계된다. 동기는 마케팅 노력, 특히 상품기획과 판매촉진을 통하여 자극된다.

이 단계에서 소비자는 이전(以前) 단계를 통해 얻은 지식을 통합하여 선택하게 된다. 최종 결정은 상품의 형태, 상표, 가격, 시간과 유통경로의 선택 등을 포함하여 본질적으로 인식된 욕구를 충족시킬 수 있도록 만들어진다. 그러나 구매과정은 이 단계에서 완결되지 않는다. 고객과 마케팅에 대한 중요한 단계는 다음 단계로 이행된다.

5) 구매후 평가

구매과정의 마지막 단계는 구매가 이루어지고 식사가 끝난 후의 구매후 평가이다. 기업은 고객의 기대에 부응하여 행동하였는가? 고객이 맛있게 요리를 즐겼는가? 약속한 대로 즐거운 휴일을 제공하였는가? 이와 같이 평가단계는 기업 이미지 향상과 다음 구매로 연결되므로 외식산업에 있어서 특히 중요하다.

상품의 성과(performance)가 기대와 일치하면 소비자는 만족을 경험하고 기대에 미치지 못하면 불만족을 경험한다. 고객은 그들에게 좋은 가치를 제공한 외식업자를 다시 찾거나 그렇지 못한 업자를 피함으로써 다음 구매에서 선택의 폭을 넓힐 수 있다. 그리고 외식산업은 고객에게서 받은 피드백 정보를 활용함으로써 이익을 얻을 수 있다.

4 외식행동의 심리적 결정요인

1) 동기와 외식행동

(1) 동기의 개념

동기(motivation)란 행위를 강요하는 개인 내부의 추진력(driving force), 또는 신체적 에너지를 활성화시켜 그것을 흔히 외부환경에 존재하는 목표를 달성하도록 지시하는 내적 상태라고 정의되기도 한다. 개인들은 의식적이든 무의식적이든 그들의 욕구가 충족되어 긴장을 해소시켜 주리라고 생각되는 행동을 통해 그 긴장을 감소시키려고 한다.

이 때 그들이 어떠한 목표를 선택하며 또 그 목표를 달성시키기 위한 행동이 어떠한 것이냐 하는 것은 그들의 생각과 학습에 따라 각기 다를 것이다. 동기의 개념은 행동을 유발하고 방향을 부여하여 행동의 강도 그리고 지속성을 설명하는 데 사용되고 있다.

(2) 동기의 역할

❶ 기본적 노력 개발

동기는 소비자들이 필요로 하는 기본적 노력을 개발해 줌은 물론 그것을 식별할 수 있도록 소비자들에게 영향을 준다. 그와 같은 기본적 노력에는 안전, 친교, 성취 혹은 달성하려고 하는 바람직한 상태와 같은 극히 일반적인 목표의 추구가 포함될 것이다. 그러한 것들은 각종의 결정이나 행동에 걸쳐 전반적으로 소비자들의 행동에 방향을 결정해 주는 역할을 한다.

❷ 목표물의 식별

소비자들은 흔히 제품이나 서비스를 그들의 동기를 성취시킬 수 있는 수단으로 보려고 한다. 어떠한 경우에는 제품이나 서비스가 그들의 동기를 충족시키는 수단에 불과함에도 그들은 그것이 마치 그들의 목표물인 것처럼 착각하는 경향이 있다. 사실 그 제품에 어떠한 특징을 부여했느냐에 따라 소비자들이 그것을 목표로 볼 것이냐 혹은 그 목표를 달성시키는 수단에 불과한 것으로 보느냐에 영향을 받게 된다.

❸ 선택기준의 결정

동기는 소비자들이 제품평가를 위한 기준을 결정함에도 영향을 준다. 그리하여 가령 편의(便宜) 동기에 의해 강력한 영향을 받고 있는 리조트호텔 이용자는 건물 외형 및 가격과 같은 것보다는 접근의 용이성, 다기능 오락성 등을 보다 중요한 선택기준으로 간주할 것이다. 그러나 외식사업자 역시 선택기준에 영향을 줄 수 있는 입장에 있음을 잊어서는 안 된다. 때에 따라서는 고객 자신이 그의 참된 동기를 인식하지 못하고 있거나, 동기는 인식하고 있지만 제품평가의 중요한 기준이 무엇인지를 알지 못하는 경우가 있다. 그러한 경우 외식사업자는 고객의 잠재적 동기를 일깨워 주거나 또는 어떠한 선택기준이 중요한가를 알려줌으로써 그들의 행동에 영향을 줄 수가 있을 것이다.

(3) 동기와 마케팅전략

개인의 동기를 마케팅 전략적 측면에서 요약한다면 다음과 같다.

① 소비자행동은 합목적적이고 목표지향적인 활동이다.

② 소비자가 추구하는 목표는 그의 의식적 내지 무의식적 욕구와 관련되어 있다.

③ 소비자욕구는 포화불능의 것이다. 어느 한 수준의 욕구가 충족되면 보다 높은 수준의 욕구가 등장하게 된다.

④ 여러 욕구나 동기는 강도에 있어서 차이가 있다. 즉 기본적이고 핵심적인 욕구는 수단적이고 지엽적인 욕구보다 소비자행동에 더 큰 영향력을 지니고 있으며, 따라서 핵심적 욕구를 자극하는 촉진메시지일수록 보다 효과적이다.

⑤ 보다 풍요로운 사회일수록 친교, 자존, 자아실현 등 보다 높은 수준의 욕구

가 강하다.

⑥ 대부분의 욕구는 무의식적이고 명확하게 이해되지 않기 때문에 흔히 제품이나 서비스의 구매에서 부분적으로 반영된다. 무의식적 욕구가 완전히 충족되는 경우란 거의 없으며 얼마간은 항상 잔존하여 꾸준히 소비자행동에 영향을 미친다.

⑦ 감정이나 정서는 동기개념과 밀접히 관련되어 있으며, 따라서 정서적 욕구는 흔히 동기유발의 단서(cue)로서 작용한다.

⑧ 소비자들은 흔히 동기에 대한 갈등을 경험한다. 그러한 갈등은 마케터의 상품이나 판촉활동으로 해소될 수가 있으므로, 마케팅전략도 바로 이 점을 염두에 두고 설계되어야 한다.

물론, 소비자들의 욕구를 발견하여 그에 부합하는 마케팅 프로그램을 설계하기란 결코 용이한 일은 아니다. 그러나 동기조사나 소비자조사와 같은 기법을 이용해 고객의 동기를 식별해 내고 그에 부응한 제품을 개발하고 촉진계획을 설계하는 데서 오는 대가 역시 그만큼 크다는 사실을 또한 잊어서는 안 될 것이다.

2) 지각과 외식행동

(1) 지각의 개념

지각(perception) 또는 인식이란 "우리의 주변세계를 보는 방법"이라고 말할 수 있다. 가령 두 사람이 동일한 조건하에서 동일한 자극물(stimuli)에 노출된다 할지라도 그들이 그것들을 어떻게 선택하여 조직화하고 인식하며 또 해석하느냐 하는 것은 각자의 욕구, 가치, 기대 등에 따라 크게 다를 것이다. 그러므로 동기는 개인이 자극물을 선택, 조직화, 해석하여 의미 있고 조리 있는 세계의 참모습으로 전환하는 과정이라고 정의될 수 있다.

(2) 지각과정

사람들이 동일한 자극대상(stimulus object) 또는 상황을 다르게 지각하는 까닭은 다음과 같은 지각과정(perceptual process)을 거치게 되기 때문이다.

❶ 선택적 노출(selective exposure)

선택적 노출은 소비자가 모든 자극을 다 받아들이는 것이 아니라 그 중에서 선택한 것에만 노출됨을 뜻하는 것이다. 일반적으로 현재 감지하고 있는 욕구나, 그들이 기대하고 있거나 보통의 것과 변화의 수준이 다른 자극에 대해 선택적 노출을 하게 된다.

❷ 선택적 왜곡(selective distortion)

선택적 왜곡은 정보를 개인적인 가치관에 적합하게 만들어서 도입하려는 사람들의 경향을 말한다. 자기가 단골로 삼고 있는 태국요리 레스토랑에 대하여 비판적인 촌평을 들을 경우에는 자기들의 레스토랑에 대한 생각을 합리화시키려고 그 정보를 왜곡하려 할지도 모른다. 예를 들면, 촌평을 쓴 사람이 태국조미료를 좋아하지 않는다거나, 정통 태국요리보다도 지방화 된 태국요리 쪽을 좋아하고 있기 때문이라고 주장할지도 모른다. 이렇듯 사람들이 이미 자기가 믿고 있는 것을 지지하는 입장에서 정보를 해석하는 경향이 있다.

❸ 선택적 기억(selective retention)

사람들은 그들이 경험을 통해 학습한 것을 때때로 잊어버린다. 그러나 그들의 태도나 신념을 뒷받침하는 정보는 오래 기억하는 성향이 있다. 그 때문에 소비자는 자기가 사기로 한 상품의 장점을 잘 기억하는 반면에, 경쟁상품의 특징은 곧 잊어버리게 되는 것이다.

(3) 지각적 해석(perceptual interpretation)

지각이란 하나의 개인적 현상이어서 어떤 자극을 지각하고 또 그 자극들을 어떻게 조직화하느냐 하는 것은 전적으로 그 개인에 달려 있다. 자극의 해석 역시 개인이 과거의 경험에 비추어 무엇을 보기를 기대하고 있으며 지각시점에 있어 그의 동기와 관심이 무엇인가에 근거를 두고 이루어지고 있기 때문에 각 개인마다 해석이 달라지게 마련이다.

그러나 자극이란 극히 모호한 경우가 많다. 그러므로 개인의 지각적 해석이 현실과 얼마나 가까우냐 하는 것은 자극의 명료성, 지각자의 과거경험, 그리고 지각시점에 있어서 그의 동기나 욕구에 따라 좌우된다.

이상의 것들 외에도 개인이 지각을 왜곡시키도록 하는 요인에는 다음과 같이 여러 가지가 있을 수 있다.

① 외양(physical appearances) : 사람들은 서로 외양이 같으면 품질도 유사한 것으로 보려는 경향이 있다. 때문에 광고나 TV의 CM에 등장할 모델로 어떤 사람을 선택하느냐에 따라 메시지의 설득성도 크게 영향을 받게 된다.

② 고정관념(stereotype) : 사람들은 각 자극물의 의미를 자신이 지닌 어떤 틀에 맞추어 해석하려고 한다. 이러한 고정관념은 곧 특정의 상황, 사람, 사건이 어떠한 것이라는 기대로 작용하게 되고 그 기대는 다시 그러한 자극을 어떻게 해석하느냐의 결정요인이 된다.

③ 후광효과(halo effect) : 이는 호의적 혹은 비호의적인 인상이 그와 무관한 다른 자극의 해석에까지 확대됨을 의미한다. 그러한 효과는 특히 지각자가

거의 경험한 적이 없는 자극을 해석할 때 더욱더 두드러지게 된다. 가령 숙박시설이 호화로운 호텔은 흔히 그 호텔이 생산·판매하고 있는 다른 모든 제품(뷔페, 양식, 한식 등)도 똑같이 우수한 것으로 생각되는 경우가 이에 속한다.

④ 존경받는 인물(respected sources) : 사람들은 그들이 존경하는 인물이 제공하는 충고에 대해서는 보다 더 지각적 비중을 두려는 경향이 있다. 광고주가 흔히 광고의 등장인물로 유명한 스포츠맨, 가수, 영화배우 등을 선택하고 있는 이유도 바로 소비자 측에서의 지각효과를 증대시키려는 데 있다.

⑤ 부적절한 단서(irrelevant clues) : 소비자들은 지각적 판단이 어려운 경우에는 부적절한 단서에 따르려는 경향이 있다. 고급승용차가 흔히 생각과는 달리 기계적 우수성이 아니라 오히려 외형, 색깔, 시트와 같이 별로 중요성이 없는 요인을 기준으로 해서 구매되는 경우가 그것이다.

⑥ 첫인상(first impression) : 첫인상은 추후의 행동에 영향을 준다. 그러나 그러한 첫인상을 형성함에 있어서 사람들은 어떠한 자극이 추후의 행동에 적절하며 중시되어야 하는가를 잘 모르는 때가 많다. 시장에 도입 시 여러 가지 결함으로 인해 좋지 못한 첫인상을 심어준 외식상품이 추후 그러한 결함이 극복되고 개선되어 우수한 제품으로 바뀌었다고 해도 소비자들의 호응을 결코 쉽게 얻지 못하는 이유가 바로 거기에 있다.

⑦ 결론의 비약(jumping to conclusion) : 소비자들은 또한 관련 증거를 모두 조사하지 않은 채 성급히 그들 나름대로의 결론을 내리는 경우가 많다. 예컨대, 소비자 가운데는 단지 CM방송의 첫 부분만을 보고는 그 외식상품에 대해 어떤 선택을 내리려 하는 사람이 있다. 광고문의 카피라이터가 최선의 메시지를 마지막이 아니라 바로 초두에 제시하도록 유의해야만 하는 이유가 바로 여기에 있다.

(4) 거리의 지각

❶ 외식 저해요인으로서의 거리

거리의 지각은 두 가지 점에서 외식행동과 태도에 영향을 미친다. 우선, 그것은 외식에 저해요인으로 작용한다. 지리학자들은 거리의 마찰(the friction of distance) 개념을 사용한다. 이것은 이동에 관련된 어떠한 코스트를 의미한다. 고객이 식사를 하기 위해서 한 지역에서 다른 지역으로 이동할 경우에 일어나는 금전적 코스트, 시간적 코스트, 편의적 코스트, 육체적·정신적 코스트 등이 그것이다. 이러한 코스트는 때때로 장소이동을 단념하게 한다. 고객은 그 코스트를 보상하는 것 이상의 편익을 외식에서 얻을 수 있음에도 불구하고 이러한 요인 때문에 이동하지 않기도 한다.

즉 이러한 코스트가 마찰(저항)요소로 작용하여 이동을 억제하는 것이다. 따라서 거리가 증가할수록 이동비용의 증가를 초래하고 이동이 발생할 가능성이 적어진다.

❷ 고객 자극요인으로서의 거리

거리의 저항은 외식에 자극요인으로 작용하기도 한다. 원거리에 있는 레스토랑은 단순히 거리가 멀고 비용이 많이 들어서 일반인들이 접근하기가 어렵기 때문에 오히려 식도락가에게 특별한 매력이 되기도 한다.

3) 학습과 외식행동

(1) 학습의 본질

학습은 외식행동의 중요한 결정요인이다. 문화적 가치, 외식태도, 욕구성취의 행동, 외식환경에 대한 지식, 동기, 개인 및 사회적 욕구충족의 방법 등은 모두 학습의 결과라 할 수 있다.

외식문제는 여러 가지 행동 대안에 대해 고객 개인의 시스템적 평가를 필요로 한다. 주의 깊고 신중하며 논리적인 외식의사결정은 고객이 과거로부터 학습한 경험을 토대로 이루어진다. 학습이란 간단히 말하면 경험의 결과로써 발생되는 비교적 영구적인 행동의 변화라고 할 수 있다. 이러한 정의가 시사하는 바는 상당히 미묘하기 때문에 다음과 같은 추가적인 설명이 필요하다.

첫째, 행동이라는 용어는 표출된 행동(over behavior)뿐만 아니라 비가시적 지각활동도 포함하고 있다. 따라서 학습은 어떤 가시적인 행동의 변화 없이도 일어날 수 있다. 즉 새로운 정보를 받아들임으로써 일어나는 소비자의 태도변화가 그 예라고 할 수 있다.

둘째, 학습결과로 일어나는 행동변화는 비교적 영구적으로 지속된다. 따라서 피로감이나 약물복용 등과 같은 단기적 영향요인에 의해서 야기된 행동변화는 학습의 결과라고 할 수 없다.

셋째, 경험이 학습의 중심이 되고 있다. 따라서 두뇌나 신체적 손상 또는 지연적인 성장에 의한 효과는 학습에서 제외한다.

(2) 학습과정

고객은 구매가 그의 중요한 욕구를 만족시킨다는 것을 학습한다면 특정상품을 구입하게 될 것이다. 그러한 학습과정을 나타낸 것이 [그림 3-3]이다.

고객은 개인적인 경험, 과거의 동일한 또는 유사한 외식경험, 그리고 상업적 · 사회적 환경에서 유입되는 정보로부터 그의 외식욕구를 충족시키는 대체안을 학습하게 된다. 고객은 그의 특별한 동기를 만족시켜 줄 대안을 결정하기 위하여 일련의 기준(a list of criteria)에 대해 여러 가지 대체안을 비교 · 검토한다. 그 결과로 나타나는 성향(inclination)은 구매의사결정에 영향을 미친다. 고객이 선택한 대체안이 동기에 얼마나 잘 합치하는가 하는 동기와 대체안의 적합 여부에 따라 그 영향은 긍정적이거나 부정적일 수 있다.

[그림 3-3] 고객의 학습과정

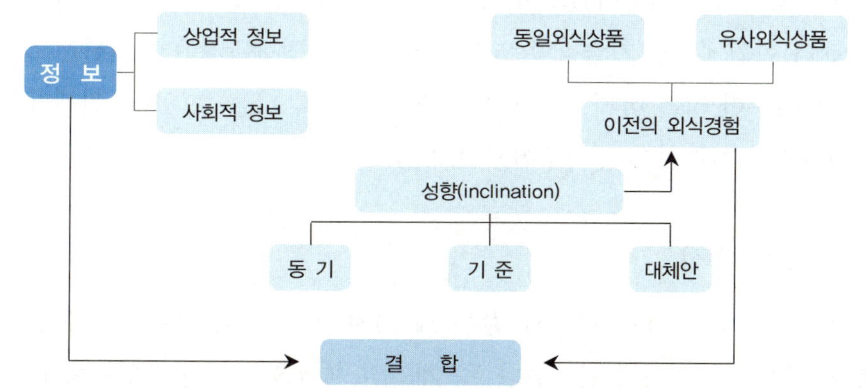

자료 : J. A. Howard and J. N. Sheth, *The Theory of Buyer Behavior*, 1969.

4) 개성과 외식행동

(1) 개성의 정의

개성의 포괄적인 정의는 "한 개인이 그의 환경에서 어떻게 반응하는가를 결정하고 반영해 주는 내부 심리적 특성"이다. 즉 성질, 속성, 특질, 요인, 행동양식 등 개인들을 서로 구분해 주는 모든 요인이 특히 중요한 요소이다.

한편, 개성을 "개인의 특징적 행동과 사고를 결정해 주는 정신적 · 육체적 시스템으로서 그 개인 내부의 동적 조직"으로 규정하여 개성의 기능적 측면에 역점을 둔 정의도 있다.

개성이라는 개인의 심리적 특성은 곧 그 개인의 상품이나 점포선택에 영향을 줄 뿐 아니라 그것은 또한 기업의 커뮤니케이션 노력에 개인이 어떻게 반응하는가를 결정하는 중요한 요인이 되고 있다.

시카고 골드코스트지구에 있는 드레이크 호텔(Dreake Hotel)의 바텐더 장 스탠리 파스키(Stanley Paskie, 72세)는 다음과 같이 말하고 있다. "바텐더에게는 무엇보다도 인간적인 접촉이 필요하다. 그러나 유감스럽게도 많은 바텐더가 다니는 바텐더 학원에서는 기술적인 면만을 강조하고 인간관계는 경시하는 실정이다. 나는 아무런 말을 하지 않고서도 고객과 대화를 나눌 수 있다. 언젠가 고객이 일어서면서 '내 말을 들어주어서 고마웠어요'라고 인사하는 경우도 있었다."

(2) 개성의 특성

개성을 연구하는 데는 다음과 같은 세 가지 특징을 염두에 두어야 한다.

첫째, 개성은 개인차를 반영한다. 즉 개인의 개성을 구성하고 있는 심리적 특성은 독특한 요소들의 집합으로 이루어져 있기 때문에 모든 개인들의 개성이 똑같은 경우는 있을 수 없다. 그러나 많은 개인들은 똑같지는 않지만 유사한 개성을 갖는 집단으로 세분화할 수 있는데, 여기에 제품개발이나 광고에 있어서의 표준화를 도모할 여지가 발생하게 된다.

둘째, 개성은 일관적이며 지속적이다. 이러한 개성의 안정적 속성은 외식사업체가 특정상품에 적응하도록 소비자들의 개성을 변화시키려고 시도하는 것이 그만큼 어려움을 의미하기도 한다. 따라서 외식사업체가 의도하는 대로 개인의 개성을 바꾸려하기보다는 어떠한 개성특성이 소비자의 어떠한 행동에 영향을 주고 있는가를 발견한 후 표적시장의 해당 개성특성에 소구하는, 이른바 현존의 개성에 적응하는 적응전략이 오히려 유용할 것이다.

셋째, 개성은 변화할 수 있다. 개인의 개성이 어떤 일관성을 띠고 있다 하더라도 특정욕구나 동기, 태도, 소속, 집단의 압력에 대한 순응, 현재 이용가능 상표에 대한 반응 등에 의해서 개인의 행동은 변화될 수 있다. 또한 개성은 일관성이 있고 지속적인 경향을 가지고 있지만, 여러 상황에 따라 변화되기도 한다. 가령 개성은 삶에 있어서 중요한 사건들, 예를 들면 결혼, 출산, 배우자의 사망, 이혼, 출세 등에 의해 변화할 수 있다. 따라서 개인의 개성은 이와 같은 어떤 돌발적인 사건에 의해서뿐만 아니라 점진적인 성숙과정의 하나로서도 변화를 겪게 된다. 그러므로 개성이란 소비자행동에 영향을 주는 여러 가지 요인 가운데 단 하나의 요인에 불과하다는 것을 인식하여야 한다.

(3) 사이코그래픽스와 외식행동

외식연구자는 인구통계학적 변수보다는 고객의 심리적 구조를 알게 됨으로써 고객행동을 보다 잘 이해할 수 있다. 최근에 와서 외식연구자는 고객의 심리적 구조를 이해하기 위해서 사이코그래픽 특성(psychographic characteristics)의 측정에 많이 의존하고 있다.

❶ 사이코그래픽스(psychographics)와 라이프스타일(life style)

사이코그래픽스는 계량화시킬 수 있는 심리적 특성을 말하는데, 라이프스타일과 개성이라는 두 가지 범주의 변수가 사이코그래픽스를 대표하는 심리적 특성이다. 사이코그래픽스는 개인들의 라이프스타일을 측정하는 데 널리 이용되는 하나의 기법이다. 그러므로 라이프스타일이 개인의 내부 심리적 특성에 대한 행동적 표현이라고 볼 수 있는 반면, 사이코그래픽스란 그러한 행동의 계량적 측정법이라 할 수 있다.

사이코그래픽스에 대해 보다 구체적으로 말한다면, 그것은 첫째로 소비자들의 구매는 그들의 라이프스타일과 얼마나 부합되며, 둘째로 소비자들의 사회적·정치적 활동 및 그들이 선택하는 제품은 그들의 라이프스타일 및 자아개념과 어떠한 관련이 있고, 셋째로 개인들은 그들의 라이프스타일이나 자아개념 가운데 과연 무엇이 결핍됨으로 인해 특정 활동을 초래하는가 하는 것 등을 측정하는 기법인 것이다.

❷ 라이프스타일과 AIO

라이프스타일에 관한 최근 많은 학자들의 연구결과에 의하면, 사람들은 어떤 활동을 하면서 시간을 보내는가(활동 : Activities), 그들은 자신의 환경 속에서 무엇을 중요한 사항이라고 생각하고 있는가(관심 : Interest), 그들은 자신을 둘러싸고 있는 환경에 대해서 어떻게 생각하고 있는가(의견 : Opinion) 등의 세 가지 요소를 식별할 수 있는 생활양식(mode of living)으로 정의되고 있다.

특히 외식행동에서 중시되는 것은 라이프스타일의 분석을 통해 각 시장구획의 차이점을 밝힐 수가 있음은 물론이고 그 사회전체의 행동패턴을 알 수가 있기 때문이다. 그러나 라이프스타일은 고정된 것이 아니라 개인들의 가치, 태도, 신념 및 외부의 사회문화적 환경의 변화로 변경될 수 있으므로, 마케터는 표적 소비자들의 라이프스타일을 수시로 분석·평가하지 않으면 안 된다.

5) 태도와 외식행동

(1) 태도의 정의

태도는 개인이 어떤 대상(가령 상표, 서비스, 점포 등)에 대해 호의적 또는 비호의적으로 기울고 있는지의 여부를 반영하는 내적 느낌의 표현으로 이해되고 있다. 그러나 태도가 분명히 심리적 과정의 결과이기는 하지만, 그것은 직접적인 관찰이 불가능하기 때문에 개인들의 말이나 행동으로 유추될 수밖에 없다. 따라서 연구자들은 질문을 통하거나 행동의 관찰을 통해 소비자들의 태도를 추리해 내는 방법을 이용하고 있다.

(2) 태도의 특성

태도는 다음과 같이 네 가지 특성을 지니고 있다.

❶ 태도는 대상을 지니고 있다

태도는 어떠한 대상을 갖고 있다는 것이다. 그 대상은 제품, 사람, 상표와 같이 구체적 · 유형적인 것일 수도 있고 컨슈머리즘, 사회적 책임 혹은 노사문제 등과 같이 추상적인 것일 수도 있다.

❷ 태도는 방향, 정도 및 강도를 지니고 있다

태도란 개인이 한 대상에 대해 어떻게 느끼느냐를 나타낸다. 즉 그것은 개인이 대상에 대해 호의적 혹은 비호의적, 찬성 또는 반대 및 그 정도 그리고 그 대상에 대한 표현의 확신수준 및 확신의 강도를 각각 나타낸다. 개인이 특정제품에 대한 태도의 방향, 정도 및 강도는 곧 그 제품을 구매하려는 의도를 반영한다고 볼 수 있다.

❸ 태도는 어떤 구조를 지니고 있다

태도란 하나의 조직(organization)을 나타내고 있는데, 이는 내적 일관성과 태도 간에 어떤 중심성(centrality)이 존재하고 있음을 나타낸다. 그리고 인간의 태도구조란 중앙에는 개인의 중요한 가치와 자기개념이 위치하고 그 중앙에 가까울수록 중심성이 높아지는 등 마치 원반 위에 세워놓은 복잡한 구조물과 같은 형태를 지니고 있다.

❹ 태도는 학습된 것이다

구매행동과 관련된 태도는 제품에 대한 직접적인 경험이나 다른 사람으로부터 얻어진 정보 혹은 대중매체에의 노출의 결과로 형성된 것으로 태도가 학습된 것임을 나타낸다. 따라서 태도란 행동 그 자체는 아니며 단지 태도 대상에 대한 호의적 또는 비호의적 평가를 반영하는 것이다.

❺ 태도는 어느 상황 내에서 존재한다

태도는 어느 일정 상황에서만 일어나는 것으로 여기서 상황이란 어느 주어진 시점에서 태도와 행동 간의 관계에 영향을 주는 제반사항이나 정황을 말한다. 즉 상황은 소비자가 태도와 불일치하게 행동하도록 할 수도 있는 제반요인들을 일컫는다. 가령 어느 소비자가 특정의 상표를 반복해서 구매한다고 해서 그가 반드시 그 상표에 대해 호의적인 태도를 지니고 있다고는 말할 수 없는 것과 똑같이 어느 상표의 구매를 기피한다고 해서 그 상표에 대한 태도가 반드시 비호의적이라고는 단정할 수 없다는 것이다.

(3) 태도변용전략

외식사업자가 택할 수 있는 태도변용의 전략에는 여러 가지가 있겠으나, 우선 염두에 두어야 할 것은 소비자들이 바로 그 제품에 대해 지니고 있는 관여수준일 것이다.

❶ 저관여전략(low-involvement strategies)

소비자들이 제품이나 상표에 관한 정보와 관련하여 어떻게 반응하느냐에 따라 저관여와 고관여의 두 수준으로 나눌 수 있다. 저관여 조건에서는 소비자들이 정보를 수동적으로 수신함으로 인해 결국 대안적인 상표에 대한 적극적인 정보탐색에 들어가지 않게 된다.

저관여 수준에서의 소비자들의 관심은 제품의 속성을 평가하고 각 상표에 대한 신념을 형성하기에는 너무 낮다. 이 때의 대안은 그 상황을 고관여(high involvement)의 조건으로 전환시킬 수 있는 방안을 강구하는 일이다. 가령 저관여 조건에서의 효과계층은 인식→행동→태도의 순서로 이어지기 때문에 결국 소비자는 구매후 상표평가를 토대로 태도를 형성하게 되는데, 이는 곧 마케터가 호의적인 소비자태도를 가져올 수 있는 양질의 제품을 제공하는 것이 얼마나 중요한가를 시사하고 있다.

저관여 상황에 적합한 두 번째의 태도변용전략으로는 소비자들로 하여금 그들의 구매전 관여수준을 증대시키도록 촉구하는 것이다. 이것이 성공하기 위해서는 상표선택에 영향을 주기 위한 고관여 태도변용방법을 이용해야 한다.

구매전 관여수준을 증대시키는 대안들은 다음과 같다.

- 제품을 어떤 관여쟁점과 연계시킨다.
- 제품을 현재 개인이 관여하고 있는 상황과 연계시킨다.
- 고관여성의 광고를 개발한다.
- 제품편익의 중요성을 변경시킨다.
- 중요한 제품특성을 상기(想起) 및 소개시킨다.

❷ 고관여전략(high-involvement strategies)

고관여수준의 소비자란 특정상표간의 제반 차이에 높은 관심을 갖고 그들을 평가함에 상당한 노력을 투자하려는 사람들을 말한다. 높은 관심은 흔히 많은 양의 정보를 탐색하기 위한 활동을 불러일으키며 그들 상표에 대한 광고에 보다 주의를 기울이게 한다.

또한 고관여의 소비자들은 보다 적극적으로 정보를 입수하려 할 뿐만 아니라 입수된 정보에 관해서도 부정적·긍정적 의미까지 신중히 평가하는 사람들이다. 그와 같은 신중한 평가로부터 소비자는 특정한 상표에 대해 태도를 형성하게 되는 것이다. 이 고관여 조건 하에서의 효과계층은 대체로 인식→태도→행동의 순서를 보임으로써 저관여 조건과는 다른 양상을 나타낸다.

고관여 수준을 증대시키는 전략으로는 다음과 같은 것이 있다.

- 행동의 결과에 대한 현재의 신념을 바꾼다.
- 특정행동의 결과에 대한 소비자들의 평가를 바꾼다.
- 새로운 신념·평가의 조합을 소개한다.
- 현재의 규범적 신념을 바꾼다.
- 주관적 규범을 따르려는 동기 그 자체를 바꾼다.
- 새로운 규범요인을 소개한다.

(4) 태도와 외식행동

사람들은 종교와 정치·의복·음악·음식물 등을 비롯한 모든 사물에 대하여 태도를 형성한다. 태도란 무엇인가 대상이 되는 것이나, 사상에 대한 비교적 일관된 평가와 감정, 행위성향을 말한다. 태도에 의하여 사람들에게는 좋고 나쁘고의 성향이 생기고 그에 따라서 대상을 받아들일 것인가 거부할 것인가가 결정된다.

예를 들면, 건강에 좋은 식사를 중시하는 태도를 가진 사람들의 대부분은 날개 달린 고기가 쇠고기나 돼지고기에 대신하여 건강식재(健康食材)라고 생각한다. 그 결과 최근에는 1세대 당 치킨 소비량이 증대하고 있다. 이러한 움직임에 대하여 미국 우육심의회의 전 미국 돈육생산자심의회에서는 우육과 돈육이 건강식품이 아니라는 소비자의 태도를 바꾸는데 힘을 기울이지 않을 수 없게 되었다. 전 미국 돈육생산자심의회에서는 돈육을 또 하나의 흰 고기로서 날개달린 고기와의 관련성을 갖게 하려고 노력하고 있다.

레스토랑 경영자 사이에서는 소비자의 레스토랑 평가는 고객이 마지막으로 이용한 식사평가에 달려 있다고 말하고 있다. 부분적이기는 하지만 태도는 어째서 그런가를 설명해 준다. 같은 레스토랑에서 몇 번이고 식사를 한 일이 있는 고객이라도 어느 때에 맛없는 식사를 경험하게 되면 다시는 이 식당에서 좋은 식사는 기대할 수 없는 것이 아닌가 하고 생각하기 시작하는 것이다. 이처럼 레스토랑에 대한 고객의 태도는 변화하기 시작한다. 만약 다시 맛없는 식사가 나오면 그 부정적인 태도는 영원히 고정되고 말 것이며, 다시는 찾아오지 않을지도 모른다. 처음 찾아온 고객에게 맛없는 식사를 내는 것은 치명적이다. 소비자는 다시는 찾지 않을 부정적 태도를 쉽게 형성하고 마는 것이다.

유소년기에 형성된 태도는 성인이 된 후의 구매행동에 영향을 미친다. 어린이는 어떤 종류의 야채, 사람들, 장소와 같은 것에도 부정적인 태도를 형성한다. 확률적으로는 맥도널드와 디즈니랜드에 대하여 긍정적인 태도를 형성하고 유지할 가능성이 있다고 말할 수 있다.

디즈니와 맥도널드도 어린이들을 '평생고객'이라는 관점에서 파악하고 있다. 이러한 기업은 어린이들이 10대가 되고 결혼한 부모가 되며, 나아가서는 조부모가 된 후에도 고객이기를 소망하고 있으며, 장래의 비즈니스로 연결시키려는 의도에서 고객을 응대하고 있는 것이다. 이러한 디즈니와 맥도널드의 실천을 반드시 참고할 필요가 있다.

한편, 일단 부정적인 태도가 형성되고 나면, 그것을 바꾸기란 용이한 일이 아니다. 신설 레스토랑의 소유자는 현금이 필요한 경우가 많아서 품질을 외면하고 사업을 시작하는 일이 있다. 어느 레스토랑 소유자는 고객이 고집을 부려서 곤란하다고 털어놓았다. 개점 당시는 행렬이 생길 정도로 고객이 많았으나 수개월 후에는 매일 저녁 공석이 생기게 되었다. 이 레스토랑 소유자는 초기에 고객을 만족시키지 못한 것이 명백하다. 이미 초기의 고객들은 자기가 받은 서비스에 낙담하고 있어서 두 번 다시 이 레스토랑을 찾을 리가 없고 친구들에게는 악평을 흘리고 있을지도 모른다.

5 외식행동의 사회문화적 결정요인

1) 가족집단과 외식행동

(1) 가족의 정의

가족(family)은 외식행동과정에 있어서 주된 영향요소임과 동시에 소비단위로서의 행위주체가 되고 있다. 그뿐만 아니라 가족은 개인이 속한 가장 기본적인 집단으로써 제품에의 노출기회를 제공해 줌은 물론 가족성원의 소비규범을 설정해 주기도 한다. 그리고 가족은 마케터의 입장에서 주요 소비단위가 되고 있기 때문에 대부분의 외식상품을 판매하기 위한 표적이 되고 있다.

가족은 일반적으로 정의한다면 "혈연, 결혼, 입양을 통해 함께 살고 있는 2인 이상의 집단"이라고 할 수 있다.

우리나라의 가족에는 크게 부부가족, 핵가족, 대가족이라는 세 가지의 유형이 있다. 여기서 부부가족이란 단기적인 현상이고 또 대가족 역시 농촌이나 도시의 일부에 한정되어 있는 유형이기 때문에 마케터의 관심은 마땅히 부부와 자녀라는 2세대의 성원으로 구성된 핵가족에 두어지는 것이 일반적이다.

(2) 가족의 기능

가족의 기본적인 기능은 다음과 같다.

① 출산기능 : 인간은 양친에 의해서 태어나고 태어난 자녀는 다른 동물과 달라 혼자 살아갈 수 없다. 양친에 의해서 부양되고 사회생활을 영위할 수 있도록 사회적 가치관이나 행동의 지식을 몸에 익히도록 하는 기능을 가족은 기본적으로 갖고 있다.

② 경제적 기능 : 가족이 반드시 경제적 안정만을 위해 형성되는 것은 아니지만, 경제적 욕구의 충족이 가족의 기본적인 기능이라 해도 과언은 아니다.

③ 사회적 기능 : 어린 나이에 있는 성원들에 대한 사회화(socialization)는 가족이 수행하는 또 하나의 중심적 기능이 되고 있다. 그러한 사회화과정은 어린이뿐만 아니라 성인들에게도 그 사회의 문화와 일치하는 가치나 행동양식을 심어 주는 것을 의미하는데, 이에는 개성의 형성, 대인관계의 방법, 적절한 옷차림, 행동양식이나 언어, 직업의 선택 등을 모두 포함한다.

④ 라이프스타일 형성기능 : 가족이 그 성원에게 수행해 주는 또 하나의 기능은 그들에게 어떤 라이프스타일을 마련해 주는 것이다. 가령 교육에 부여한 중요성, 독서에 대한 관심, 시청한 TV프로그램의 종류, 외식의 빈도, 선택한 오락수단, 접촉한 사람들의 유형 모두가 그 가족의 라이프스타일 형성에 중요한 요인들이라 할 수 있다.

(3) 가족의 역할구조의 유형과 의사결정

의사결정에 있어서 가족성원의 역할은 의사결정에 주는 영향의 강도문제로 생각할 수 있는데, 그 유형은 다음과 같이 정리할 수 있다.

① 남편주도형(husband-dominated decisions) : 특정의 제품을 구입할 경우 남편의 영향이 가장 크다고 생각되는 것

② 주부주도형(wife-dominated decisions) : 특정의 제품을 구입할 경우 주부의 영향이 가장 크다고 생각되는 것

③ 공동결정형(joint decisions) : 특정의 제품을 구입할 경우 부부가 같은 정도의 영향력을 갖는다고 생각되는 것

④ 자주결정형(autonomic decisions) : 특정의 제품을 구입할 경우 남편 또는 주부가 대체로 같은 비율로 단독의 결정자가 되는 것

이상과 같은 역할분담은 제품의 종류, 의사결정의 단계, 제품속성 등에 크게 의존하고 있다.

〈표 3-1〉 가족의사결정스타일

가족여행 결정사항	지배적인 가족의사결정스타일
숙박시설의 형태	남편주도형
휴가목적지	남편주도형
어린이 동반여부	공동영향-개별결정
휴가체재기간	공동영향-개별결정
휴가시기	공동영향-개별결정
휴가교통수단	공동영향-개별결정
휴가활동	공동영향-개별결정
휴가의 계속여부	공동영향-공동결정
휴가소비지출총액	공동영향-공동결정

자료 : Roger, L. Jenkins. "Family vacation decision making", *Journal of Travel Research*, Vol.16, Spring 1978, pp. 2-7.

(4) 가족생활주기의 단계

가족생활주기(FLC : family life cycle)는 행동과학자들이 각 가족집단을 구획화 하는데 주로 이용돼 왔던 개념으로, 가족소비행동이나 시장세분화에 관심을 지니고 있는 마케터에게는 유용한 도구로 인식되고 있다.

가족생활주기의 각 단계별 특성을 보면 다음과 같다.

- 제1단계 : 미혼기(bachelor stage) – 양친과 동거하지 않은 성인 독신
- 제2단계 : 신혼기(newly married couples) – 젊은 부부
- 제3단계 : 자녀양육기(full nest) – 한 자녀 이상과 동거하는 기혼부부
- 제4단계 : 탈자녀양육기(empty nest) – 동거 자녀가 없는 노년부부
- 제5단계 : 해체기(solitary survivor) – 배우자 중 한 사람만 생존

2) 사회집단과 외식행동

(1) 사회집단의 정의

외식행동의 대부분이 집단과의 영위 속에서 행해지고 있다. 또 집단은 고객이 사회와의 관계를 학습하기 위한 기초를 이루는 것이므로 집단 그 자체의 기능을 이해하는 것은 외식행동을 알고자 하는데 불가결한 일이다.

집단(group)이란 "개인적 혹은 상호의 목표를 성취시키기 위해 상호관계적인 활동을 하는 2인 이상의 집합"이라고 정의되고 있다.

(2) 사회집단의 유형

❶ 일차집단(primary group)

가족, 이웃, 작업집단 등으로 구성되는 것이 일차집단인데, 여기에는 성원들

이 공유하는 규범과 상호작용의 역할을 포함하나 이에는 세 가지 추가적 기준이 요구된다. 첫째, 상호간의 긴밀한 유대관계(personal tie), 둘째, 대면적 상호작용, 셋째, 자발적 대인행동 등이다. 이러한 기준이 일차집단의 특징을 이루며 외식행동에 보다 중요한 결정요인이 된다. 또한 일차집단은 개인의 경제적 · 사회적 및 심리적 욕구 가운데 많은 부분을 제공해 주는 집단이기도 하다.

❷ 이차집단(secondary group)

이차집단은 보다 크고 훨씬 비개인적인 집단으로 학회나 협동조합 등을 포함하며 이차집단 속에는 수많은 일차집단이 존재해 있다. 이차집단은 공식조직을 포함하며 그들은 상호작용을 위해 비인적 경로를 통한 커뮤니케이션이나 대화를 유지하며 일반적으로 지리적으로 분산되어 있는 것이 보통이다.

(3) 집단과 역할

역할(role)이란 신분의 동적 측면으로서 그 사회가 그 신분을 지니고 있는 개인에게 부여해 준 각양의 태도, 가치, 행동을 반영한다. 다시 말해서, 그 사회는 어떠한 역할행동이 수용될 수 있으며 또 기대되고 있는가를 결정해 준다. 이를테면, 상류층의 사람은 고급주택에 살고 비싼 승용차를 몰며 최신 유행의 의상을 걸치고 비싼 컨트리클럽의 회원으로서 행동하려 할지도 모른다.

대부분의 사람은 많은 역할을 수행하고 있다. 그리고 때에 따라서는 복수의 역할이 다른 행동을 요구한다. 어느 여성은 부인, 어머니, 교회집사, 동창회간부, 반장이라는 다섯 개의 역할을 동시에 수행하고 있을지도 모른다. 이들 역할은 대부분이 학습된 것이다. 그러나 모든 사람이 주어진 역할을 동일한 방식으로 학습하는 것은 아니며, 또한 역할행동에 있어서도 각 개인마다 다소의 차이가 있다.

여러 역할을 동시에 수행할 때에는 또한 그들 간에 마찰이 있기 마련인데, 이를 이른바 역할적 갈등(role conflict)이라고 부른다. 흔히 우리는 일을 가지고 있는 일원으로서의 역할(학생, 자녀, 남편, 아버지, 아내, 어머니)과 일에 대한 역할 사이에 갈등을 경험할 때가 많다. 이 갈등은 일하고 있는 주부에게 더욱 강하게 보여지는 현상이라고 할 것이다. 각 역할이 서로 양립되지 못할 때 그로 인한 긴장은 종종 그 개인의 외식행동에서 구체화되게 된다. 이것은 또 마케터에게 새로운 기회를 제공하는 것이 된다. 예를 들면, 많은 패밀리 레스토랑이 일과 가족의 역할 사이의 갈등을 경감시키는 방안으로 가격정책을 변경하고 "휴일날 가족의 대화장소로 최적입니다"라고 부르짖고 있다.

3) 준거집단

(1) 준거집단의 정의

준거집단(reference group)이란 개인의 행동 혹은 구매결정에 있어서 준거점(frame of reference)을 제공해 주는 집단을 말한다. 따라서 준거집단의 개념은 개인들의 외식행동, 태도, 신념에 대한 다른 사람의 영향을 이해하는데 매우 중요하며, 또한 외식행동을 원하는 방향으로 조종할 수 있는 방법을 발견할 수가 있게 된다.

개인의 가치나 행동전반에 영향을 주는 준거집단을 규범적 준거집단(normative reference group)이라고 부르는데, 예컨대 어린아이에 대한 그의 가족이 이에 속할 것이다. 이에 반하여 특정의 혹은 극히 제한된 태도나 행동의 기준이 되는 집단을 비교적 준거집단(comparative reference group)이라 한다. 이는 가령 어느 사람이 이웃의 라이프스타일이 존중할 만한 것이라고 생각하여 그것을 모방하려 한다면 그 이웃은 그 개인의 비교적 준거집단이라 할 수 있다.

개인이 그의 일반적 혹은 특정의 가치나 행동을 평가함에 있어서 준거점이 되고 하나의 준거집단으로 간주될 수 있는 것은 가족, 친구, 사회계층, 지역사회에 이르기까지 매우 다양하다.

(2) 준거집단의 영향요인

준거집단이 고객의 행동에 부여하는 영향력의 정도는 대체로 고객은 물론 그 상황이나 관련된 제품이 어떤 것이냐에 따라 좌우된다.

❶ 정보 및 경험

제품이나 서비스에 대한 직접적인 경험을 지니고 있거나 그에 관한 충분한 정보를 쉽게 얻을 수 있는 개인은 다른 사람의 충고나 행동에 의해 영향을 받을 가능성이 적으나, 그렇지 못한 사람은 그 영향을 보다 크게 받을 것이다.

❷ 집단토의 및 인식위험

소비자들은 집단토의가 있은 후의 구매결정에서 제품의 특성에 따라 인식위험의 방향을 결정하게 된다. 그러므로 고위험제품의 경우, 예를 들어 분쟁지역의 일시적 휴전상태에서의 식도락여행이나 또는 잘 알려지지 않은 여행지의 경우, 마케터는 광고를 통해 인식위험을 감소시킬 수 있을 만큼의 충분한 설득적 정보를 제공해야지, 그렇지 않는 한 소비자들 사이에 자연스럽게 발생하게 되는 집단토의가 오히려 그 상품의 구매를 거부하도록 하는 결과를 초래하게 될 것이다.

❸ 준거집단의 신뢰성 매력 파워

일반적으로 신뢰성 매력 파워를 많이 지니고 있다고 지각되는 준거집단일수록 소비자의 태도나 행동을 변경시키는 데 보다 큰 영향을 미칠 것이다. 이를테면 어느 제품의 성과와 품질에 관한 정확한 정보를 추구하는 소비자는 그가 신뢰성이 있고 아는 것이 많다고 생각하는 바로 그러한 사람에 의해 설득될 가능성이 보다 높을 것이다.

④ 제품의 두각성

준거집단의 잠재적 영향력은 그 제품의 타인에 대한 두각성에 따라 또한 다르다고 한다. 여기서 두각성(conspicuousness)이라 함은 시각적인 것과 구어적(口語的)인 것을 모두 포함한다. 시각적으로 두각적인 제품이란 다른 사람들에 의해 쉽게 판별 및 식별이 가능하고 두드러져 보이는 제품을, 그리고 구어적으로 두각적인 제품이란 극히 흥미롭거나 다른 사람들에게 쉽게 묘사될 수 있는 제품을 각각 말한다.

(3) 준거집단과 촉진

준거집단개념은 특히 광고주가 시장을 세분화하는 데 효과적으로 이용되고 있다. 우리나라의 TV광고에도 종종 준거집단을 이용한 소구법이 발견되는데, 이는 우리나라도 점차로 타인지향형 사회로 전환되어가고 있음을 시사함은 물론, 소비자들의 쾌락주의, 여가추구의 소비심리를 반영하고 있는 것이라 할 수 있다. 그런데 준거집단 소구는 광고주에게 특히 상표인지도의 증대와 인식위험의 감소라는 두 가지 이점을 제공하고 있다고 볼 수 있다.

외식광고에서 흔히 사용하고 있는 준거집단에는 유명인, 전문가, 보통사람 등 세 가지가 있다.

❶ 유명인

유명인(celebrity) 가운데 특히 스포츠 영웅, 영화배우, TV탤런트 등이 준거집단 소구에 가장 많이 이용되고 있다. 그것은 그들이 열렬한 팬에게는 물론 다른 사람에게도 하나의 이상형으로 인식되기 때문이다. 유명인을 등장시킬 때 그가 갖추어야 할 특성 중에서 가장 중요한 것은 그의 신뢰성(credibility), 특히 호감에 대해 제품보증자로서의 신뢰성이다.

❷ 전문가

소비자 소구를 위해 외식사업체의 마케터가 흔히 이용하는 또 하나의 준거집단은 전문가(expert)이다. 여기서 전문가란 특별한 훈련, 직업, 기술, 경험을 지니고 있어서 잠재소비자들이 문제의 제품을 평가하는데 어떤 조언을 제공할 수 있는 입장에 있는 사람을 말한다. 이는 각 음식·조리 관련의 전문적인 사람, 또는 음식문화전문가, 패션에는 TV탤런트가 전문가로서 지각될 수 있을 것이다.

❸ 보통사람

보통사람은 일반적으로 소비자와 똑같은 사람 혹은 그가 똑같이 되고 싶어하는 바로 그런 사람으로, 그와 같은 사람이 제품을 사용해서 만족을 느끼고 있음을 보여줌으로써 쉽게 구매할 수 있다는 이점이 있다. 이것은 그 제품을 사용한 후 만족을 느낀 평범한 소비자로 하여금 그것을 추천토록 하는 소구유형이다.

4) 사회계층과 외식행동

(1) 사회계층의 개념

사회의 구성원들은 사람들로 하여금 사회적으로 명성과 존경을 받는 계급을 낳게 하는 것으로써 일반적으로 계급을 갖고자 하는 경향이 있다. 이러한 과정을 사회계층(social stratification)이라고 한다. 흔히 사회계층이란 종적 · 횡적 측면을 모두 일컬으며 사회계급(social class, caste, estate) 등을 포함하는 상위개념으로 인식되고 있다.

사회계층을 쉽게 표현하면 사회적 지위에 있어서 사람들 사이의 차이가 될 것이다. 다른 사회적 지위에 있는 사람들은 각각에 맞는 생활을 하는 경향이 있으므로 사회계층은 태도, 가치관, 생활양식 등에 관해 비교적 명확하고 동질적인 집단을 형성하고 있다.

어떤 특정계층을 노린 외식사업체가 자사제품이 그 사회계층에 부합할 것이라고 생각하거나 혹은 당해 계층의 생활양식에 추종하려는 일부 계층에게 자사제품을 소구하려고 하는 것은 사회계층 사이에서 볼 수 있는 가치관, 태도, 생활양식 등의 차이 때문이다.

(2) 사회계층의 지표

사회계층의 결정에 있어서 많은 지표가 사용되고 있다. 대표적인 지표로서는 직업, 소득, 교육이 있고 그 밖에 소유물, 지위 등 많은 항목이 있다.

사회계층은 미국과 캐나다, 호주, 뉴질랜드 등의 비교적 새로운 나라에서는 소득 등의 단일지표로서 판단되는 일이 없고 오히려 직업과 소득, 교육, 재산, 기타 요인과 결부해서 측정되고 있다. 또한 대부분의 역사가 오래된 나라에서는 사회계층은 출생과 동시에 부여된 것으로 받아들여지고 있다. 이러한 나라에서는 혈육이나 혈통과 같은 것이 소득과 교육 이상의 의미를 띠고 있는 것이다. 하나의 계층 내의 사람들이 구매행동을 포함하여 동일한 행동을 취하는 경향이 있다는 것은 마케팅에 있어서 매우 중요한 일이다.

(3) 사회계층의 분류

사회계층을 몇 단계로 나누면 좋은가 하는 것에 대해서 사회학자들 사이에서도 의견이 분분하다. 그러나 몇 개의 단계로 구분하느냐 하는 것은 조사자의 조사목적에 따라 각각 다를 것이다.

흔히 이용되는 분류는 ① 상의 상, ② 상의 하, ③ 중의 상, ④ 중의 하, ⑤ 하의 상, ⑥ 하의 하 등 여섯 가지로 구분하는 것이다. 우리가 흔히 미국을 중산층 사회라고 지칭하고 있으나, 참뜻에서 보면 대중시장(거의 75%)은 중하층(lower-middle class)과 하상층(upper-lower class)으로 구성됨을 볼 수 있다.

우리나라에서는 한국지역공동체 형태별 SES구조로 다섯 가지(상, 중의 상, 중의 하, 하의 상, 하의 하)로 구분하기도 한다. SES는 사회경제적인 지위(Socio-economic status)의 약자로서 가령 직업, 학력, 소득과 같은 사회계급의 지표가 되는 변수에 일정한 점수를 주고 합산하면 SES 점수가 산출된다. 그렇다고 해서 모든 사람들을 엄격히 이와 같이 몇 개의 계층으로 구분할 수 있다는 것은 결코 아니다. 왜냐하면 어느 사람은 두 가지 계층의 특성을 다 같이 지니고 있는 경우가 있는가 하면, 그의 가치, 태도, 행동패턴 역시 두 개 이상의 계층에 해당되는 경우도 있을 것이기 때문이다.

(4) 사회계층과 외식활동

식사와 여행, 레저 활동에 있어서 상품 및 브랜드의 선호에 대해서 사회계층의 차이는 확연하다. 마케팅활동에서는 특정 사회계층만을 표적으로 삼는 경우도 있다. 맨해튼 상부에 위치하는 포 시즌즈 레스토랑(Four Seasons Restaurant)은 상류계층 고객을 표적으로 삼고 있고, 맨해튼 하부에 있는 존스 커피숍은 하류계층을 표적으로 설정하고 있다. 타운 앤 컨트리(town and country)와 패밀리

서클(family circle) 등의 잡지는 어느 특정 사회계층을 표적으로 삼고 있기 때문에 의도하는 사회계층에 확실히 전달되는 광고를 고안하지 않으면 안 된다.

5) 문화와 외식행동

(1) 문화의 정의

문화의 정의는 극히 다양해서 어느 하나의 정의만으로는 문화개념의 포괄성과 외식행동과의 관련성을 모두 함축하기는 곤란할 것이다. 여기에서는 대표적인 정의 가운데 몇 개만 보기로 하자.

클럭혼(Kluckhohn, C. K. M.)은 문화를 "한 집단의 독특한 생활양식이며 그 집단의 완전한 생활설계"라고 하고 있다. 굿맨(Goodman, P.)은 "어떤 사회구성원들의 행동을 규제하는 학습된 신념, 가치, 습관의 총체"라고 규정하고 있다. 또한 테일러(Taylor, F. W.)는 "사회의 한 구성원으로서 인간에 의해 획득한 제반 지식, 신념, 도덕, 법률, 관습 및 기타 능력이나 습관의 복합체"로 정의하고 있다.

문화에는 추상적 요인과 물질적 요인이 포함되어 있다. 추상적 요인은 가치, 태도, 관념, 개성, 종교와 같은 것으로 한 세대에서 그 다음 세대로 전승된 행동양식, 느낌, 반응을 말한다. 그리고 물질적 요인이란 책, 컴퓨터, 탁자 등 우리 생활에 필요로 하는 모든 제품이나 서비스를 일컫는다. 여기서 한 가지 유의해야 할 점은 문화의 추상적 요인은 물질적 요인에 대한 고객 선호에 영향을 준다는 사실이다. 따라서 외식행동연구의 초점 역시 마땅히 추상적 혹은 비물질적인 요인에 주어져야만 할 것이다.

(2) 문화의 특성

문화의 범위와 복잡성을 보다 정확히 이해하고 그것과 외식행동과의 관계를 파악하기 위해서는 먼저 문화의 본질적 특성을 파악해야 한다.

① 문화는 비가시적(非可視的)이다. 문화의 영향은 극히 자연적이고 자동적이기 때문에 그의 개인행동에 대한 영향은 흔히 당연한 것으로 받아들여진다.
② 문화는 욕구를 충족시킨다. 문화는 그 사회에 있는 사람들의 욕구를 충족시키기 위해 존재한다. 그리고 문화는 서서히 또한 꾸준히 그 사회의 욕구와 일치되도록 진화해 나간다.
③ 문화는 학습된 것이다. 유아기 때부터 우리의 문화를 구성하고 있는 각종의 가치, 신념, 관습을 사회환경으로부터 배우게 된다.
④ 문화는 다수에 의해 공유된다.
⑤ 문화는 동태적이다.

(3) 문화의 기능

문화의 기능을 사회적인 차원에서 보면 다음과 같이 요약할 수 있다.

① 문화는 사회질서와 불가분의 관계에 있다. 흔히 한 사회에서 예절, 습관, 규약, 규칙, 법률, 이데올로기 등 여러 문화적 측면을 발견할 수가 있는데, 문화는 집단의 존속을 위하여 의식주와 생리적 욕구를 해결해 주고 성원들 간에 협동할 수 있는 환경적 여건을 조성해 주며 서로간의 상호작용을 원활히 해주는 매개 방편을 제공해 준다.
② 문화는 각 개인에게 욕구를 충족시키기 위한 수단을 제공해 준다.
③ 문화는 인간이 적응해야 할 환경이라고 할 수 있다. 문화에 익숙한 사람일수록 적응력이 강하고 유사한 상황이나 자극물을 쉽게 판별하며 사실의 의미를 해석하여 사태에 능동적으로 대처해 나갈 수 있게 된다.

(4) 하위문화

하위문화(subculture)란 보다 크고 복잡한 문화권 내에서 보다 구체적으로 확인할 수 있는 차별적인 문화를 가지는 소집단의 문화를 말한다. 그러므로 특정의 하위문화에 속한 구성원들은 전체 사회성원들과는 다른 신념, 가치, 습관을 지니게 있게 된다.

그러나 한 사회의 문화체계는 특정의 하위문화집단이 지니고 있는 독특한 가치, 신념, 습관 등과 개인이 속한 하위 문화권과는 상관없이 그 사회의 모든 성원들에 의해 공유되고 있는 중심적 문화가치라는 두 개의 상이한 요소로 구성되어 있다.

우리나라의 경우에는 가령 크게는 성, 연령, 전통적 가치에의 집착정도에 따라, 혹은 지역 및 종교집단에 따라 저마다 다른 문화적 선호와 금기를 가지고 있으며 지역집단에 따라 생활 스타일상 약간의 차이가 있을 따름이다. 그러나 이들은 모두 시장세분화를 위한 중요한 변수가 된다. 미국이나 구소련과 같은 나라의 경우에는 민족집단과 종족집단이 하위문화가 된다. 예를 들어, 유태인문화, 흑인문화, 청소년문화, 아시아계 또는 멕시코계 미국인 등 여러 하위집단이 있으며 이것은 시장세분화의 변수가 됨은 물론이다.

(5) 문화와 외식사업

소비자행동은 문화적인 영향을 받는다. 즉 문화가 외식행동에 미치는 영향은 막대하다. 텍사스주 남부 코퍼스 그리스티 시티의 한 클럽에서는 메뉴에 드라이 에이지드 프라임 비프(dry-aged prime beef)를 추가하였다. 쇠고기의 숙성이란 고기에 포함되어 있는 효소가 섬유질과 단백질의 일부를 분해하여 자연의 신선미가 나게 하고 부드러운 육질을 만드는 것이다. 숙성은 또한 많은 사람들이 선호하는 독특한 향기를 풍기게 한다. 그러나 숙성과정은 비용이 많이 먹힌다. 수분 감소에 따라 고기 자체가 축소되고 냉장을 위한 장소확보도 무시할 수 없다. 그 위에 재고관리의 번거로움도 있다. 결과적으로 드라이 에이지드 비프는 고가품이 될 수밖에 없었다. 지역에 따라서는 그것은 별미로 치고 있고 그 향기와 연한 육질을 선호하는 사람도 많다.

그러나 텍사스 남부에서는 그것은 특별한 것이 아니고 기뻐하지도 않는다. 클럽에서 프라임 비프를 주문한 많은 사람들은 이상한 맛도 있다면서 요리를 먹기도 전에 되돌린다. 많은 지역에서 맛있다고 하는 고기를 이곳에서는 부패한 것으로 보고 반품했던 것이다.

이와 마찬가지로 패스트푸드 분야에서는 지역에 따라서 사람들의 음식기호가 다르다는 것을 깨닫고, 메뉴에 그것을 반영시킨 체인도 있다. 어느 지역에서 성공을 거둔 레스토랑의 개념이 다른 지역에서는 완전히 실패로 끝나는 사례도 적지 않다. 알코올 음료도 어느 지역에서는 식사의 일부로 생각하고 있는가 하면, 미국 남부의 '바이블 벨트'로 부르는 지역처럼 금지되고 있는 곳도 있다.

때로는 하위문화가 전국차원 또는 국제적인 차원에서 보편적인 것으로 받아들여지기도 한다. 예를 들면, 멕시코요리 레스토랑 등은 런던과 몬트리올, 오클랜드, 싱가포르 등의 도시에서도 찾아볼 수 있는데, 어느 레스토랑에서도 고객의 미각에 알맞게 요리의 맛이 조절되고 있다. 뉴멕시코주 산타페에서 온 여행자는 오클랜드에서 내온 멕시코요리에 약간 실망할지 모르나, 오클랜드의 멕시코요리 레스토랑은 멕시코요리라는 하나의 문화를 다른 문화의 미각에 알맞게 연구하여 사업을 전개하고 있다.

Coffee Break

외식업계의 혁신적인 외식경영자

김순진 사장의 놀부사랑

(주)놀부를 국내 굴지의 외식기업으로 성장시킨 김순진 사장은 1952년 충남 논산에서 태어나 가난한 어린 시절을 겪었다. 어린 시절부터 스스로 돈을 벌어야 했으며 장터에 나가 채소를 팔았다. 고향에서 채소 장사를 하다가 서울로 올라와서 여러 경험을 한 후 1987년 5월 신림동에 5평짜리 골목집이란 식당을 열었다. 이것이 바로 놀부의 시초였다. 골목집으로 시작으로 하여 12평으로 그 규모를 늘려갔고 이름도 골목집에서 놀부보쌈으로 바꾸었다.

놀부보쌈 창업 후에 한국 전통의 맛과 고객 서비스에 대해 꾸준한 연구를 거듭하여, 1989년부터 프랜차이즈 사업을 본격적으로 시작하였다. 1991년 3월에는 충북 음성에 중앙공급식 주방(Central Kitchen)을 준공하여 프랜차이즈사업의 기틀을 다졌다.

이후 많은 노력의 결실로 창업 22주년인 2009년에는 놀부명가, 놀부보쌈과 돌솥밥, 놀부부대찌개 & 철판구이, 놀부 항아리갈비, 놀부 설렁탕 & 냉면, 놀부 유황오리 진흙구이 등 총 7개로 구성된 다양한 아이템으로 전국 약 640여 개의 가맹점을 구성하여 엄청난 규모를 이루고 있다.

외식업계의 혁신적인 외식경영자

Coffee Break

(주) 놀부의 주요수상경력

- 1996년 10월 한국호텔·외식경영학회가 주최하는 외식사업부문에서 경영대상 수상
- 1998년 6월 동아일보와 매일경제가 주최하는 제1회 한국 프랜차이즈 종합대상 수상
- 2001년 4월 한국 프랜차이즈 대상 수상
  5월 ISO9002 인증 획득
- 2002년 5월 김순진 대표가 제37회 발명의 날 산업포장 수상
- 2002년 11월 ISO9001 인증 획득, 놀부부대찌개 한국 프랜차이즈 대상 수상
- 2003년 12월 한국서비스경영진흥원 선정 서비스경영 최우수상, 최고경영자상 수상
- 2004년 9월 국가생산성 대상 수상
- 2005년 2월 한국PL협회 매일경제 주관 '한국PL경영대상' 수상
- 2006년 5월 한국소비자신뢰기업대상 수상(한국경제, 한국소비자포럼)
- 2007년 11월 대한민국 소비자 신뢰 브랜드 대상 수상
- 2008년 5월 소비자 신뢰기업대상 수상(5년 연속)
  9월 국가생산성혁신대상 국무총리상 수상
- 2009년 6월 소비자 신뢰기업대상 수상(6년 연속)

자료 : 놀부 홈페이지에서 발췌

제4장

외식시장세분화

1 외식시장세분화와 표적시장의 개요

1) 시장의 개념

시장이라는 용어는 원래 판매자와 구매자가 제품과 서비스를 교환하기 위하여 모이는 물리적인 장소를 가리켰다. 패스트푸드 시장은 버거킹, 맥도널드, 켄터키치킨 등 많은 판매자와 이 패스트푸드를 구입하려는 모든 소비자로 구성되어 있다.

그러나 마케팅담당자에게 시장이란 특정상품의 현재적 구매자와 잠재적 구매자로 이루어진 집합이다. 매스마케팅(Mass Marketing)에서 판매자는 모든 구매자에 대해 하나의 제품을 대량생산, 대량유통, 대량판매촉진을 실시한다. 과거 맥도널드는 모든 사람에게 소구하기 위하여 모든 시장에 단일사이즈의 햄버거만을 생산하였다. 이 마케팅이 겨냥하는 것은 최저의 비용과 가격으로 최대의 잠재시장을 창조하는 데 있다.

2) 시장세분화의 정의

외식시장은 전체국민 가운데 외식욕구를 가진 사람들이 식사를 하려고 하는 것을 전체시장으로 삼는다. 예를 들어, 사업가가 판매회의에서 식사를 하는 것, 신혼부부가 제주도 서귀포에서 허니문을 보내면서 분위기 있는 레스토랑에서 식사하는 것, 대학생들이 학교식당에서 점심식사를 하는 것 등으로 이루어진다. 남성, 여성, 아이들, 10대, 대학생, 독신, 신혼부부, 그리고 장년, 노년 등이 모여서 거대하고 다양한 외식시장을 구성한다.

이와 같이 외식시장은 효율적으로 접근하기에 규모가 너무 크고, 어떤 한 가지 방법으로 기업의 판매의사를 전달하기에는 너무 다양하다. 그래서 마케팅 전문가는 그것을 더 작고 관리가 더욱 용이한 부분시장으로 나누려 한다. 즉 그들은 이 거대한 시장을 어떤 공통적 특징으로 구분되는 더 작은 그룹으로 세분화하게 된다. 또한 그들은 공통적인 요소를 지니고 있는 특정그룹의 사람들을 위해 외식상품을 개발하려고 한다.

[그림 4-1] 다양한 시장세분화 방법

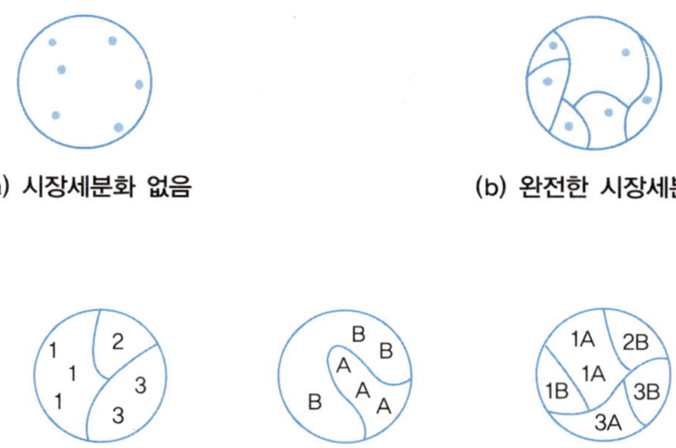

(a) 시장세분화 없음
(b) 완전한 시장세분화
(c) 소득계층 1, 2, 3에 의한 시장세분화
(d) 연령계층 A, B에 의한 시장세분화
(e) 소득계층과 연령계층에 의한 시장세분화

전체시장을 공통적 특징을 지닌 잠재고객 그룹으로 나누는 과정을 시장세분화(市場細分化 : market segmentation)라 하고, 전체시장의 한 부분을 세분시장(細分市場) 또는 부분시장(部分市場)이라 부른다. 다양한 시장세분화의 예는 [그림 4-1]과 같다.

마케터는 전체시장을 세분화함으로써 몇 개 유형의 구매자에게 그 노력을 집중할 수가 있다. 마케터가 그러한 그룹의 하나 혹은 몇 개에 대해 촉진(promotion) 메시지를 전달하려고 할 때 그 과정을 표적마케팅(target marketing)이라고 한다. 그리고 그들이 초점을 두고 있는 세분시장을 표적시장(標的市場 : target market)이라고 부른다.

엄밀히 말하면, 각 개인은 독특한 특성과 특별한 욕구를 지닌 개별적 표적시장으로 간주될 수 있다. 그러나 수많은 독특한 개인들을 전부 외식시장으로 생각하는 것은 실용적이거나 경제적이지 못하다.

시장세분화는 공통된 특성을 공유하고 유사한 욕구와 욕망을 소유하는 사람들을 하나의 집단으로 분류한다. 일단 마케팅 전문가가 특정의 부분시장을 표적으로 한다면 그 세분시장의 대부분의 사람들에게 소구할 수 있는 방법으로 제품과 서비스를 개발하고 촉진한다. 표적마케팅의 세 가지 주요단계는 〈표 4-1〉에서 보는 바와 같다.

〈표 4-1〉 시장세분화, 표적설정, 시장위치설정의 단계

시장세분화	시장표적설정	시장위치설정
1. 시장세분화의 방법을 명확히 한다. 2. 시장세분화의 윤곽을 개발한다.	3. 세분시장의 매력도를 측정한다. 4. 표적세분시장을 선택한다.	5. 각 표적세분시장의 위치를 설정한다. 6. 각 표적세분시장의 마케팅믹스를 개발한다.

3) 시장세분화의 이점

시장세분화는 다음과 같은 이점을 제공한다.

첫째, 시장기회를 보다 쉽게 발견할 수 있다. 각 세분시장의 욕구와 이들을 표적으로 하는 기존상품을 대응시켜 보면 세분시장의 욕구는 존재하지만 적절한 상품이 없는 경우를 발견할 수도 있다. 이것이 바로 시장기회(市場機會)이다. 이 때 그 세분시장의 욕구에 맞는 상품을 개발하면 비교적 손쉽게 시장을 장악할 수 있다.

둘째, 마케팅믹스를 보다 효과적으로 조합할 수 있다. 예를 들어, 세분시장의 욕구에 초점을 두고서 제품과 광고의 내용을 일관성 있게 조화시킬 수 있다. 이로써 고객이 상품을 명확하게 인식하도록 만들고 경쟁사의 상품과 시장을 장악할 수 있다.

셋째, 시장수요의 변화에 보다 신속하게 대처할 수 있다. 고객의 욕구가 다양하게 섞여 있는 전체시장 대신에 욕구가 비교적 동질적인 부분시장에 주목함으로써 수요의 변화를 쉽게 파악하고 신속하게 대처할 수 있다.

4) 시장세분화를 위한 요건

시장세분화의 목적은 마케팅믹스를 효과적으로 활용하는 데 있는 것인 만큼 이 목적을 달성하기 위해서는 가장 적절한 세분화 방법이 실시되어야 한다. 시장세분화는 다음의 요건을 갖추어 실시되어야 한다.

(1) 측정가능성

측정가능성(測定可能性 : measurability)은 세분시장의 규모와 구매력을 측정할 수 있는 정도를 말한다. 외식기업은 우선 세분시장의 인구와 구매력 등의 세분화 변수를 측정할 수 있어야 한다. 또한 여러 구매자의 특성에 관하여 제2차 자료를 구해서라도 그 측정이 가능해야 한다. 그러나 부모에 반항하여 술을 마시는 10대들의 세분화규모와 같은 어느 일정한 세분화변수를 측정하는 것은 곤란하다.

(2) 접근가능성

접근가능성(接近可能性 : accessibility)은 세분시장에 접근할 수 있고 그 시장에서 활동할 수 있는 정도를 말한다. 외식기업은 세분시장에 접근할 수 있는 적절한 수단이 존재해야 한다. 만일 충분한 규모의 세분시장이 존재한다 해도 그 세분시장을 연결해 줄 매개체가 없으면 시장세분화가 성공할 수 없다. 예를 들어, 도시와 도시 사이에 위락시설 및 대규모 호텔이 들어서 있고, 두 도시 간의 고객을 끌어들이려고 노력하여도 교통시설의 편리성 및 접근의 용이성, 또는 광고 등의 적극성 등이 부족하면 이 외식시장은 충분한 수요를 개발할 수 없게 된다.

(3) 실질성

실질성(實質性 : substantiality)은 세분시장의 규모가 충분히 크고 이익이 발생할 가능성이 큰 정도를 말한다. 하나의 부분시장은 이익을 낼 수 있을 만큼 규모가 있어야 한다. 어떤 세분시장을 표적시장으로 삼아서 이에 알맞은 마케팅믹스를 제공하는 데에는 상당한 비용이 따르게 된다. 따라서 표적시장은 개별적인 마케팅노력에 따른 비용을 보상하고서도 기업에 이윤을 제공할 수 있는 규모를 갖추어야 한다. 대도시에서는 에스닉(ethnic : 소수민족) 레스토랑을 유지할 수 있으나, 작은 도시에서는 태국요리, 베트남요리, 터키요리 등을 제공하는 레스토랑은 유지가 어려울 것이다.

(4) 실행가능성

실행가능성(實行可能性 : actionability)은 세분시장에 자사의 마케팅노력을 실행할 수 있는 여지를 말한다. 세분시장을 활용하던가 기여하게 하기 위하여 어떤 유효한 계획이 기획되고 있는가? 예를 들면, 어느 소규모 레스토랑은 세분시장을 7개로 구분하고 있었으나, 직원과 예산이 너무나 부족했기 때문에 세분시장별로 개별적인 마케팅 프로그램을 작성할 수가 없었다.

5) 외식시장세분화의 특징

시장세분화의 요건을 외식시장에 적용하여 외식시장세분화의 특징을 알아보기로 하자. 만약에 세분시장이 너무 작거나 전체시장이 세분화하기에 너무 크다면 의미 있는 시장세분화가 되었다고 생각할 수가 없다. 시장세분화가 유용한가의 여부를 알아내기 위해 마케터는 다음과 같은 네 가지 질문을 던진다.

첫째, 세분시장이나 그룹은 마케팅 메시지에 유사하게 반응할 것인가? 또는 그 세분시장은 하나의 작은 시장으로서 충분히 좁게 정의되고 있는가? 어떤 패스트푸드점이 10킬로미터 이내에 사는 30세 이하의 모든 사람들을 그들의 세분시장으로 정의할 수가 있다. 그러나 13세의 소년과 25세의 청년은 동일한 마케팅 메시지와 동일한 소구방법에 반응하지 않을 가능성이 크다. 그러므로 그 세분화는 의미가 있다고 보기에는 너무 광범위하다.

둘째, 그 세분시장은 다른 부분시장과 현저하게 다르다고 볼 수 있는가? 즉 한 그룹처럼 행동하는 모든 사람은 그 세분시장에 포함하여 정의되었는가? 만약 그 점포가 메시지를 단지 모든 10세 아동에게만 겨냥하여 발신한다면 그 세분화는 너무 작을 것이다. 아마도 6세부터 11세까지의 아이들도 동일한 세분시장에 포함될 것이다. 왜냐하면, 그들은 그 마케팅 메시지에 유사하게 응답할 것이기 때문이다.

셋째, 세분시장은 신문, 잡지, TV, 라디오와 같은 통신매체로 전달할 수 있는가? 세분시장의 하나의 중요한 측면은 마케팅 메시지를 특정한 성격을 지닌 그룹에게 전달하는 것이다. 궁술에서 표적을 맞추는 데 활과 화살이 없이는 불가능한 것과 마찬가지로 마케팅 커뮤니케이션을 통하여 그 표적시장에 효율적으로 도달할 수단이 없다면 그 시장은 무의미한 것이다.

넷째, 그 그룹의 시장잠재력은 그 세분시장에 도달하는 데 필요한 재정적 마케팅자원을 투자할 가치가 충분히 있는가? 환언하면 그것은 재정적 환원이 충분한 상품이 될 것인가?

예를 들어, 관광지에 여름철에 몰려드는 텐트 야영자들은 식량을 가져오기 때문에 유용한 세분시장이 될 수 없다. 즉 그들은 스스로 식사를 해결하므로 관광지의 식당들이 이익을 창출할 수 있도록 돈을 소비하지 않는다. 시장세분화는 특별한 제품 및 서비스를 구매하는 데 현저한 잠재력을 지닌 그룹에게 마케터가 효율적으로 전달할 수 있도록 고안되어야 한다. 만약 예상판매에 관련하여 너무 많은 돈이 소요된다면 그 세분시장은 추구할 가치가 그다지 없을 것이다.

2 외식시장세분화의 기준

마케팅 전문가들은 다양한 시장세분화 기준을 가지고 있다. 어떠한 단일적인 방법이 옳다거나 그른 것은 아니며 흔히 다양한 기술들이 혼합되어 사용되고 있다. 레스토랑업계는 여러 가지 변수에 의하여 많은 시장세분화의 예를 보여주고 있다. 외식시장의 각 고객집단은 각기 다른 제품을 요구하므로 레스토랑은 동일제품을 가지고 모든 고객에게 접근할 수는 없다. 접근이 곤란한 고객집단과 접근이 용이한 고객집단으로 구별하던가, 또는 반응이 있는 세분시장과 반응이 없는 세분시장으로 구별하지 않으면 안 된다. 경쟁사보다 우위를 차지하기 위해서는 전체시장 가운데 하나 또는 복수의 작은 고객집단을 명백히 선정한 후 이들의 욕구를 충족시키는데 노력을 집중시키기 위한 시장세분화를 고려하지 않으면 안 된다. 일반적으로 시장세분화에서는 지리적 변수, 인구통계학적 변수, 심리 분석적 변수, 행동 분석적 변수 등 네 가지로 대별되어 사용된다.

이상과 같이 설명한 시장세분화 기준을 요약한 것이 〈표 4-2〉이다. 그리고 우리나라의 시장세분화 변수를 분류한 것이 〈표 4-3〉이다.

〈표 4-2〉 시장세분화 기준

분 류	세분화 기준	변 수
1	지리적 변수	지역, 인구밀도, 도시의 규모, 기후
2	인구통계적 변수	나이, 성별, 가족규모, 가족수명주기, 소득, 직업, 교육수준, 종교
3	심리분석적 변수	개인의 가치, 태도, 관심, 활동, 생활스타일, 개성
4	행동분석적 변수	추구하는 편익, 구매준비단계, 사용량, 상표충성도, 중시하는 마케팅변수

〈표 4-3〉 우리나라 시장세분화 변수 분류

변 수	세분화의 대표적인 기준
1. 지리적 변수	
① 행정구역별	· 서울특별시, 부산광역시, 대구광역시, 대전광역시, 광주광역시, 인천광역시, 울산광역시, 경기도, 강원도, 경상북도, 경상남도, 충청북도, 충청남도, 전라북도, 전라남도, 제주도, 울릉도
② 시·도·군·읍·면의 인구 규모	· A, B, C, D로 구분 (A) 1만~5만명, (B) 5만명~10만명, (C) 10만명~20만명, (D) 20~50만명, (E) 50~100만명, (F) 100만명 이상

③ 인구밀도 ④ 기후	· 도시지역, 농촌지역, 어촌지역, 산간지역, 섬지역 · 기후의 차이는 약간 있으나, 세분항목 분류에는 해당 없음(한국의 지역 특성상)
2. 인구통계적 변수	
① 연령구조	· 6세 미만, 6~11세, 12~17세, 18~34세, 35세~49세, 50~64세, 65세 이상 (대상이 몇 세인가 하는 것을 결정)
② 성별구분	· 남자인가, 여자인가(공동사용제품, 남자사용제품, 여자사용제품 구분)
③ 가족구성수	· 1~2인, 3~4인, 5~6인, 7인 이상
④ 가족의 생활형태	· ① 청년, 미혼 ② 청년부부 무자녀 ③ 청년부부 자녀 6세 미만 ④ 중년부부 막내자녀 6세 이상(35~54세 정도) ⑤ 노년부부 자녀동거(55~64세 정도) ⑥ 노년부부 18세 이하 자녀 없음(55~64세 정도) ⑦ 노년독신(65세 이상 정도)
⑤ 소득수준(月 평균)	· ① 31만~50만원 ② 51만~70만원 ③ 71만~90만원 ④ 91만~110만원 ⑤ 111만~150만원 ⑥ 151만~200만원 ⑦ 201만~300만원 ⑧ 301만~500만원 ⑨ 501만~1000만원 ⑩ 1001만원 이상
⑥ 직업분포	· ① 정치인 ② 기업가 ③ 경영자 ④ 간부직 ⑤ 전문직 ⑥ 공무원 ⑦ 회사원 ⑧ 기능공 ⑨ 농부 ⑩ 어부 ⑪ 학생 ⑫ 퇴직 ⑬ 주부 ⑭ 실업자 ⑮ 개인사업자
⑦ 학력수준	· ① 대학원 졸업 ② 대학졸업 ③ 고등학교 졸업 ④ 중학교 졸업 ⑤ 초등학교 졸업 ⑥ 중퇴 ⑦ 무학력
⑧ 종교구분	· 가톨릭교, 개신교, 기독교, 불교, 기타
⑨ 인종과 국적	· 인구수가 적은 관계로 분류할 필요성이 없다.
3. 심리 분석적 변수	
① 사회계층	· 하-하, 하-상, 중-상, 상-하, 상-상
② 개인스타일	· 평범한 형, 활동적인 형, 스윙파, 지위추구자, 꼼꼼한 형, 기회주의자, 이기주의자
③ 성격	· 사교적, 강제적, 야심적, 권위주의적

4. 행동 분석적 변수			
① 사용계기	· ① 규칙적	② 특수적	③ 불규칙적
② 추구하는 이점	· ① 품질	② 가격	③ 서비스
	④ 경품		
③ 사용여부	· ① 최초사용자	② 규칙적 사용자	③ 불규칙사용자
④ 사용량	· ① 소량사용자	② 보통사용자	③ 대량사용자
⑤ 충성도	· ① 관심 있음	② 구매의욕 있음	③ 의식하고 있음
	④ 무의식		
⑥ 제품에 대한 태도	· ① 열성적	② 적극적	③ 관심적
	④ 부정적	⑤ 절대적	

1) 지리적 변수

지리학(地理學)은 시장세분화를 위한 중요한 도구이다. 사람들이 어디에 사는가 하는 것은 그들의 구매형태에 커다란 영향을 미친다. 지리적 변수(Geographic Variables)는 국가, 도, 지역, 시 · 군, 도시근교와 같은 지리적 단위뿐만 아니라 인구밀도, 도시의 규모, 기후 등을 말한다.

기업은 지역의 현재욕구와 잠재욕구의 차이에 착안하여 하나 또는 복수지역에서 행동할 것인가, 또는 모든 지역에서 행동할 것인가를 결정하게 될 것이다. 예를 들어, 제너럴 푸드(General food's)의 맥스웰 하우스 커피는 미전역에서 판매되고 있으나 그 맛은 지역마다 다르다고 한다. 서부사람들은 동부사람들보다 진한 커피를 선호한다. 이 기업도 이에 맞추어 제품을 생산하고 있다.

한편, 패스트푸드 회사는 지역의 기호를 고려하여 메뉴를 때때로 변경하고 있다. 예를 들면, 맥도널드는 텍사스 버거(Texas Burger)를 발표하였다. 그것은 레타스, 토마토, 그리고 피클스와 머스타드 등 많은 텍사스 사람에게 선택에 따라 향신료가 들어간 비교적 큰 햄버거이다. 또 일부지역에서는 피클스와 머스타드를 선택할 수 있는 훠터버거(Whataburger)를 판매하였다. 맥도널드는 이와 같이 지역에 따라 변화의 중요성을 인식하고 이러한 시장을 위해 신제품을 개발·판매하기 시작하였다.

미국 내에서는 버거킹, 타코 벨, 웬디즈, 맥도널드와 같은 전국적으로 전개한 패스트푸드 체인이 존재한다. 이런 강력한 경쟁사가 존재함에도 불구하고 비스킷 빌(Biscuit Ville), 엉클 존 타코스(Uncle John Tacos), 워플하우스(Waffle House) 등 다양한 지역의 패스트푸드 체인이 번창하고 있다. 이 가운데는 전국 전개의 가능성이 있는 체인도 존재하지만, 일부 지역민의 기호를 맞추는 외식체인은 전국시장을 대상으로 전개하는 것이 곤란하다는 것을 잘 알고 있다.

2) 인구통계적 변수

인구통계학은 그 지역에 사는 사람들의 통계학적 연구이다. 인구통계적 세분화는 목표기준이나 측정 가능한 특성에 근거하여 사람들을 분류하는 방법이다. 일반적으로 가장 빈번히 쓰이는 인구통계적 변수(Demographics Variables)로는 연령, 소득, 직업, 가족수, 생활주기 그리고 학력수준을 들 수 있다.

(1) 연 령

마케팅 전문가들은 각기 다른 연령(age)의 사람들은 안락감, 경제력, 흥분, 안전 등에 대해 각기 다른 욕구를 가진다는 것을 알고 있다. 연령은 구매행동에 중요한 영향을 미친다. 마케팅 전문가들은 비슷한 구매행위를 하는 연령집단을 찾아내려고 한다.

일부 기업은 연령에 따라 상이한 제품과 마케팅전략을 제공하려고 한다. 예를 들면, 맥도널드는 미취학 어린이용으로 장난감이 제공되는 식사를 제공하고 있다. 이러한 장난감은 때때로 시리즈로 되어 있어, 그 세트 전부를 모으기까지 어린이들이 다시 찾아가도록 동기부여가 되고 있다. 게다가 이 레스토랑은 건강을 의식하는 성인용 시장에 대해 샐러드를 함께 제공하고 있으며, 고령자 시장에 소구하기 위하여 동년배의 배우를 이용한 광고를 내보내고 있다.

연령범위는 주로 다음과 같이 나눈다.

① 6세 이하(미취학 아동)
② 6세~11세(초등학생)
③ 12~19세(10대)
④ 20~34세(청년)
⑤ 35~49세(중년)
⑥ 50~64세(노년)
⑦ 65세 이상(만년)

(2) 소 득

사람들이 얼마나 많은 돈을 소비하는가 하는 것은 일반적으로 그들의 소득(income)과 깊은 관련이 있다. 집세나 식료품과 같은 필수품에 대한 지출에 빠듯한 젊은 부부들은 특별한 이유가 없는 한 외식에 많은 돈을 소비하려고 하지 않을 것이다. 일반적으로 가족수입이 많을수록 외식에 더 많은 돈을 소비하는 경향이 있다.

많은 기업들이 소득에 따른 시장세분화의 가능성을 인식하고 있다. 예를 들면, 일본의 위스키 메이커인 산토리(Suntory)에서는 최고급 위스키를 찾는 고소득 애주가들에게 75달러로 스카치를 판매하였다. 골프클럽에서는 다이랙트 메일에 의한 홍보를 실시하기 위하여 잠재적 회원을 발견하는데 소득에 따른 세분화를 채용하고 있다.

소득은 어느 고객이 어떤 일정한 제품과 서비스를 구입하는가에 대하여 반드시 예측해 주는 변수는 아니다. 미국에서 고급스러운 도시형 레스토랑 경영자들 가운데 중의 상 정도의 사회계층이 거주하는 교외에 분점을 개설한 사람들이 있었다. 그러한 레스토랑은 교외에 사는 주민들의 높은 가족수입에 의존하여 영업을 꾸려나갔다. 그러나 많은 레스토랑이 문을 닫지 않을 수 없게 되었다. 왜 그랬을까?

레스토랑을 이용하는 도시거주자는 대부분 독신이나 자녀가 없는 부부로서, 생활양식은 외식하는 빈도수가 많다. 미국의 전국레스토랑협회에 따르면 독신자는 식사에 지출하는 비용의 반 이상을 외식에 쓴다고 한다.

그러나 교외거주자는 대부분 결혼한 부부로서 주택·자동차 및 자녀에게 돈을 쓰고 있고, 식사비용의 37%를 외식에 쓰고 있는데 지나지 않았다. 따라서 소득만을 기준으로 하는 시장세분화는 충분치 않다.

연간소득은 예를 들면 다음과 같은 범위로 분류된다.

① 500만원 이하
② 501~1,000만원
③ 1,001~2,000만원
④ 2,001~3,000만원
⑤ 3,001~5,000만원
⑥ 5,001만원~1억원 미만
⑦ 1억원 이상

(3) 직 업

비록 소득과 관련되기는 하지만 직업(occupation)은 별개의 세분화 변수이다.

전형적인 직업적 범주에는 전문가, 경영 관리자, 기업소유주, 사원, 판매자, 학생, 주부, 은퇴자 등이 있다. 때때로 마케팅목적을 위해서 더 작은 직업적 세분화가 이루어지는 경우도 있다. 예를 들어, 의사, 변호사, 대학교수 등은 전문가 부분시장의 작은 하위범주가 될 것이다.

직업적 세분화는 마케터에게 소득, 생활양식, 교육 등에 대한 통찰력을 준다. 그것은 역시 특정한 직업집단을 위한 전문화된 상품을 맞추는데 사용된다.

(4) 가족수·생활주기

가족수 · 생활주기(family size / life cycle)에 따른 시장세분화 방법은 연령 및 결혼 여부와 자녀의 수 및 자녀의 연령을 합쳐서 시장을 세분하는 방법이다. 예를 들어, 다음과 같은 세분화를 고려해 보자. 젊은 독신자, 젊고 자녀 없는 기혼자, 젊고 취학 전의 아동을 가진 기혼자, 중년이고 십대의 자녀를 둔 기혼자, 중년이고 십대의 자녀를 둔 이혼자 등으로 나눌 수 있다.

가족의 규모와 생활주기에 따라 특정한 외식욕구를 지닌 수많은 부분시장이 있을 수 있다. 어린아이가 있는 가족이 여행할 때 그들은 호텔 객실에서 어린이 침대나 간이침대(extra bed)를 필요로 할 것이다. 그들은 어린이들에게 적합한 메뉴가 있는 식당에서 저녁식사를 원할 것이다. 이러한 욕구는 자녀 없이 여행하는 사람이나 신혼여행을 온 부부의 욕구와는 크게 다르다.

(5) 교 육

일반적으로 교육(education)을 더 많이 받은 사람은 외식을 더 많이 할 가능성이 있다. 그들은 많은 것을 학습하고 또한 스스로 알려고 하는 노력을 많이 하기 때문이다. 그러므로 교육은 또한 시장세분화 요인으로서 유용하다. 교육의 범주는 일반적으로 최종교육의 가장 높은 수준에 의해 나누어진다.

① 초등학교 졸업
② 중학교 졸업
③ 고등학교 졸업
④ 전문대학 졸업
⑤ 대학 졸업
⑥ 대학원 석사과정 졸업
⑦ 대학원 박사학위 취득

(6) 기타 인구통계적 변수

모든 시장과 마찬가지로 외식시장은 앞에서 언급한 방법 이외의 인구통계적인 방법으로 세분화할 수 있다. 마케터는 사람들의 집단을 분리시키기 위해 인구통계적 요인 중에 성별, 종교, 종족, 인종적 배경, 국적 그리고 사회적 계급 등을 사용한다. 그 각각은 잠재고객의 그룹을 확인하고 그것을 유용하게 적용하기 위해 사용되어진다. 예를 들어, 여성고객의 분위기나 인테리어에 대한 특별한 욕구는 때로는 마케터의 관심의 초점이 된다. 인종적 배경과 국적은 기업이 독특한 음료나 음식을 촉진하고 그것을 판매할 수 있는 시장세분화의 변수이다.

한편, 시장조사자들은 어떻게 인구통계적 변수를 사용하는가? 시장을 인구통계학적 집단으로 분할하는 것에 의해 마케터는 시장에 접근하는 것이 한결 용이해진다. 예를 들어, 대략 비슷한 연령층은 어떤 공통적인 측면을 지니고 있다. 유사한 직업이나 교육적 배경을 가진 사람들과 대략 엇비슷한 수입을 가진 사람들도 그러하다. 이러한 집단의 어느 하나에도 거기에는 물론 다양함이 있다. 예를 들어, 같은 연령의 두 사람일지라도 누구도 정확히 같지는 않다.

그러나 마케팅관점에서 보아 중요한 것은 이러한 집단의 사람들이 전체 인구의 사람들보다 더욱 공통점을 가졌다는 것이고, 결과적으로 그들의 선호도와 구매성향에 있어서 어떤 동질성이 있을 가능성이 있다.

이론적으로 표적시장을 정의하는 것에 의해 결합될 수 있는 시장세분화 변수의 수는 한정되어 있지는 않다. 그러나 실제적으로, 만약 한 시장세분화를 위해 너무 많은 요인이 사용된다면 그 세분화는 궁극적으로 너무 좁게 정의되어 의미가 없어진다. 세분화의 목적은 충분히 추구할 가치가 있을 만큼 그 규모가 큰 특정 표적시장을 명확히 한정하기 위해서 그에 알맞은 변수를 사용하는 것이다.

그러나 다른 세분화 변수를 동시에 사용하는 경우에도 그 사용변수가 인구통계적인 변수에만 한정되는 것은 아니다. 마케터는 또한 지리적 · 심리분석적 그리고 행동분석적 변수 등 세 가지 다른 중요한 방법과 배합하여 인구통계학적 변수를 사용하고 있다.

3) 심리분석적 변수

심리분석적 변수(Psycho-analysis Variables)에 근거한 시장세분화는 비교적 최근에 응용된 마케팅기술이다. 심리분석적 세분화는 개인의 가치, 태도, 라이프스타일(생활양식), 관심, 활동, 성격 등 심리적 변수를 사용하여 사람들을 집단화한다. 시장세분화를 위한 계층의 하나는 심리적으로 잠재적인 고객을 그룹화하는 방법으로서 라이프스타일을 이용한다.

(1) 가치측정으로서의 라이프스타일

라이프스타일의 두 가지 중요한 요소는 사람들이 어떻게 그들의 시간을 소비하는가와 그들이 어떠한 것에 가치(value)와 관심(interest)을 두고 있는가 하는 것이다. 라이프스타일에 관한 논의에서는 '보수적인', '자유주의적', '모험적인', '가정적인', '건강지향적인' 등의 용어가 때때로 사용되고 있다.

비록 표준적인 용어라고 단언할 수 없지만 SRI 인터내셔널(formerly Stanford Research Institute)의 조사자들은 다음과 같이 아홉 가지 가치 및 라이프스타일의 범주를 결정하고 분류하였다.

① 생존자 : 늙은, 매우 가난한
② 유지자 : 가난한
③ 소속자 : 조금 나이든, 전통적인, 안정된
④ 경쟁자 : 젊은, 과시하는, 크게 만들려고 하는
⑤ 성취자 : 중년의, 부유한, 자신만만한, 물질적인
⑥ 자아 주장자(I-Am-Me) : 젊은, 추진력 있는, 개인적인, 독신인, 과도기인
⑦ 경험자 : 젊은, 예술적인, 내부지향적인
⑧ 사회의식자 : 성숙한, 성공한, 환경과 관계된
⑨ 통합자 : 심적으로 성숙한, 이해심 있는, 세상을 보는 안목이 있는

이러한 집단 가운데 생존자들과 유지자들은 거의 외식에 대한 관심이 없는데, 왜냐하면 그들은 돈이 없으며 외식을 할 이유가 없기 때문이다. 그러나 패스트푸드에 대한 수요가 있을 수도 있다. 반면에 성취자와 사회의식자 집단은 수많은 마케터들에 의해 식도락과 즐거움을 위한 다빈도 세분시장으로 인식되고 있다.

(2) 효과적인 심리분석적 세분화

사람의 개성 및 신념은 구매동기와 행위에 커다란 영향을 미친다. 그러나 개성은 연령과 같은 요인보다 다루기가 더욱 어렵다. 그러한 특성을 보는 방법의 수에는 제한은 없다.

그러나 심리분석적 세분화는 효과적으로 사용될 수 있다. 그것은 마케터가 외

식상품에 관한 특정의 성격유형에 소구하는 방법을 이해하고 특정한 심리학적 형태에 합당하게 소구할 수 있게 메시지를 바꾸도록 하면 된다. 전체시장을 더 작은 심리학적 표적시장으로 쪼개는 것은 상품과 서비스를 잠재고객의 요구에 잘 맞추도록 하는데 매우 유용하게 이용할 수 있다.

가치 및 라이프스타일(VALS = Value + Life - style) 범주를 사용하여 내셔널 데모그라픽스사(社)는 스키 타는 사람의 30%가 성취자의 범주에 속한다는 것을 알아내었다. 스키휴양지는 특히 이러한 특정의 심리학적 집단에 소구하는 촉진 메시지를 만들어내는데, 이러한 세분화방법을 사용하고 있다.

4) 행동분석적 변수

마케팅 전문가들은 특정상품이나 그 유형에 관련하여 전략을 수립하는데 실제고객과 잠재고객의 행동을 분석하여 시장세분화를 실시한다. 행동분석적 세분화는 시장을 특정한 구매습관, 선호도, 또는 목적이 있는 집단으로 나누는 것을 말한다. 주말 여행객, 재구매 고객 그리고 일등석 승객 등은 그들의 행동에 의해 정의된 표적집단의 한 예이다.

구매행위에 의한 세분화는 그들이 누구이며 어디에 살고, 그들의 라이프스타일이 어떠한가 등에 관심을 두기보다는 사람들이 어떻게 행동하는가에 초점을 두기 때문에 대단히 강렬한 세분화 방법이다. 한 달에 다섯 차례 이상 외식을 하는 상용고객의 표적 집단은 인구통계적으로 정의된 모든 상용고객을 대상으로 하는 표적 집단보다 더 가망성이 큰 시장이라는 것을 암시해 준다.

마케터가 특정집단에 초점을 맞추는데 행동분석적 변수(Behavioral Variables)를 이용하는 것은 대단히 의미가 있지만, 그러한 집단에 도달하는 것은 인구통계학적이나 지리적으로 정의된 표적시장에 도달하는 것보다 훨씬 어렵다.

외식시장은 다음과 같이 습관과 선호도, 외식의 목적, 추구하는 편익 등 몇 가지 행동에 근거하여 세분화할 수 있다.

(1) 습관과 선호도

모든 사람은 그들이 의식하든 안하든 어떠한 습관(habit / custom)과 선호도(preference)를 갖고 있다. 예를 들어, 어떤 가족은 매년 여름휴가에 한 주일간을 같은 리조트에서 보낸다. 반면에, 어떤 가족들은 한 해는 산으로, 다음해는 해변으로 가는 등 매년 다른 장소로 여행을 떠난다.

마케터는 시장을 세분화하고 특정의 습관 및 선호도를 공유하는 집단을 표적시장으로 삼기 위하여 구매행동의 패턴을 사용하기도 한다. 하나의 집단은 특정의 호텔체인을 선호하는 사람들, 국가 공휴일에 습관적으로 여행을 떠나는 사람들, 항상 비행기의 일등석을 이용하는 사람들로 구성된다. 특정의 습관과 선호도는 전망이 있을 것 같은 곳에 초점을 맞추기 위하여 하나 이상의 도구를 마케터에게 제공한다.

마케터는 시장을 세분화하기 위하여 습관과 선호도의 수를 관찰한다. 그것에는 시즌(성수기, 비수기), 지불방법(현금, 선불, 후불), 단체 또는 개인의 여부 등이 있다. 외식산업에 있어서 많은 회사들은 그들 상품의 다빈도 이용자를 주요 표적시장의 하나로 설정한다. 예를 들어, 다빈도 승객 프로그램(frequent flier programs)은 로마노피자가 그들 식당을 선택하는 사람들에게 마일리지를 축적하고 상품으로 보답함으로써 상표충성도(brand royalty)를 구축하는 한 가지 방법이다.

일부 레스토랑에서는 단골고객이 좋아하는 캡틴, 와인, 테이블선택, 최종이용시기, 그들의 외모까지도 상세히 기록하여 레스토랑 직원이 그 고객을 식별하기 용이하게 하고 있다. 이러한 레스토랑에서는 가장 중요한 고객에 대해서는 특별예약의 전화번호가 부여되고 있다. 이 번호로 걸어오는 개인은 즉각 중요고객이라는 것이 식별되고 우대한다.

(2) 이용 빈도

시장의 세분화 방법 중 행동분석적 변수로 가장 널리 사용되는 것으로 이용빈도가 있다. 소량이용자, 중량이용자, 대량이용자의 각 집단으로 시장을 세분화할 수 있다. 예를 들면, 미국 전인구의 16%가 맥주 전소비량의 88%를 차지하고 있다. 맥주의 대량이용자는 소량이용자에 비하여 배 이상을 소비하고 있다. 이는 유명한 80대 20의 룰을 증명하고 있다. 이는 대부분의 사업에 있어서 매상의 커다란 비율은 적은 수의 단골고객에 의해 달성된다는 것을 보여주고 있다.

(3) 추구하는 편익

제품이나 서비스를 구입하는 사람은 누구나 어떠한 측면에서 돈을 소비함으로부터 편익(benefits)을 추구하고 있다. 편익(便益) 또는 혜택(惠澤)이란 욕구를 만족시키거나 또는 사람을 더욱 행복하게 만드는 정신적인 것이다.

추구하는 제품편익에 따라 고객을 분류할 수가 있다. 가족에게 인기가 있는 레스토랑, 분위기가 좋은 레스토랑, 미식가가 즐기는 레스토랑 등 3종류의 레스토랑 이용자를 대상으로 한 연구에 의하면 고객들은 공통적으로 5종류의 요소를 중시한다고 한다. 그것은 요리의 질, 메뉴의 다양성, 가격, 분위기, 편리성 등이다. 그리고 분위기 좋은 레스토랑의 고객은 요리의 질과 분위기를 가장 중요한 특징으로 뽑았고, 미식가가 즐기는 레스토랑 고객은 특히 요리의 질에 가치를 두고 있었다.

고객의 추구하는 특징과 편익을 파악하는 것은 다음 두 가지 점에서 매우 유익하다. 첫째는 레스토랑 마케팅담당자는 세분화된 특정고객을 유치하기 위하여 무엇을 제공하고 무엇을 판촉할 것인가를 이해할 수 있게 된다는 점이다.

둘째는 고객유형을 구별하는 것이 가능해진다. 기존시장으로부터 분리하여 잠재고객을 식별함으로써 기업의 현재시장에 대한 성격을 이해할 수가 있다.

3 표적마케팅 전략

전체시장을 세분화함으로써 마케터는 몇 개 유형의 고객들에게 마케팅 노력을 집중할 수가 있다. 마케터가 그러한 그룹의 하나 혹은 일부에 대해 기업의 촉진메시지를 전달하려는 과정을 표적마케팅이라고 한다.

[그림 4-2] 시장범위 전략

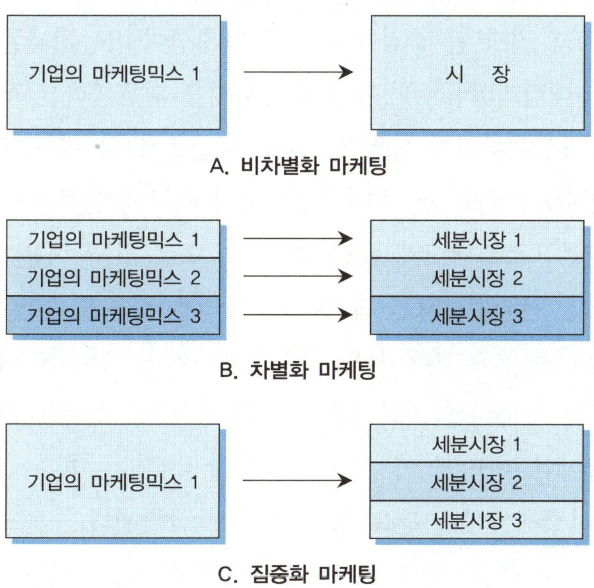

시장세분화는 외식기업이 직면하고 있는 세분시장에서의 사업기회를 발견할 수 있게 한다. 이제 기업이 얼마나 많은 세분시장을 선택할 것이며 어떻게 가장 바람직한 세분시장을 찾아낼 것인가를 결정해야 한다.

표적마케팅 전략에는 비차별화전략, 차별화전략, 집중화전략 등으로 알려진 세 가지 시장의 영업범위 전략 중에서 하나를 채택할 수 있다([그림 4-2] 참조).

1) 비차별화 전략

외식기업은 세분시장의 특성을 무시하고 한 가지 제품을 가지고 전체시장에서 영업을 하기로 결정할 수 있는데, 이러한 접근방법을 비차별화 전략(非差別化戰略 : undifferentiated strategy)이라고 한다. 이것은 고객의 욕구에 어떠한 차이점이 있는가보다는 공통점이 무엇인가에 초점을 맞추려는 것이다. 따라서 대부분의 구매자에게 호소할 수 있는 제품과 마케팅 프로그램을 설계해야 한다.

비차별화 전략의 가장 큰 장점은 비용의 경제성이 가능하다는 점이다. 즉 마케팅을 표준화·대량화함으로써 규모의 경제성을 획득한다는 것이다. 그럼으로써 우선적으로 시장세분화가 불필요하므로 시장조사 및 계획수립에 따른 비용을 절감할 수 있다. 상품도 한 가지만 생산하기 때문에 연구개발 및 생산관리비가 절감되고 판촉프로그램도 표준화되어 있으므로 역시 비용이 적게 든다.

한편, 비차별화 전략의 중요한 단점은 이 방법을 적용할 수 있는 분야가 극히 제한되어 있다는 점이다. 고객의 욕구는 다양하며 또 갈수록 더욱 다양해지고 있기 때문에 모든 구매자를 만족시킬 수 있는 하나의 제품을 개발한다는 것은 매우 어려운 일이다. 따라서 이 전략을 사용할 수 있는 경우는 고객의 욕구가 동질적이어서 시장세분화가 필요 없는 분야에 국한된다.

전형적으로 이 마케팅전략을 이용하는 기업들은 어떤 시장 내에서 가장 큰 세분시장을 목표로 하여 제품을 개발한다. 여러 기업들이 이 전략을 추구하면 가장 큰 세분시장은 격렬한 경쟁현상이 나타나며, 따라서 규모가 작은 기업은 불리하게 된다. 그 결과 하나의 큰 세분시장은 극렬한 경쟁 때문에 수익성이 낮아지게 될 가능성이 높은데, 이와 같은 문제점이 있으므로 기업은 시장 내에서 보다 작은 세분시장, 틈새시장으로 관심을 돌리게 된다. 미국의 맥주산업이 하나의 예이다. 비교적 소규모의 양조회사는 버드와이저, 밀러 및 쿠어스(Coors)와 직접 경쟁한다는 것은 불가능하다. 그들은 빅 3와 같은 유통경로를 확보할 수 없을 뿐더러 광고와 판매촉진의 예산 면에서 대항할 수 없다. 이에 대신하여 영세한 수많은 양조회사가 생겼다. 영세한 양조회사들은 각 시장에서 제품을 판매하고 있고 이들 중 대부분은 주요 유통센터로서 회사 소유의 펍(pub)과 레스토랑에 판매를 의존하고 있다.

2) 차별화전략

외식기업은 여러 세분시장을 표적시장으로 삼아서 이들 각각에 독특한 상품을 제공하고 영업을 하기도 하는데, 이러한 접근방법을 차별화전략(差別化戰略 : differentiated strategy)이라고 한다.

이 방법의 장점은 비차별화전략에 비해 총매출액을 늘릴 수 있다는 점이다. 즉 다양한 소비자의 욕구에 맞추어 여러 가지 상품을 다양한 가격으로 제공하고 복수의 유통경로를 사용하며 다양한 촉진을 실시하므로 차별적 마케팅은 보다 많은 소비자들을 고객으로 확보하게 된다.

차별적 마케팅의 단점은 이것을 추진하는 데는 많은 비용이 수반된다는 점이다. 우선 비차별화전략에 비해 시장세분화 작업에 따르는 비용이 추가된다. 또한 다양한 상품을 개발하고 생산해야 하므로 상품원가가 높아지며, 유통경로관리와 촉진에 추가적인 노력이 필요하게 된다. 또한 특정세분시장은 변화할 수 있다. 롯데리아는 기존의 버거세트로 젊은 층을 끌어들이고, 반면에 새우버거, 김치버거를 등장시켜 햄버거의 느끼한 맛을 싫어하는 청·장년층의 입맛에 소구하였다.

3) 집중화전략

어떤 기업이 자사제품을 쉽게 의사 전달할 수 있는 하나의 세분시장을 찾아낸 경우, 그리고 그 세분시장의 욕구가 제품과 일치하는 경우, 집중적 시장세분화전략을 채택할 수 있다. 로즈우드호텔(Rosewood Hotels)은 고가격의 호텔시장에 중점을 두고 있고, 모텔 6은 저가격 객실시장에 집중하고 있다.

이와 같이 집중화전략(集中化戰略 : concentrated strategy)은 큰 시장에서 낮은 점유율을 추구하는 대신에 하나 혹은 몇 개의 세분시장에 집중함으로써 높은 점유율을 확보하려고 하는 방법이다. 그러나 집중화전략은 특정세분시장이 변화할 수 있으므로 통상보다는 높은 위험부담을 안게 된다. 예를 들면, 빅토리아 스테이션의 메뉴(Victoria Stations' Menus) 가운데 주로 붉은 색의 쇠고기제품이 중시되고 있다. 소비자가 엷은 색의 쇠고기를 먹기 시작하면 이 레스토랑의 고객수는 급속히 감소한다. 그와 동시에 쇠고기 가격은 비싸진다. 이 레스토랑에서 가장 이익을 많이 내는 제품은 주류인데, 음주운전금지 홍보결과 매출액은 감소하기 시작하였다. 결국 매출액의 감소와 이익이 줄어들게 되었다. 이러한 연유에서 많은 기업들은 두 개 이상의 시장에서 영업하기를 희망하고 있다.

4) 표적마케팅 전략의 선정

기업은 표적마케팅 전략을 선정할 경우 다음 몇 가지 요소를 고려할 필요가 있다. 그 중 첫 번째 요소는 기업의 자원이다. 기업의 자원이 한정되어 있을 경우 집중화전략은 가장 중요한 의미를 갖는다. 두 번째 요소는 제품의 동질성 정도이다. 비차별화 전략은 동질적 제품에 있어서 보다 적합하다. 레스토랑이나 호텔과 같이 디자인이 다른 제품은 차별화전략이나 집중화전략이 보다 적합하다.

제품의 라이프사이클도 고려되지 않으면 안 된다. 기업은 신제품을 도입할 때, 단일제품을 도입하는 쪽이 현실적이며, 비차별화전략과 집중화전략이 가장 중요한 의미를 가진다. 예를 들면, 초기 맥도널드는 현재의 메뉴선정과 비교하면 메뉴가 극히 한정되어 있었다. 그러나 제품의 라이프사이클이 성숙단계로 접어들면 차별화전략이 보다 중요해진다.

세 번째 요소는 시장의 동질성이다. 만약 구매자가 동일한 취향을 가지며 동일한 양의 제품을 구입하고 마케팅노력에 대하여 동일한 반응을 보인다면 비차별화 전략이 적합하다.

네 번째로 경쟁사의 전략이 중요하다. 만약 경쟁사가 세분화를 실시하고 있다면 비차별 마케팅은 자멸행위이다. 반대로 경쟁사가 비차별화전략을 실행하고 있을 경우에는 기업은 차별화전략 또는 집중화전략을 채용함으로써 우위에 설 수가 있다.

섹스 어필한 맛있는 "후터스(Hooters)"

Coffee Break

미국식 패밀리 레스토랑과 스포츠 바를 접목한 전혀 새로운 컨셉으로는 1980년 초 미국 플로리다 클리어 워터에서 처음으로 소개된 후터스는 시선을 사로잡는 독특한 실내 인테리어와 누구나 편안하게 즐길 수 있는 친근한 분위기, 최고의 조리장들이 개발한 다양하고 부담 없는 음식으로 더욱 사랑을 받아왔다.

한국 후터스는 캐주얼 스포츠 레스토랑으로 "매혹적으로 도발적인, 하지만 때 묻지 않은"이라는 슬로건으로 2007년 1월 서울 압구정동에 한국 1호점을 오픈하였다. 이후 강남역에 2호점, 용산역에 3호점을 오픈하여 영업 중에 있다.

미녀 군단, Hooters Girls

가슴이 드러나는 소매 없는 티셔츠, 조깅 팬티를 연상시키는 짧은 반바지는 섹스 어필한 레스토랑 후터스를 한마디로 설명해 준다.

스포츠 마케팅 활동과 후원

후터스는 레스토랑 안에서 모니터를 통해 다양한 스포츠 경기를 편하게 볼 수 있는 환경을 제공하고 있으며, 골프(National Golf Association Hooters Tour), 카 레이싱(USAR ProCup racing, IHRA drag racing), 보트 레이싱(Formula One Power boat racing) 등을 후원함으로써 엄청난 홍보 효과를 누리고 있다.

자료 : 후터스 홈페이지에서 발췌

제5장

외식상품 포지셔닝

1 상품 포지셔닝의 원칙

1) 상품 포지셔닝의 정의

세계는 글자 그대로 상품으로 가득 차 있다. 소비자 마케팅의 예를 빌리면, 여러분은 편의점에서 아이스크림 몇 개를 구입해 본 경험을 가지고 있을 것이다. 여러분은 매력적인 포장지로 쌓인 유럽식 이름의 상표를 선택한다. 여러분은 왜 그 상표를 선택하는지 그 이유를 알려고 하지 않는다. 그러나 그것에 대해 호감을 느끼고 있다. 여러분이 그것을 인식하든 못하든 그 아이스크림에 대한 어떤 것, 혹은 오른 편에 있는 다른 아이스크림보다 포장이 그 상품을 구매하는데 영향을 줄 수도 있다.

소비자의 인식은 마케팅과정에서 중요한 변수이다. 그것은 구매결정, 특히 유사한 상품 간에서 하나를 결정하는데 커다란 영향을 미친다. 그러한 이유로 인하여 마케터들은 그들의 상품이 잠재고객에 의해 인식되는 방법을 관리하거나 또는 나쁜 영향을 최소화하기 위하여 많은 노력을 기울인다.

소비자 인식의 문제에 관한 과정은 상품 포지셔닝 또는 단순히 포지셔닝이라고 부른다. 상품 포지셔닝을 정의하면 다음과 같다. 상품 포지셔닝(product positioning)이란 상품의 포지션에 대한 잠재고객의 인식에 영향을 주기 위해서 경쟁상품과 관련된 단일상품의 포지션을 명백히 하려는 시도로 고객의 마음속에서 유리한 위치를 차지하기 위한 활동이다. 상품 포지셔닝은 때때로 제품 포지셔닝이라고 하기도 한다.

일찍이 영국에서 경마가 시작되었을 때 기수들이 출발신호가 떨어지면 '위치를 교묘하게 움직여서' 가능한 빨리 자신이 좋아하는 유리한 주행위치로 움직이려고 노력하였다고 한다. 자기 말의 특성에 맞는 좋은 위치를 먼저 차지하는 것이야말로 결국 가장 먼저 골인할 수 있기 때문이다.

이와 마찬가지로 시장에서 성공을 위한 기회를 증대시키기 위해서 기업은 고객의 지각 속에 상품에 대해 유리한 위치를 차지하고 그것을 대중에게 확실히 전달하여야 한다. 그러기 위해서 일부 식당은 부유층을 위한 고급 호텔의 레스토랑으로서, 또는 어떤 식당은 가족휴양지의 식당으로서 자사를 포지셔닝하고, 또 다른 식당들은 택시기사들의 식사를 위한 기사식당으로서 포지셔닝한다.

잘 선택된 표적시장으로 고객을 유도하는 것은 그리 쉬운 일이 아니다. 그러므로 상품에 대한 포지션은 시장과 표적시장에서 잠재고객의 인식 내에서 확립되어야 한다.

2) 상품 포지셔닝을 위한 상품이미지 창조

마케터가 상품에 대한 포지션의 확립을 위해 사용하는 주요 메커니즘은 상품에 대한 이미지의 창조에 있다. 이미지는 어떻게 상품이 인식되는가를 결정하고 그에 영향을 미친다. 결론적으로 마케터들은 많은 시간 및 에너지를 자사 상품의 효과적인 이미지 개발과 개선을 위해 헌신하게 된다. 상품 포지셔닝이 효과적으로 사용될 때 이미지는 외식상품의 모든 측면에 중심적이고 통합적인 영향을 주게 된다.

식당직원의 제복에서 회사의 로고에 이르기까지 모든 것은 이미지와 연관되어야 한다. 그것들은 모두 일관성이 있어야 하고, 이상적으로는 어떻게 해서든지 고객의 마음속에 이미지를 전달하고 강화해야 한다.

예를 들어, 여러분이 피즌트 할로우 인(Pheasant Hollow Inn)의 책임자라고 가정해 보자. 그곳은 작은 침대와 아침식사를 제공하는 설비가 있고 뉴욕으로부터 자동차로 2시간 이내의 거리로 펜실베니아주 내의 한 폭의 그림과 같은 벅스카운티(Bucks County)에 위치해 있다. 모두 퀸 사이즈침대가 놓인 8개의 화려한 객실을 가지고 있고 객실마다 골동품과 향토예술가들의 작품으로 장식되어 있다. 객실에서 아침식사가 제공되고 그것은 기본적인 객실요금에 포함되어 있다.

시장조사와 심사숙고한 후에 여러분은 중산층으로 자식이 없고 예술과 고전, 다이어트 음식에 관심이 있는 뉴욕에 사는 전문직업인 부부를 표적시장으로 선택한다.

여러분이 호텔에 대해서 확립하고자 하는 이미지는 규모가 크고 친근감이 들고 도시의 압박과 북적거림을 떨쳐버릴 수 있는 주말목적지이다. 이러한 이미지를 창출하기 위해 당신은 각 객실에 신선한 꽃다발을 꽂아둔다. 당신은 훌륭한 중국 식기에 아침식사를 제공한다. 그리고 호텔의 예술품과 골동품에 대해 당신과 당신 직원들이 친근감을 갖도록 한다. 호텔의 이름에서부터 뉴욕신문에 게재하는 광고에 이르기까지 모든 것이 당신이 전달하기를 원하는 그 이미지에 공헌한다.

3) 표적시장의 욕구에 따른 상품 포지셔닝

제품이나 서비스는 표적시장의 욕구와 관련하여 포지션을 확립해야 한다. 포지션을 확립하기 위해 마케팅 전문가들은 어떻게 고객의 욕구를 충족시키고 있는가를 전달함으로써 상품이 주는 혜택을 보여주려고 노력한다.

예를 들어, 피즌트 할로우 인에서 표적시장의 욕구는 그들이 주일 내내 경험해 온 것과는 매우 다른 환경에 대한 것이다. 주말 부부는 그들의 여가시간을 보내기 위해 자연스럽고 편안하고 아름답게 설치된 장소를 원한다. 어떻게 호텔이 고객의 욕구를 충족시키느냐를 알림으로써 선택된 표적시장과 관련하여 호텔의 포지션을 확립하는데 도움이 되는 이미지를 창조하게 된다. 베니건스는 놀이장소로서 자사를 광고하고 있다. 이에 대하여 많은 바(bars)는 이성(또는 동성) 회원들이 모이는 장소로서 그 이미지를 확산시키고 있다.

제품은 기존 경쟁사에 대항하여 포지셔닝이 된다. 버거전쟁(Burger War's)에 있어서 맥도널드와 버거킹에 대항하여 웬디즈는 '쇠고기는 어디에 있지?'라는 홍보를 실시하였다. 버거킹은 맥도널드에 대항하여 불꽃으로 익힌 버거라는 홍보를 실시하였다. 타코 벨은 일반적인 패스트푸드 요리에서 자사가 이를 대표하는 것으로 포지셔닝 하였다.

상기의 예와 매우 상이한 표적시장을 겨냥하고 있는 유사상품의 이미지를 생각해 보자. 드레이크(Drake)호텔은 시카고에 있는 큰 호텔이며 미시간호에서 매우 가깝고 도심사업 및 쇼핑구간의 중심부에 있다. 이 크고 우아하고 편리하게 위치한 드레이크호텔의 표적시장은 의심할 바 없이 자주 여행하는 기업간부이다. 기업간부들의 욕구는 시골 펜실베니아주의 작은 호텔에 숙박하는 주말부부와는 전혀 다르다.

사업가는 사업미팅을 하기 위하여 침실과 분리된 거실이 있는 스위트룸을 필요로 할 것이다. 룸서비스 또는 고급레스토랑, 구내 드라이클리닝, 즉시 이용이 가능한 사진 복사기와 컴퓨터 등이 그들이 필요로 하는 서비스이다. 드레이크호텔은 이미지를 구축하기 위하여 기업간부에게 제공하는 상용서비스를 강조한다.

4) 상품 종류에 따른 포지셔닝

신상품에 대한 포지션의 확립과 기존상품에 대한 포지션의 유지 그리고 기존상품의 현재 포지션의 변화 등의 차이를 아는 것은 매우 중요하다. 그것들은 제각기 다른 문제점을 지니고 있다.

(1) 신상품에 대한 포지션의 확립

신상품을 도입하였을 때 사람들은 이미지 확립에 근거가 전무한 상태에서 시작하게 된다. 사람들은 신상품에 대한 이미지가 전혀 없다. 그것은 다른 사람에게 상품에 대해 말하여 화제로 삼거나 추천하는데 이전의 고객에게 의지할 수 없음을 의미한다. 그러나 그것은 또한 방해가 되는 부정적인 이미지를 가지고 있지 않다는 것을 의미한다. 예를 들어, 맥도널드는 "당신은 브레이크 캠페인(Break campaign)을 할 가치가 있다"라는 광고를 하여 고객들이 가정에서 요리를 하기보다는 맥도널드를 찾아오기를 소구하고 있다.

(2) 기존상품의 포지션의 유지와 변화

이미 확립된 상품이 있는 회사는 꾸준히 자사의 이미지를 평가하고 그것을 유지할 것인가 변경할 것인가를 결정해야 한다. 과거에 사람들이 지니고 있던 좋은 느낌이 앞으로도 계속되리라고는 아무도 예측할 수 없다. 회사는 자사의 이미지에 대하여 계속적으로 의식하지 않을 수 없다. 상품과 서비스는 공백 속에서 존재하는 것이 아니고 유사한 욕구를 충족시키고 유사한 이미지를 기획하는 제품 및 서비스와의 경쟁 속에서 존재하는 것이다. 경쟁이 공격적이 되면 회사는 어떤 방법을 써서라도 그것에 대항할 필요가 있다. 예를 들어, 만약 하나의 거대 식당체인이 상용여행객들에게 새로운 서비스를 제공함으로써 자사의 포지션을 확립하기로 결정했다면 그 시장을 표적으로 하고 있던 다른 레스토랑들은 그들 자신의 포지션이 적합한가를 재평가할 필요가 있을 것이다. 그들은 현재의 포지션으로도 새로운 경쟁자의 움직임에 대항하기가 충분하다는 것을 발견할지도 모른다. 그 경우에 그들은 현재의 포지션을 그대로 유지하게 된다. 그와 반대로 그들은 경쟁자의 변화에 효과적으로 대응하기 위해서 그들의 상품에 대한 새로운 이미지와 포지션을 개발하여 능동적으로 대처할 필요가 있다고 판단을 내릴 수도 있다.

외식산업에 있어서 예기치 못한 사건들은 이미지를 급격히 변화시킬 수 있다. 예를 들어, 대형 체인의 경우라도 노동쟁의가 일어난다면 그 레스토랑은 대중적 신뢰를 재확립하는데 어려움이 있을 것이다.

상품이 주는 혜택을 소비자들이 어떻게 인식하는가 하는 것은 그들이 그 상품을 선택할 것인지 아닌지를 결정할 것이다. 상품에 대한 명확하고 굳건한 이미지를 확립함으로써 기업은 표적시장에 알맞은 적절한 포지션을 확립할 수 있다. 그것은 또한 소비자의 입장에서 더욱 유리하다고 판단하도록 하기 위해서 경쟁자들의 상품과는 다른 이미지를 개발해야 한다.

2 상품포지션의 확립단계

기업의 많은 사람들이 상품이미지의 개발과 시장에서의 포지션 확립에 종사하고 있다. 그들 모두는 잠재고객들에 의해 어떻게 자사상품이 인식되는가를 정확히 알 필요가 있다.

상품포지션을 확립하기 위한 제도적 접근은 상품에 대한 효과적인 이미지를 개발하는데 최선의 방법이다. 이미지 생성과정을 보면 귀중하고 새로운 마케팅 아이디어가 거기서 출현한다. 이 과정은 외식상품을 강렬하고 목적을 갖고 주시하는 기회를 제공한다. 상품의 독특성을 전달하는 이미지는 소비자의 마음속에 상품을 인식시키는데 도움을 준다.

효과적인 포지션의 확립에는 상품의 주요 특성과 이익에 대한 상품분석, 현재 포지션의 확인, 현재 포지션과 마케팅 목적의 비교 등 세 가지 단계가 있다.

이러한 단계가 효과적이기 위해서는 포지션은 간결하게 전달될 수 있어야 한다는 사실을 명심해야 한다. 간결하게 전달되어야 할 내용을 포지셔닝 진술이라 부른다.

1) 상품분석

포지셔닝 진술을 개발하는데 있어서 중요한 것은 외식상품의 분석이다. 이것은 간혹 생략하기 쉬운 단계이지만, 그러나 이 과정은 중요하다.

상품을 분석하는 방법에는 두 가지가 있다. 하나는 유형인가 혹은 무형인가 하는 상품의 특징이고, 다른 하나는 잠재고객의 욕구나 관심에 부응하는 방법 즉 상품혜택이다. 상품특성과 상품혜택은 완전한 상품분석의 일부분으로서 조사된다.

(1) 상품특성

평소에 잘 알고 있는 어떤 사물을 묘사하기란 항상 쉬운 일은 아니다. 그러나 포지셔닝 진술의 개발에 있어서 마케터는 제품 및 서비스를 매우 잘 묘사할 수 있어야 한다. 그렇게 하는 한 가지 방법은 소위 특징에 대한 '세탁물 리스트'라고 부르는 것으로, 특징적인 사항을 묶어냄으로서 자신의 생각을 정리하는 방법이다. 여기에서 목표는 그것을 중요하게 생각하든 안하든 상품의 각각의 특징을 나열하여 상품에 대한 표현을 완전히 개발하는 것이다. 때때로 어느 한 사람이 무의미하다고 생각하는 것이 다른 사람에게는 커다란 가치로서 인식되기도 한다. 따라서 상기에서 언급했던 세탁물 리스트는 포괄적이어야 한다.

(2) 상품혜택

외식상품을 묘사하는 또 다른 방법은 어떻게 그것이 잠재고객의 욕구나 관심을 충족시키느냐 하는 것이다. 상품특징의 나열만으로 고객이 상품의 그러한 양상에 관하여 어떻게 느끼고 있는가를 설명할 수는 없다. 그러나 상품혜택은 그것을 설명할 수 있고 따라서 상품분석을 완전하게 수행하는 일부분이 된다.

상품혜택을 결정하기 위하여 마케터는 이미 리스트된 특징들을 찾아보거나 "나에게 좋은 점이 무엇인가?"라고 잠재고객이 질문할 것을 상상해 보기 시작할 것이다.

휴양지 레스토랑에서 상품의 혜택을 추구할 때 휴가에서 사람들이 만족하는 욕구를 고려해 보자. 휴식, 오락, 재미, 태양 그리고 좋은 음식 등이 언뜻 머리에 떠오른다. 카리브해안 리조트의 경우, 혜택으로서의 몇 가지 특징을 열거해 보자.

예를 들면, 다음과 같다.

① 호화 : 바다를 바라보며 객실 발코니에서 모닝 커피를 마시는 즐거움
② 오락 : 불 밝혀진 코트에서 한밤중까지의 테니스
③ 만찬선택 : 기분에 맞는 식당과 메뉴의 선택, 간단한 식사 또는 정식, 햄버거 또는 왕새우요리 등
④ 문화 : 기묘한 마을 탐험과 모터사이클을 타고 가는 시골 풍경

2) 현재 포지션의 확인

효과적인 포지션을 확립하는데 있어서 다음 단계는 지금 자사상품이 어디에 위치하고 있는가를 알아내는 것이다. 현재의 포지션을 확인하는데 적합한 질문은 다음과 같이 두 가지가 있다. 첫째, 우리 상품 및 서비스의 매력은 무엇일까? 둘째, 우리 상품의 어떤 특성이 현재 포지션의 일부분으로 판매되고 있는가?

(1) 소구하는 강점과 약점

마케터는 수많은 레스토랑이 소비자의 여러 기호에 소구하도록 노력하고 있다는 것을 파악하기 위해 방대하고 다양한 입지를 고려해야 한다. 수많은 입지가 소구하는 것에는 낯익은 것에서 이국풍으로, 역사적인 것에서 미래적으로, 가까운 것에서 멀리로, 냉대에서 열대로 등 그 범위가 광범위하다.

어떤 개인이 발견한 소구점을 다른 사람이 발견하지는 못한다. 소구는 무형적이고 개인적이다. 구매되고 있는 각 제품 및 서비스는 나름대로 사람들에게 무엇인가를 소구하고 있다. 일개 상품의 소구점은 소비자가 파생되리라 예상하는 혜택을 기초로 하여 형성된다.

때때로 상품의 소구는 유람여행의 호화레스토랑과 같이 사치스럽다. 그 반대의 것 또한 사실이 될 수 있는데, 그것은 소구점이 저가격인 경우이다. 패스트푸드의 음식은 최소의 비용으로 가장 빨리 식사를 마치는 방법으로써 사람들에게 잘 알려져 있다.

상품을 포지션하기 위해서 마케터들은 현존고객 및 잠재고객에 대한 상품의 소구점을 이해하는 것부터 시작해야 한다. 상품 이미지의 소구를 최대화하는 것은 상품이 인식된 방법, 즉 결론적으로 시장에서의 포지션을 크게 향상시키는 것이다.

(2) 특징에 기초한 강점과 약점

상품의 현재 포지션을 확인함에 있어 마케터들은 현재 이미지의 일부분을 이루고 있는 상품의 특징을 살펴본다. 예를 들어, 노년 부부에게 인기가 있는 미네소타의 한 작은 호텔을 고려해 보자. 그것의 현재 포지션에 공헌한 한 가지 특징은 모터보트가 없는 조용한 호수에 위치한 장소라는 점이다. 또한 같은 객실요금을 받고서도 호텔은 하루 세 번의 신선하고 정성껏 준비한 향토음식을 제공한다. 특별 식사요법을 하고 있는 고객들은 그들의 설명서대로 준비된 식사를 할 수 있다. 매일 밤 고전영화가 호텔라운지에서 상영된다. 그 호텔은 디스코텍이나 시끄러운 술집이 없다. 이러한 특징들은 그 호텔을 은퇴한 사람들로 가득 차게 하는 반면에, 젊은 독신자들을 그곳으로부터 멀어지게 할 것이다.

제품 및 서비스의 모든 특징들이 전부다 현재의 포지션에 공헌하는 것은 아니다. 근처 산으로의 하이킹, 호수에서의 낚시, 그리고 호텔의 훌륭한 와인저장실은 현재의 고객에게 그다지 중요하지 않은 호텔 특징이 될 수도 있다.

마케터는 현재 포지션에 공헌하는 환대상품의 특징뿐만 아니라 현재의 표적시장 이외의 다른 그룹의 욕구를 충족시킬 특징을 밝혀낼 필요가 있다. 나중에 마케터는 다른 표적시장의 주의를 끌기 위하여 상품을 재포지션 하는 방법으로 기존의 특징을 빼내고 다른 특징을 강조할 수도 있다.

3) 마케팅목적과 현재 포지션의 비교

마케팅목적은 어떠한 조직이 달성하기를 기대하는 마케팅 프로그램에 대한 특별한 진술이다. 여기에는 그 조직의 제품과 서비스에 대한 미래의 목표도 포함된다. 마케팅목적의 성취에는 모든 측면의 마케팅 프로그램이 조정되고 협조되어야 그 달성이 훨씬 용이하다. 그리고 상품포지션이 마케팅목적과 완전히 양립해야 한다는 점에서 매우 중요하다. 만약 그렇지 않다면 그것은 변경되어야 한다. 어떤 경우에 목적은 새로운 포지션을 반영하여 변화하게 된다. 또 어떤 경우에는 마케팅목적을 수행하기 위해 새로운 포지션이 요구된다.

3 상품 포지셔닝 전략

외식상품의 포지셔닝에는 많은 방법이 있으며 오직 유일한 방법은 존재하지 않는다. 때때로 어떤 회사는 몇 년 동안 한 가지 포지셔닝 진술을 시도할 것이다. 왜냐하면, 그것이 긍정적인 결과를 가져오기 때문이다.

여기서 포지셔닝 진술은 회사 내에서 사용하기 위해서 만들어진다. 포지셔닝 진술(positioning statement)은 모든 마케팅 커뮤니케이션을 통해서 짜여진 간결한 주제나 진술이다. 즉 기업내부에서 사용하는 구호와 같은 것이다. 예를 들면, 기업이 성장하기 위해서 '고객만족경영'이 포지셔닝 진술이 될 것이다.

한편, 슬로건은 표적시장의 관심을 끌고 상품의 이미지를 강화하기 위해 고안된 포지셔닝 진술로부터 만들어진 하나의 문구이다. 에이비스 렌터카사의 "우리는 더욱 노력하겠습니다"가 하나의 예가 될 것이다.

포지셔닝 진술에서 '가장 큰', '가장 작은', '가장 빠른', '가장 저렴한'과 같은 말을 사용할 때마다 그것은 잠재고객이 다른 것들로부터 그것을 구별하는데 유익하고, 그래서 그 상품을 기억하도록 상품차별화를 의도하여 사용되는 것이다.

한편, 만약에 어떤 회사가 한 가지 포지셔닝 전략만으로 그들의 목적을 충족시키지 못한다면 그 때에는 다른 전술을 시도해야 할 것이다.

외식마케팅에 있어서 상품 포지셔닝의 성공은 궁극적으로 마케팅목적이 어느 정도 달성되느냐에 의해 측정된다. 예를 들어, 가장 잘 작성되고 가장 매력적인 포지셔닝 진술이라도 만약에 그 회사를 위하여 판매와 이익을 발생시키지 않는다면 그것은 가치가 없는 것이다.

1) 표적시장에 관련된 포지셔닝

환대상품에 대하여 유용한 표적시장은 많다. 잠재적 이익을 최대화하기 위해 기업은 표적시장 및 지역인구를 확인한다. 그 때 기업은 특정집단의 사람들에게 메시지를 보낸다.

아마도 표적시장과 관련하여 포지션을 성공적으로 확립한 환대산업의 사례 가운데 가장 뛰어난 것은 클럽 메드(Club Med)일 것이다. 클럽 메드는 올 인클루시브 리조트(All-Inclusive Resorts)로 알려진 리조트 산업분야에 있어서 개척자이다. 이러한 휴양지는 고정가격으로 고객에게 휴양지에서의 숙박, 식사, 오락, 그리고 여러 활동 및 스포츠를 제공한다.

클럽 메드가 미국시장으로의 진출을 결정하였을 때 클럽 메드의 마케터들은 구성인구의 인구통계학적 변수를 철저히 살펴보고 미국의 인구에서 전례가 없이 고성장을 보인 제2차 세계대전 후 베이비붐에 태어난 사람들(베이비 부머)을 표적시장으로 삼기로 결정하였다. 그 연령층에는 사람수가 매우 많아서 마케터들은 상품의 포지션 방법을 결정하여 그 집단의 욕구를 충족시킨다면 이익이 클 것이라는 사실에 주목하였다. 클럽 메드는 그렇게 행동하였다.

1960년대 중반부터 '70년대에 들어서 베이비부머의 욕구는 편안함과 스포츠가 배합된 평일휴양지였다. 그 때 그들의 이상적인 휴양지는 겨울의 춥고 눈 오는 곳으로부터 탈출하여 따뜻하고 낙원과 같은 섬으로 피할 수 있는 장소로 인식되었다.

만약 낙원이라는 환경 속에 존재한다면 그곳의 모든 사람들은 만나는 사람마다 미소를 지을 것이고 모두 즐거워할 것이다. 거기에는 많은 음식과 오락이 있을 것이다. 사람들은 전화나 신문 또는 돈에 관하여 걱정할 필요가 없다. 만약에 원한다면 몇 시간 동안이나 해변에 앉아 있을 수 있고 또한 원한다면 정열적으로 배구게임도 할 수 있다. 그곳에서는 만찬을 위한 정장도 필요가 없을 것이다.

이러한 표적시장에 소구하려고 클럽 메드는 베이비붐에 태어난 대부분의 독신층의 욕구를 강조하여 고안되었다. 이리하여 클럽 메드는 의도적으로 젊은 독신자에게 소구하기 위해 자사의 위치를 설정하였다. 클럽 메드의 환경은 홀로 여행하는 사람들이 편안하게 휴식하고 단체활동 계획을 통해 클럽 메드에서 많은 다른 독신자들을 쉽게 만날 수 있도록 만들어졌다. 어떠한 다른 휴양지도 이러한 표적시장의 욕구를 충족시키기 위해 그처럼 명확하게 위치되지는 않았다.

클럽 메드는 특별 설계의 휴양지로 몰려드는 베이비부머의 그러한 모든 욕구를 발견하였다. 그들이 시작한 이래로 이와 같이 전문화된 올 인클루시브 리조트의 수가 급격히 증가하였다. 이제 수많은 회사들이 클럽 메드와 동일한 개념에 기초하여 휴양지서비스를 제공하고 있다.

1970년대 후반 이후로 베이비부머에게 몇 가지 변화가 발생하였다. 그들 중 대부분이 결혼을 했고 아이들이 있게 되었다. 그 결과 그들의 휴가패턴이 변화하기 시작하였다. 그러나 베이비부머들이 나이가 들어도 클럽 메드는 그들이 원하는 것 중 한 가지도 예전에 제공했던 것과 큰 차이가 없었다. 클럽 메드 리조트는 어린이를 손님으로써 환대하는 것에 무척이나 곤혹스러웠다. 왜냐하면 어린이는 독신의 이미지와는 양립할 수 없기 때문이다. 또한 클럽 메드에는 어린이의 부모가 즐기는 동안 어린이들을 즐겁고 기쁘게 해줄 장비가 준비되지 않았다.

1980년대에 이르러 베이비부머들은 휴양지에 자녀들을 동반하기를 원하였다. 그들은 자녀들과 시간을 보내기 원하고, 반면에 여전히 서로 다른 개인적 시간을 가지기를 원하였다.

클럽 메드는 미니 클럽(Mini Club)을 개발함으로써 이 거대한 표적시장의 욕구를 충족시켰다. 미니 클럽은 정규적인 클럽 메드의 일부분으로서 여러 장소에서 아이들을 위한 특별시설과 완전한 활동프로그램을 제공하였다. 아침부터 밤까지 부모들은 미니클럽의 카운슬러에게 아이를 맡길 수 있다. 만약 그들이 하루 동안 해안에서 아이들과 있기를 원한다면 그것 역시 좋다. 미니클럽은 아이들을 위한 여러 가지 활동을 계획하고 감독한다. 많은 부모들이 그들의 집에서 흔히 얻을 수 없는 기회, 특히 조용하고 낭만적인 만찬을 갖는 기회를 즐길 수 있게 되었다.

표적시장의 선택이 끝난 후에 클럽 메드는 한 세대의 휴가욕구에 소구하기 위하여 자사의 상품을 포지션 하였다. 클럽 메드는 세대의 욕구가 변화하고 있다는 사실을 인식하고 미니클럽의 형태로 기존의 상품과 다른 상품을 개발하여 성공을 거두었던 것이다. 이러한 사항들은 마케터들이 표적시장의 변화에 주의를 기울이고 그들의 욕구를 더 잘 충족시키기 위하여 상품을 적절하게 제공하여야 한다는 것을 말하여 주고 있다.

2) 가격과 품질에 의한 포지셔닝

기업이 가격과 품질로 그들의 제품 및 서비스를 포지션하는 것은 포지셔닝 전략 가운데 훨씬 명확한 방법 중의 하나이다. 많은 환대상품은 가격과 품질의 스펙트럼에서 양극단 사이에 위치하고 있다.

다양한 가격과 품질의 수준을 제공하는 상품의 예로서 호텔을 생각해 보자. 최고급 호텔은 그들의 고객에게 매우 정성스런 서비스를 제공한다. 멋진 제복을 입은 벨보이나 값비싼 양탄자가 깔린 호화스러운 로비에서부터 커다란 생화 진열 및 고급가구에 이르기까지 이러한 호텔은 상당히 호사스럽다. 호텔의 객실은 잘 장식되어 있고 넓고 청결하다. 그러한 호텔들은 일반적으로 여러 유형의 레스토랑을 다수 소유하고 있다. 또한 미용실, 마사지 서비스, 실내수영장 그리고 운동시설 등을 제공할 것이다. 그 중 메리엇트, 하얏트, 힐튼, 인터컨티넨탈, 레디슨(Raddison), 쉐라톤과 같은 대형 호텔체인들은 화려한 서비스 및 특징적인 상품을 제공한다.

그와 반대 측면에서 보면 경제적으로 저렴한 호텔과 모텔이 있다. 에코노롯지(Econolodge) 또는 버짓모텔(Budget Motel : 염가모텔)과 같이 그 기업의 사명(社名) 속에 '버짓(염가의)' 또는 '이코노미(절약형의, 저렴한)' 등의 단어를 가지고 있는 기업도 있다. 그 밖에 경제적인 대형체인으로는 레드 루프 인(Red Roof Inn), 슈퍼 에잇(Super 8) 그리고 모텔 식스(Motel 6) 등이 있다.

이러한 호텔과 모텔들은 TV, 수건, 욕실, 침대 및 객실용품 등 기본적인 숙박만을 제공한다. 디자인에서부터 이러한 호텔들은 낮은 수준의 서비스를 제공하도록 만든다. 이곳에서는 대리주차라든가 고객의 가방을 운반해줄 벨보이를 찾을 수 없다. 이러한 호텔의 로비는 좁고 공간을 유용하게 사용하도록 만들어져 있다. 또한 룸서비스는 거의 없다. 그러나 적은 경비로 여행하는 사람들에게 이러한 호텔 및 모텔은 그들의 현실적인 욕구에 충분히 대응하고 있는 것이다.

한편, 중간단계의 품질과 가격을 갖춘 상품도 많이 있다. 그러나 가격과 품질을 기준으로 생각한다면 대체적으로 그 범주의 양극단, 즉 고가의 호화스러운 상품과 저가의 경제적인 상품에서 가장 효과적인 포지셔닝이 수립되고 있다.

3) 제품계층에 입각한 포지셔닝

한 회사가 상품포지션을 확립할 수 있는 세 번째 방법으로는 그 회사의 제품계층에 관련하여 포지션을 설정하는 것이다. 이것은 자사의 제품을 제품계층 내의 타 상품에 비유하거나 타 상품과 다르게 하여 제품을 포지셔닝 할 수 있다.

제품계층에 입각한 포지셔닝의 전형적인 예로, 소프트 드링크 제품을 보기로 하자. 시장에는 많은 종류의 콜라가 있다. 당분과 카페인이 함유된 콜라, 당분이 있고 카페인이 없는 콜라, 당분이 없고 카페인이 있는 콜라, 당분도 카페인도 없는 콜라 등이 있다. 각 음료회사는 자사상품이 타사에 비해 월등하다고 주장한다. 그들은 모두 그들 자신의 제품계층에 입각하여 자사 상품의 포지션을 구축하고 있다.

콜라가 아닌 소프트 드링크 제품은 아주 상이한 포지션을 취할 수가 있다. 세븐업은 자사의 소프트 드링크가 콜라가 아님(un-colla)을 포지션함으로써 판매를 증가시켰다. 세븐업은 그 계층에서 다른 상품과 자사상품을 대조시켰고 그리하여 모든 콜라로부터 자사상품을 차별화하게 되었다. 자사상품이 콜라와 다르다는 것을 주장함으로써 세븐업의 마케터들은 세븐업이 더 나은 대체재임을 제안하였다.

4) 포지셔닝과 제품차별화

외식업계에서 입지의 선정으로 강력한 경쟁우위성을 확보할 수 있다. 산 정상에 있는 레스토랑은 그 경관을 경쟁적 우위성으로서 광고하고 있고 바다경관을 조망할 수 있는 레스토랑도 이와 마찬가지로 경쟁적 우위성을 광고하고 있다.

기업은 몇 가지 광고를 이용한다 하더라도 하룻밤 사이에 일반대중의 마음속에 이미지를 심어줄 수는 없다. 칠리스(Chilis)는 평상복으로 갈 수 있는 즐거운 인근 레스토랑으로서의 이미지를 확립하였다. 이러한 이미지는 광고, 메뉴, 레스토랑의 분위기 및 직원 등에 전달된다. 이미지(image)라는 것은 기업이 주장하든가 활동하는 모든 것에 의하여 키워 나가지 않으면 안 된다.

끝으로, 기업은 구매자가 기업에 대하여 혼동을 일으킬 이미지를 부여하는 등 혼란스러운 포지셔닝 설정을 회피하지 않으면 안 된다. 예를 들면, 버거킹은 이익이 있고 조화를 이룬 포지션을 확립하기 위하여 몇 년 동안을 노력해 왔다. 1986년 이후 버거킹은 5회의 개별적인 광고홍보를 실시하고, "여기는 버거킹입니다"라는 주제에서 "적절한 시기에 적정한 음식"이라는 주제와 "당신들은 때로는 룰을 깨게 된다"라는 주제를 채택하였다. 이와 같이 포지셔닝 설정 표현을 반복하여 사용한 결과, 오히려 소비자에게 혼란을 가져다주었고 버거킹의 매출액과 이익은 저하하였다.

그러면 어떤 차이를 돋보이게 할 것인가? 모든 브랜드의 차이가 의미가 있고 가치를 가지는 것은 아니다. 또한 모든 차이가 뛰어난 차별화가 될 수는 없다. 각각의 차이는 고객에게 이익을 가져다주지만, 기업에게는 비용증가를 안겨줄 가능성이 있다. 따라서 기업은 경쟁사와 자기들을 차별화하는 방법을 신중하게 결정하지 않으면 안 된다.

국내 최초로 HMR(Home Meal Replacement)를 시도한 (주)아모제 Coffee Break

AMOJE

(주)아모제는 1996년 마르쉐를 시작으로 전문외식기업으로 첫발을 내딛고 현재 다양한 고객의 니즈에 맞춰 여러 업태의 레스토랑들을 오픈하여 운영하고 있다. 또한 국내 최초로 HMR(Home Meal Replacement)를 시도하였다.

(주)아모제는 패밀리 레스토랑인 '마르쉐', Take-out 전문점인 'Cafe Amoje', 퓨전오므라이스 전문 레스토랑 '오므토 토마토', 지중해식 뷔페 레스토랑 'papageno' 등을 운영하는 대표적인 외식 전문업체로 전국에 총 50여 개의 매장을 운영하고 있다. "Amoje AnyTime AnyWhere"라는 비전을 통해 (주)아모제는 대한민국 국민이 최소한 하루 한 끼는 아모제를 통하도록 하겠다는 야심찬 비전을 갖고, '96년 역삼동에 1호점 오픈 이후부터 지금까지 지속적인 성장을 하고 있다. 2007년 말 기준 매출액은 약 700억원, 직원수는 약 1,200명 규모의 중견기업으로 성장하였다.

(주)아모제를 여러 각도에서 발전시키기 위해 2003년부터 외식산업의 발전을 주도할 젊은 인재 발굴을 위해 아모제 외식논문 현상공모를 진행하고 있으며 다양한 장학 사업과 복지사업을 펼치고 있다. 또한 (주)아모제는 '연계 마케팅(Joint Promotion)', '쿠폰마케팅', '인터넷마케팅', '문화마케팅', '스마일 마케팅' 활동 등 다양한 방면에서의 적극적인 마케팅 활동을 펼치고 있어 고객만족 경영에 최선을 다하는 기업이다.

마르쉐의 요일마케팅

마르쉐는 요일 마케팅으로 '스위스데이' 행사를 실시하고 있는데, 매주 수요일 마르쉐 역삼점에서 스위스데이 이벤트를 실시하여 가격 할인을 제공한다.

마르쉐의 해피아워(Happy Hour)

해피아워는 평일 오후 2시~6시 아모제클럽 회원 대상으로 커피 1잔 주문 시 1잔을 추가 제공하는 행사로 고객들에게 좋은 반응을 얻고 있다. 해피아워는 마르쉐의 멤버십 회원을 대상으로 하여 진행하는 타임 마케팅으로 멤버십 회원에 대한 혜택을 제공하기 위한 방안의 일환으로 진행되고 있다.

자료 : 아모제 홈페이지에서 발췌

제6장

외식상품

1 외식상품의 정의와 차원

1) 외식상품의 정의

상품은 기본적 욕구 또는 욕망을 충족시켜 줄 수 있는 것으로 시장에 출하되어 주의나 획득, 사용 또는 소비의 대상이 될 수 있는 것이다. 외식상품은 외식에 관련된 제품과 서비스가 결합된 상품을 말한다. 우리가 상품을 구매할 때 거기에서 우리는 많은 서비스를 구매하고 있는 것이다.

상품에는 물리적 대상물, 서비스, 사람, 장소, 조직, 아이디어 등이 포함된다. 이 정의는 회사가 제공하는 제품이 의도하고 있는 구성요소에 대하여 설명한 것이다. 이와 같은 의도된 구성요소 이외에도 제품에는 의도하지 않았던 구성요소도 포함된다.

예를 들면, 어느 고객이 댈러스에서 레스토랑에 들어갔다고 하자. 그곳 여자 주인은 그에게 미소를 지으며 메뉴를 건네주었다. 메뉴를 펼쳐보니 죽은 바퀴벌레가 납작하게 눌린 채 그곳에 붙어 있었다. 이 생각지도 않았던 일이 발생하여 이 고객은 그 레스토랑을 뒤도 돌아보지 않고 떠났다. 그런데 이 레스토랑은 죽은 바퀴벌레를 메뉴에 붙어 있게 하려고 계획한 것은 결코 아니다. 고객이 받는 제품은 경영자가 항상 계획한 대로는 이루어지지 않는 법이다.

2) 외식상품의 차원

상품계획자는 상품개발 시 외식상품과 일반상품을 막론하고 핵심상품, 실제상품, 확장상품 등 세 가지 차원으로 나누어 생각할 필요가 있다. 이러한 차원을 나타낸 것이 [그림 6-1]이다.

[그림 6-1] 상품의 세 가지 차원

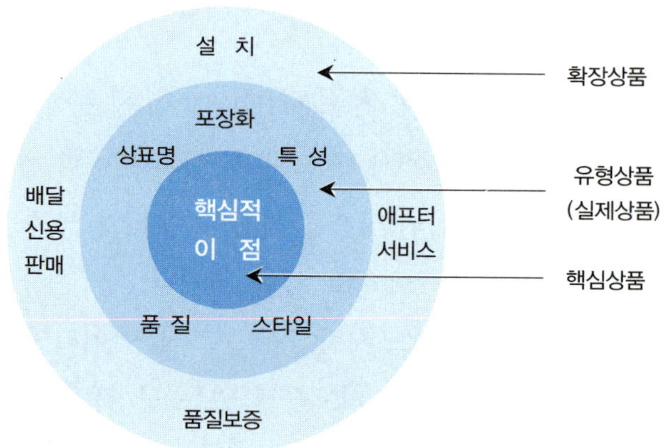

(1) 핵심상품(core products)

상품개발 시 가장 근본적인 차원은 핵심상품이다. 이는 구매자가 실제로 구입하는 것이 무엇인가에 관한 차원이다. 이 핵심상품은 소비자들이 상품을 구입할 때 그들이 획득하고자 하는 핵심적인 이점이나 문제를 해결해 주는 서비스로 구성된다. 레비트(T. Levitt)는 "구매자는 4분의 1인치 송곳을 사는 것이 아니고

4분의 1인치 구멍을 사는 것이다"라고 지적하였다. 그와 마찬가지로 모든 스테이크 하우스는 "스테이크를 파는 것이 아니고 '치익치익' 하는 소리를 파는 것이다"라고 하는 것과 같이, 마케팅담당자는 여러 가지 특징을 판매하는 것만이 아니고 모든 제품의 핵심적인 편익을 소비자에게 명확히 전달하지 않으면 안 된다.

(2) 실제상품(facilitating products)

상품개발에는 이와 같은 핵심상품을 실제상품으로 형상화시켜야 한다. 실제상품은 품질수준, 특성, 스타일, 상표명 및 포장 등 다섯 가지 특징을 포함하고 있다. 이와 같은 속성들은 모두 핵심적인 이점을 소비자에게 전달할 수 있도록 결합되어야 한다. 예를 들어, 일류호텔이라면 체크인·체크아웃 서비스, 전화, 레스토랑, 직원의 서비스가 빠져서는 안 된다. 한정 서비스를 제공하는 이코노미 호텔에서의 실제상품은 체크인·체크아웃 서비스와 호텔 내의 공중전화 정도일지 모른다. 제품디자인에는 표적시장과 그곳에서 필요로 하는 실제적 서비스를 이해해 두는 것이 필요하다.

(3) 확장상품(supporting products)

상품개발에는 핵심상품과 실제상품을 추가적 서비스와 이점으로 결합하여 확장상품을 만들어야 한다. 확장상품은 핵심상품에 가치를 부여하여 그것을 경쟁에서 차별화하기 위하여 제공되는 추가적인 제품이다. 그러나 기업에서는 이 부분에 대한 교육·훈련이 잘 되어 있지 않은 경우가 많다.

케이터링 회사의 예이다. 전화응대에 나오는 직원 가운데는, 예를 들면 스테이크를 어떻게 요리하는가, 고객이 원하는 샐러드의 드레싱은 어떤 것인가, 감자는 어떻게 요리하는 것이 좋은가와 같은 것에 대하여 정확하게 고객에게 질문하는 훈련이 결여되어 있다. 그렇다면 문제가 된다.

주문을 받은 후 다음단계는 카드를 준비하여 그 주문품을 운반하고 서비스할 직원을 찾을 것이다.

이 때 훈련을 잘 받지 않은 직원이 서비스하러 나갈 차례가 되어 카드를 준비할 때, 소금 · 후추와 설탕 · 포크 · 냅킨과 같은 기본적인 품목을 잊을지도 모른다.

만약 이런 일들이 올바로 계획되지 않은 채 실행된다면 부가적 제품은 경쟁우위성을 확보할 수 없게 된다. 따라서 이러한 일들은 고객의 기대에 부응하거나 기대를 뛰어넘는 것이라야 한다는 것이다.

2 외식업의 제품문제

1) 접근가능성

외식업의 고객은 식사를 하기 위해 레스토랑을 찾아간다. 대도시에는 대부분의 사람들이 레스토랑을 찾아갈 때 10분 이상 걸리는 곳은 가지 않을 것이다. 대개 10분 범위 내에서도 충분한 선택안이 있다. 이 때문에 대도시 레스토랑의 상권은 자동차로 10분 이내에 있어야 한다.

입지의 접근가능성(accessibility)은 고객이 선택 시 중요한 요소이다. 중앙분리대에서 갈라진 고속도로에서는 반대쪽에 있는 패스트푸드 레스토랑으로 들어가기란 매우 힘이 든다. 운전자는 다음 신호까지 가서 U턴하기보다는 그대로 달려가서 같은 방향에 있는 다른 레스토랑에 들어가려 할 것이다. 영업시간도 마찬가지이다. 오전 9시에 문은 여는 식당은 7시에 아침식사를 하려는 비즈니스맨에게 도움이 되지 않을 것이다.

2) 서비스 구매과정

구매과정(purchasing process)에서는 상품구매에 대한 고객들의 심리적 동기와 의사결정 방법이 고려되어야 한다. 사람들이 보트, 별장, 가구 대신에 왜 외식에 그들의 돈을 소비하려고 하는가? 그리고 수많은 외식상품 중에서 특정상품을 왜 선택하는가?

고객들의 욕구와 욕망, 개인적 특성, 사회적 · 경제적 지위는 그들의 동기를 형성하는데 도움을 준다. 그러므로 구매자의 동기를 파악할 수 있는 기업은 그 동기에 알맞은 제품과 판매촉진을 조직화할 수가 있다.

잠재고객에게 적절한 정보를 제공하는 것은 구매과정에 있어 결정적으로 중요하다. 고객은 구매하기 전에 상품에 대한 정보의 근원, 그 정보를 접근할 수 있는 방법, 구매를 실행하는 방법 등을 알려고 한다. 마케터는 구매과정을 촉진하는 방법으로서 이러한 정보를 고객에게 공급하도록 노력해야 한다.

구매과정에서 제품에 대한 정보는 기업이 의도한 대로 항상 지각되고 해석되는 것이 아니다. 그러므로 때때로 제품에 대한 오보라든가 부정적인 관념을 극복하는 것이 필요하다.

3) 물리적 환경

물리적 환경(physical environment)은 외식산업에 있어 매우 중요하다. 물리적 환경믹스는 특히 두 가지 측면에서 중요하다. 첫째는 판매가 이루어지는 환경으로서 중요하고, 둘째는 제품이 생산되고 소비되는 환경으로서 중요하다.

고객들은 즐겁고 안락한 환경 하에서 구매할 가능성이 더욱 크기 때문에 마케팅전략은 제품과 서비스를 판매하는 물리적 환경을 고려하는데 주안점을 두어야 한다. TV나 안락의자와 같은 제품을 구입하는 데는 제품이 어떻게 보이고, 어떻게 느껴지고, 어떻게 작동하는가에 사람들은 많은 관심을 갖는다. 그들의 주의력은 주위환경보다 제품에 더 비중을 두게 된다. 그러나 외식상품을 구매할 때 고객들은 식사가 끝날 때까지 결과가 좋으리라고 확신할 수는 없다. 고객의 기대와 감정은 식당의 구조, 가구, 방음상태, 기온 그리고 심지어는 냄새와 같은 요인에 의해서도 영향을 받는다.

휴스턴의 레스토랑 버건디(Burgundy's)가 도산한 것은 통행인에 대한 소구가 없었기 때문이다. 이 레스토랑은 스트립 쇼핑센터에서 흔히 볼 수 있는 판유리로 외벽을 친 쇼핑센터 내에 있었다. 바닥에는 융단을 깔고 개별룸을 만들었고, 창 위에는 안내판을 붙인 다음 레스토랑을 개업한 것이다. 아마도 그 레스토랑은 식사의 질과 서비스가 고객을 유인할 것이라고 생각했던 것이다. 그러나 고객은 거의 이 레스토랑을 찾지 않았다. 레스토랑의 외관은 정체성 내지는 개성이 없었고 잠재고객을 유인하지 못하였다.

그와는 반대로 TGI 프라이데이즈는 분위기를 효과적으로 이용하였다. 백색(white)과 적색(red)으로 된 차광판을 밝게 페인트칠한 건물은 친밀감을 갖기 쉬운 분위기로 편안함을 느끼게 하는 레스토랑이라는 것을 시사하고 있다.

상품의 무형적인 측면을 더욱 유형적인 측면으로 만드는 요소를 일컬어 분위기라 부른다. 우아하다든가, 전원적이라든가, 유럽 스타일 같다는 말들이 리조트나 레스토랑을 설명할 때 사용되는 용어이다. 분위기는 감정이나 호의를 전달하는데 도움을 주는 물질적인 것, 사실적인 것의 묘사이다. 예를 들어, 많은 레스토랑이 전원적인 분위기를 전달하고자 한다면 향토색이 강한 가구, 농기구, 빨래판 등을 장식해 놓고 거칠게 자른 나무나 장식용 판자 등을 활용하여 분위기를 연출할 수 있다. 전원적이라는 무형의 감각이 유형의 단서에 의해 전달되는 것이다.

레스토랑이 고급스럽기 위해서는 분위기 요소들이 전혀 달라야 하는데, 금박을 입힌 거울이나 신선한 꽃으로 가득한 꽃병, 수정샹들리에 등이 우아한 분위기를 전달하는 데 도움을 주는 유형적 요소들이다.

환대산업에 있어 물리적 환경은 사업의 반복적 안전성을 위해서 특히 중요하다. 한 예로서, 별로 매력 없고 안락치 못한 디자인과 장식으로 꾸며진 실내에서 식사한 고객은 다시는 그곳에 찾지 않을 것이다. 로널드 맥도널드는 맥도널드점에서는 잘 어울리지만, 피에로는 포시즌스 호텔에는 어울리지 않을 것이다. 리조트의 너저분한 해안이나 풀장, 형편없이 어질러진 스키 자국, 호텔 발코니로부터의 형편없는 전망은 물리적 환경이 방문을 방해하는 또 하나의 예이다.

결론적으로, 외식기업은 모든 가능한 방법을 동원하여 그들 제품의 물리적 환경을 향상시키는 데 심혈을 기울여야 한다.

4) 참 가

참가(participation)는 판매거래에 수반되는 모든 사람들이 관여하는 것을 말한다. 참가에는 판매자, 구매자, 기타 고객들이 관여한다. 판매자와 구매자의 밀접한 상호작용과, 구매자의 참가가 경험의 형성에 도움을 주기 때문에 이 참가요소는 환대산업에 있어서 매우 중요하다.

기업은 고객을 서비스제공에 동참하게 함으로써 비용을 절감하고 가동률을 높이며 고객만족을 개선할 수 있다. 햄프튼 인(Hampton Inns)은 가열하지 않은 조식뷔페를 제공하고 있다. 가열하지 않은 음식물과 셀프서비스의 결합으로 인건비를 거의 들이지 않고 조식을 제공할 수 있게 되었다.

햄버거 레스토랑의 하디스 체인(Hardee's Chain)은 셀프서비스의 향신료 바

(condiment bar)를 만들어 그곳에서 고객은 토마토, 레타스, 둥근 파, 치즈를 마음껏 집어갈 수 있게 하였다. 셀프서비스 향신료 바를 유지하는 추가비용은 인건비의 저하와 시스템 능력의 증가로 메워질 수 있다. 그리고 고객은 높은 가치를 얻고 있다고 받아들인다. 주문을 받는 직원과 카운터 직원은 다만 향신료의 품목을 전달하고 고객이 어떻게 할 것인가를 결정할 동안 기다릴 필요도 없다. 조리사는 각 햄버거에 주문한 대로 향신료가 들어갔는가 어떤가를 확인하지 않아도 된다. 그들은 다만 햄버거를 조리하여 그것을 샐러드 바 위에 올려놓기만 하면 된다. 고객을 다른 방법으로 서비스에 관여시키는 제품을 설계함으로써 비용을 절감시킬 수 있다. 웬디즈(Wendy's)는 먹고 버리는 쓰레기통을 가까운 곳에 두게 함으로써 고객이 스스로 치울 수 있게 하고 있다.

고객의 참가와 관계가 있는 또 하나의 문제는 제품설계에 있어서 어느 정도 개입하는가를 결정하는 것이다. 이는 표준화(standardization) 및 고객화(customization)의 문제이다. 표준화에 의하여 비용을 절감하는 이점이 있게 된다. 제품이 표준화되어 있을 경우, 직원을 필요로 하는 기능은 보다 적어진다. 그리고 훈련도 용이하다. 예를 들면, 표준화된 다섯 가지 디너 선택안 가운데서 일하고 있는 연회담당 조리사에게 요구되는 기능은 고객의 주문에 응하여 요리를 만들어 배분하는 요리장보다 낮다. 또한 표준화는 필요로 하는 설비와 재고품을 줄이며 비용을 낮추고 제품에 일관성을 부여한다. 맥도널드는 표준화를 효율적으로 사용하는데 있어서 매우 탁월한 기업이다.

표적시장에 양질의 가치를 제공하는 표준화된 제품으로는 패스트푸드 레스토랑과 한정서비스호텔이 있다. 이는 복제가 용이하고 간단하게 여러 장소로 전개시킬 수가 있다. 반대로, 세자르 리츠호텔(Caesar Ritz Hotels)과 맥심(Maxim's) 레스토랑과 같은 고도로 고객화된 제품은 간단히 재현할 수가 없다. 독자적인 제품을 가지고 그 지역 전체의 고객을 유인하는 것은 가능하다. 고도로 고객화된 제품에 대한 효과적인 전략은 이러한 시장의 지리적 기반을 확대하는 일이다.

고급호텔 이용객은 요리장(chief chef)에 의한 그 날만의 특별요리를 기대하고 그 때의 상황에 적합한 연회를 기대한다. 제품을 개발할 경우 표준화와 고객화를 어느 정도로 할 것인가는 신제품의 포지셔닝과 목표에 의존한다.

외식경험의 질(quality)은 식사하는 동안 구매자의 행동과 행위에 따라 달라진다. 또한 거래에 대한 구매자의 인식은 때때로 제품과 서비스를 다시 구매할 것인가의 여부를 결정한다. 특히 환대사업에서는 반복적 구매가 이루어지기 때문에 참가는 마케팅믹스에 지극히 중요한 부분이라 할 수 있다.

비록 참가는 통제하기 어려운 변수이지만, 기업은 종업원의 행동을 잘 관리하도록 노력해야 한다. 훈련프로그램을 완전히 수료하게 하는 것과 종업원에게 제복을 착용하도록 하는 것은 종업원을 관리하는 두 가지의 방법이다. 디즈니 대학으로 알려진 월트 디즈니의 훈련프로그램은 직원들을 공손하고 말쑥하며 행복하게 변화시킨 것으로 유명하다. 많은 기업에서는 그들의 업무를 잘 수행한 대가로 자유여행이나 상여금 등을 종업원에게 제공한다. 이러한 것은 내부마케팅(internal marketing)의 실제이다. 인센티브를 제공하는 목적은 종업원이 그 기업에 대하여 좋은 감정을 갖고서 업무를 더욱 잘 수행하는 데 있다.

환대산업에서 마케팅 및 판매에 종사하는 사람은 특히 고객과 제품사이의 이러한 상호작용을 인식하고 그것을 조화시킬 필요가 있다. 특히 고객이 파티를 계획하고 여러 대안들 사이에서 선택하는 것을 도와야 하는 연회업자는 고객의 기대감을 충족시키기 위해 전문화된 기술을 개발해야 한다.

5) 고객 간의 상호작용

외식업은 고객 간의 상호작용을 관리하여 다른 고객의 경험에 마이너스 영향을 미치는 고객이 나오지 않도록 하지 않으면 안 된다. 고객 간의 상호작용은 고급식당에서 매우 중대한 문제이다. 개인고객은 단체고객이 있는 것을 항상 싫어한다. 특히 많은 인원으로 인해 시끄럽다거나 외국어로 말하든가 연령상의 큰 차이가 나면 더욱 문제가 된다.

싱가포르의 상그릴라호텔(Shangrila Hotel)은 같은 부지 내에 3개의 다른 호텔을 건설함으로써 이러한 문제에 잘 대처하였다. 두 번째로 지은 타워호텔(Tower Hotel)은 단체고객보다 수익성이 떨어지는 개인고객을 대상으로 하고 있다. 그리고 세 번째의 호텔은 최고가 이용자에 한정시키고 있다. 이 세 집단 간의 상호작용은 옥외 수영장만으로 한정시키고 있다.

3 브랜드 설정

1) 브랜드의 의미

브랜드는 이름, 용어, 안내판, 심벌, 디자인 또는 이러한 요소를 결합하고 있다. 이에 따라서 판매측의 상품 및 서비스를 식별하게 하고 경쟁상대로부터 차별화하는 것을 의도하고 있다. 브랜드명(brand name)은 브랜드 가운데서 발음할 수 있는 부분이다. 예를 들면, 디즈니랜드, 힐튼, 클럽메드, 시즐러 등이 있다. 브랜드 마크(brand mark)는 심벌과 디자인 또는 특유의 채색과 문구와 같이 인식할 수는 있지만, 언어로서는 표현할 수 없는 브랜드 부분이다. 예를 들면, 맥도널드의 골든 아치와 힐튼의 'H' 상표는 법률상의 보호를 받고 있는 브랜드의 일부이다. 그러므로 판매측에 의한 브랜드명 또는 브랜드 마크의 독점적 사용권이 보장된다.

2) 브랜드 설정의 조건

(1) 식별의 용이성

제품은 브랜드나 트레이드마크에 의하여 식별이 용이해야 한다. 적색과 백색으로 된 차광막과 특유의 색채를 사용한 TGI 프라이데이즈, 홀리데이인의 녹색 안내판을 고객은 잘 알고 있다. 고속도로 연변의 많은 간판은 브랜드를 알고 있다는 것을 전제로 한 방향지시적 안내판이다. 그것은 단지 브랜드명과 브랜드 마크 또는 이 양쪽을 사용하여 점포까지 가는 길 안내를 보여줄 뿐이다.

(2) 최고의 가치

제품은 가격에 비해 최고의 가치를 지녀야 한다. 제품은 소비자의 지각으로부터 그 가치를 끌어낸다. 브랜드는 좋은 품질과 가치에 대한 지각을 낳게 함으로써 소비자를 유인한다. 고객들이 그 브랜드를 다른 기존의 브랜드보다 최고의 가치를 지니고 있다고 지각하도록 만들어야 한다.

(3) 품질과 표준의 유지

품질과 표준의 유지가 용이해야 한다. 성공을 위해서 피자헛, 칠리스, 나산스 핫도그(Nathan's Hot Dog)는 고객의 기대에 부응하여 모든 시스템에 적용 가능한 표준을 개발하였다. 브랜드가 품질의 이미지를 개발하는데 성공한다면 동일 브랜드명을 사용하는 모든 매장에서 동일한 품질을 기대할 것이다. 표준과 정책에 불일치가 있으면 브랜드의 가치가 손상되므로 표준 및 정책의 일치는 중요한 요소가 된다.

파리의 맥도널드는 파리사람, 독일인, 미국인 등 맥도널드 이름에 친숙한 전 세계 사람들을 끌어들였다. 금빛 아치는 세계에서 가장 강력한 브랜드 마크 중의 하나가 되었다. 맥도널드는 제품에 대한 수요를 창출하였고 그 수요에 대처하여 14,000점포를 개발하였다. 그러나 모든 브랜드가 맥도널드와 같이 성공하는 것은 아니다.

(4) 시장규모의 개발

시장규모를 개발할 수 있어야 한다. 원래 환대상품이라는 것은 특정지역에 한정되어 있던 것이다. 비스킷 빌(Biscuitville), 워플 하우스(Waffle House), 보 쟁글스(Bo Jangles)는 미국 남부 주에서 상당한 성공을 거두고 있었던 레스토랑으로서 전국전개는 하고 있지 않았다. 지역전개라고 하지만, 미국과 같은 거대한 나라에서는 강력한 지역 브랜드는 수백만 달러의 매출액에 이르고 있다. 지역의 기호가 경계를 넘어서 확대됨에 따라 지난날 지리적으로 한정된 것으로 보이던 기업이 전국적으로, 세계적으로 확대되어 가고 있다.

펩시코의 경영자는 타코 벨로 알려져 있는 멕시칸 푸드의 강력한 패스트푸드 레스토랑 체인의 전국전개를 구상하였다. 패스트푸드 업계의 대다수의 연구자들은 제품클래스로서의 중화요리(chinese food)가 내셔널체인을 전개하는데 충분할 만큼의 크기를 가지고 있다고 믿게 되었다. 그래서 제너럴 밀즈(General Mills)는 중화요리 레스토랑 체인의 개발에 착수하였고, 판다 익스프레스(Panda Express)는 이 분야에서 상당한 성공을 거두었다.

(5) 규모의 경제성

제품은 규모의 경제성이 있어야 한다. 브랜드 설정에는 비용이 든다. 브랜드명을 촉진시키려는 기업은 표준, 시스템, 품질보증 프로그램을 개발하지 않으면 안 된다. 또한 브랜드명은 확산시키지 않으면 안 된다. 그 밖에 경영관리와 광고를 위한 지출을 정당화하기 위해서는 규모의 경제성을 지녀야 한다. 전형적인 규모의 경제성 하에서는 촉진비용이 절감된다. 특정지역에서 광고 영향권 안에 들어 있는 모든 브랜드는 촉진으로부터 이익을 얻게 되기 때문이다.

또한 경영정보시스템, 예약시스템, 전국단위의 구입계약, 공통의 건축디자인 등의 방법에 의하여 브랜드에 따른 규모의 경제성이 가능해진다. 퀸시즈 스테이크 하우스(Quincy's Steak House)는 1개 지역에서 단기간에 여러 개의 체인점을 전개하는 전략을 추진하고 있다. 지역 내의 많은 점포는 사람들이 일시에 몇 가지 점포를 방문할 수 있기 때문에 촉진전술로서 유효하다.

3) 브랜드명의 특징

브랜드명의 개발은 브랜드 정체성을 만들어내는데 열쇠가 되는 요소이다.

① 브랜드명은 제품의 이익과 품질에 관한 무엇인가를 시사하고 있어야 한다. 예를 들면, 데이리 퀸(Dairy Queen), 컴포트 인(Comfort Inns), 피자 헛, 버거킹 등이다.
② 발음 및 식별이 용이하고 기억하기 쉽지 않으면 안 된다. 짧은 명칭이 좋다. 예를 들면, 웬디즈, 힐튼, 셔틀 등이다.
③ 다른 것과 구별할 수 있어야 한다. 예를 들면, 엘 토리토(El Torito), 에이비스, 베니건스 등이다.
④ 외국시장으로의 확대를 고려하여 외국어로 번역이 가능해야 한다.
⑤ 법률상의 보호를 받을 수 있어야 한다.

4 신제품 개발

1) 신제품 개발의 필요성

최근 소비자 기호의 변화와 기술 및 경쟁상황의 급속한 발달로 인해 기업은 기존제품에만 기대할 수 없게 되고 있다. 고객은 새롭고 보다 개량된 제품을 원하고 경쟁을 통해 이러한 제품이 즉시 공급되고 있다. 예를 들면, 켄터키 프라이드 치킨(KFC)은 보다 영양가 높은 패스트푸드를 찾는 소비자수요에 부응하여 껍질 벗긴 라이튼 크리스피(Lite'n Crispy) 프라이드 치킨을 개발하였다. 이 제품은 보통의 프라이드 치킨보다 지방함유량이 20% 낮았다. KFC는 1990년에 5개 도시에서 이 제품을 시험하고 1991년부터 미국 전역에 판매하기 시작하였다. 켄터키 치킨 USA의 사장 카알 크래이그(Kyle Craig)는 "이는 우리들에게 현대적 개념으로서 KFC를 포지셔닝하는데 매우 중요한 전개였다"고 말하고 있다. 이에 따라서 켄터키 치킨은 다른 프라이드 치킨 체인이 갖고 있지 않은 제품을 확보할 수 있었다고 한다.

불행하게도 이 제품은 KFC의 항구적인 제품라인의 일부가 될 만큼 고객의 관심을 끌지는 못하였다. 시장에서의 성공은 어떤 제품이라 할지라도 결코 보장되는 일은 없는 법이다.

기업은 두 가지 방법으로 신제품을 획득할 수 있다. 그 첫째는 다른 제품을 생산하는 회사 전체나 라이선스 또는 특허를 구입함으로써 기존제품을 획득하는 방법이다. 유망한 신제품을 개발하기 위한 비용이 점점 상승함에 따라 새로운 제품을 만들기보다는 기본의 브랜드를 획득하는 기업이 많아지고 있다. 예를 들면, 펩시코는 KFC, 피자헛, 타코 벨을 획득하여 기존 브랜드를 갖게 되었다.

둘째는 자사의 연구부문을 설립하고 신제품 개발을 통해서 신제품을 획득하는 방법이다. 기업이 자사의 R & D(연구개발)를 통하여 획득하는 신제품은 오리지널 제품, 제품개량, 제품수정, 신브랜드 등을 의미하고 있다.

그러나 신제품이 항상 성공하는 것만은 아니다. 이제까지 200개의 레스토랑 개발에 관여해 왔고, 홍콩의 차이나 맥스(China Max) 개관에 관여한, 외식컨설턴트인 맥스 슈넬링거(Max Schnallinger)에 의하면 미국 레스토랑은 10개 중 9개가 사업에 실패하고 있다고 한다. 어째서 그렇게 많은 신제품이 실패하고 있는가? 여기에는 몇 가지 이유가 있다.

최고경영자는 마케팅조사 결과가 바람직하지 않은데도 불구하고 자기 뜻대로 추진했을 수도 있다. 실제의 제품이 마땅히 그렇게 되도록 설계되지 않았을 수도 있고, 시장에서의 포지셔닝이 잘못되어 있을 수도 있다. 가격이 너무 비싼지도 모른다. 또한 광고의 방법이 좋지 않았을 수도 있다. 제품개발 비용이 예상외로 많이 들어가기도 하고 경쟁상대가 예상 이상으로 격렬한 저항을 보일 수도 있다.

이와 같이 기업은 여러 가지 문제에 직면한다. 그럼에도 기업은 신제품을 개발하지 않으면 안 된다. 그러나 실패할 위험성은 높다. 이러한 문제의 해결책은 신제품을 발견해 내어 육성해 나가는 과정에서 강력한 신제품계획, 조직적인 신제품개발과정을 확립하지 않으면 안 된다.

외식기업은 창조(creation), 모방(imitation), 수정(modification), 응용(application) 등을 통해서 상품을 개발할 수 있다.

2) 신제품 개발과정

신제품 개발과정의 주요단계를 제시하면 [그림 6-2]와 같다.

[그림 6-2] 신제품개발의 주요단계

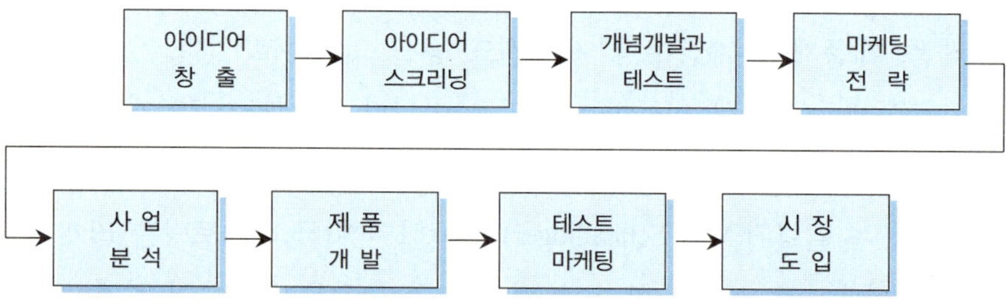

(1) 아이디어 창출

신제품개발은 새로운 아이디어를 조직적으로 탐색하는 아이디어의 창출로부터 시작된다. 일반적으로 좋은 것을 찾아내기 위해서는 많은 아이디어를 내놓지 않으면 안 된다. 기업은 신제품개발전략을 신중하게 명확화해야 한다. 또한 전략은 어느 제품과 시장에 주력할 것인가를 명백하게 제시해야 한다. 그리고 기업이 그 신제품에서 무엇을 얻으려고 하는 것인가? 높은 현금유통인가, 시장점유율인가 또는 무엇인가 다른 객관적인 목표인가를 명기해야 한다. 예를 들면, 맥도널드는 웬디즈의 샐러드 바에서 시장점유율을 상실할 위협으로부터 자신들을 지키기 위하여 샐러드를 메뉴에 첨가하였다. 피자헛은 중식객을 유인하기 위하여 피자를 잘라서 판매하기로 하였다.

한편, 전략에는 원제품 개발에, 기본제품의 변경에, 경쟁상대 제품 모방에 어느 정도의 노력을 기울일 것인가를 명기해 두지 않으면 안 된다. 신제품 아이디어의 흐름을 확보하기 위하여 회사는 몇 가지 아이디어 정보원에 접촉하지 않으면 안 된다. 그러한 정보원으로는 판매원, 지배인, 접객요원 등 기업 내부의 원천이 있으며, 고객, 경쟁자, 유통업자와 공급업자, 기타 관련업계 등이 있다.

〈표 6-1〉 질적 스크리닝을 위한 워크시트

1. 제안된 신제품 ______________________
2. 제품개요 ______________________
3. 그 제품에 의하여 달성되는 목표 ______________________
4. 그 제품의 역할, 새로운 메인 디쉬, 사이드 디쉬, 신제품 카테고리 ______________________
5. 결정적인 강점 및 기회 ______________________
6. 결정적인 약점 및 위험 ______________________
7. 매출고의 예상되는 영향, 내객수의 증가, 빈도의 증가, 트레이드 업, 신규고객층의 흡인

   ____
8. 연간 매출액 목표, 이익목표 ______________________
9. 추려낼 대상이 될 만한 품목, 경합 정도 ______________________
10. 표적고객 ______________________
11. 영향을 받는 시간대 ______________________
12. 표적가격 ______________________

    표적으로 삼은 분량 ______________________
13. 주요 식재(食材) ______________________
14. 식재비 추정액 ______________________
15. 필요한 생산량 ______________________

16. 필요한 현행설비 ______________________

17. 필요한 신규설비 ______________________

18. 필요한 공간 ______________________

19. 필요한 노동력 ______________________

20. 필요한 추가직원 ______________________

21. 필요한 특별훈련 ______________________

22. 현재의 생산에 미치는 마이너스 영향 ______________________

23. 현재의 직원에 미치는 마이너스 영향 ______________________

24. 유사한 경쟁품목 ______________________

25. 예상 경쟁사의 대응 ______________________

26. 중요이익 ______________________

27. 가장 불리한 점 ______________________

28. 개발을 위하여 무엇이 필요한가 ______________________

(1) 설 비 ______________________

(2) 예 산 ______________________

(3) 인 원 ______________________

(4) 전문적 기능 ______________________

(5) 시 간 ______________________

〈표 6-2〉 양적 스크리닝을 위한 워크시트

평가항목	평가치	비 중	합 계
이미지			
메뉴접근			
회사 전체의 목표			
회사의 강점			
회사가 갖는 기회			
기대되는 역할			
질적 수준			
가격설정			
현재의 고객			
표적이 되는 고객			
서비스			
특별요리 메뉴에 있어서 공백기간			
1일 중 메뉴의 공백시간대			
생산수준			
업무내용			
설 비			
이용가능한 공간			
공급업자			
개발능력			
합 계			

* 각각의 신제품 아이디어는 각 항목에 대하여 1부터 5까지 (낮다), (높다)의 척도로 평가된다. 다음으로 각 항목에 대하여 1부터 5의 비중측정을 실시한다.
평가치와 비중과의 합계가 제품의 각 평가항목에 관한 득점이 된다. 이러한 득점의 합계가 최종적인 총득점이 되고, 이것이 다른 후보제품과 비교된다.

자료 : Elsevier Science, Inc, "New Product Development in Foodservice : A Structural Approach", by Tom Feltenstein, Cornell University, 1986.

(2) 아이디어 스크리닝

스크리닝의 단계의 목적은 아이디어의 수를 줄이는 데 있다. 스크리닝(screening)의 목적은 가능한 빠른 단계에서 기발한 생각을 발견하고 그렇지 못한 것은 중지시키는 것이다. 아이디어 또는 개념(concept)을 스크리닝하는 단계는 제품라인과의 적합성 문제를 신중히 고려하는 일이다. 아이디어 스크리닝 단계에서는 다음 사항을 고려해야 한다.

① 우리들의 사명에 적합한가?
② 회사의 목표에 적합한가?
③ 각 시설의 목표에 적합한가?
④ 우리 회사의 주축사업을 지키고 신장시킬 수 있는 것인가?
⑤ 우리 회사의 중심적 고객을 지키고 기쁘게 할 수 있겠는가?
⑥ 기존자원을 더 활용하고 있는 것인가?
⑦ 기존제품라인을 지원하고 강화시키는 것인가?

아이디어 스크리닝을 실시할 경우에 사용하는 워크시트(work sheet) 가운데 대표적인 것으로는 미국 레스토랑 마케팅그룹의 톰 펠텐스타인에 의해 개발된 워크시트가 있다.

(3) 개념 개발과 테스트

살아남은 아이디어는 곧이어 제품개념으로 전개되어야 한다. 제품개념이란 아이디어를 의미 있는 소비자의 언어로 상세하게 설명한 것이다. 제품 이미지는 현재적 또는 잠재적인 제품에 대하여 소비자가 어떻게 생각하고 떠올리는가 하는 것이다. 고객은 제품 아이디어를 사는 것이 아니고 제품을 사는 것이다. 마케팅담당자는 아이디어를 몇 개의 대체적인 제품개념으로 전개하여 각각의 제품이 고객에 대하여 어느 정도로 매력적인가를 결정하고 그 가운데서 최선의 것을 선택하게 된다.

개념 테스트(concept testing)는 표적 집단 내에서 실시된다. 신제품개념은 언어에 의한 기술이나 그림에 의하여 제시된다. 그러나 대개의 사례에서는 가장 단순한 소비자태도조사가 사용되고 있다.

주요 레스토랑 체인이라면 모든 레스토랑에 테스트 없이 메뉴를 전개하는 것은 있을 수 없는 일이다. 다른 체인과 마찬가지로 버거킹도 몇 개의 선정된 도시에서 테스트 마켓용 레스토랑을 가지고 있다. 노스캐롤라이나주 피드먼트지구는 아메리칸 프라이즈(American Fries)의 테스트 마켓으로서 이용되고 있다. 메뉴에서 그 모습이 사라지면 그 제품은 뜻대로 되지 않은 것이 명백하다.

(4) 마케팅전략

마케팅전략(marketing strategy)은 제품을 시장에 도입하기 위한 초기적 마케팅 전략계획의 개발이다. 마케팅전략의 기술은 세 가지 부분으로 성립하고 있다. 첫 번째 부분은 최초 수년간의 표적시장, 계획된 제품의 포지셔닝, 매출고, 시장점유율, 이익목표를 기술한다. 메리엇의 코트야드의 표적시장은 합리적인 가격으로 고품질 객실을 원하는 비즈니스객과 안전하면서 쾌적한 객실을 바라는 관광객이었다. 두 번째 부분은 제품가격, 유통, 초년도 예산에 관한 계획개요에 대한 것이다. 통계소프트를 사용하여 메리엇은 세련된 모형을 구축할 수 있었다. 이러한 모형은 가격결정, 각 가격에 따라서 기대되는 시장점유율에 대한 정보를 제공한다. 이 시장세분화를 위한 정보는 메리엇에게 이 호텔을 시장에서 전개하는데 필요한 정보를 제공하였다. 세 번째 부분은 지기판매계획, 이익목표, 장기 마케팅 믹스전략을 기술한다.

(5) 사업분석

제품개념과 마케팅전략을 결정하면 그 다음에 경영자는 이 제안에 대한 사업 매력도를 평가할 수 있다.

사업분석(business analysis)에는 매출고 · 비용 · 이익 등 각 예측치의 재검토와 이러한 것이 회사의 목표를 충족하는 것인가 어떤가의 판단이 포함된다. 만약 충족되는 것이라면 제품개발단계로 옮겨갈 수 있게 된다.

기업은 매출고를 견적하기 위해 유사제품의 과거매출고를 분석하기도 하고 시장동향을 조사하지 않으면 안 된다. 위험부담의 폭을 알기 위하여 최소의 매출고와 최대의 매출고를 견적해야 한다. 판매예측이 준비되면 경영자는 그 제품에 대하여 기대되는 비용과 이익을 견적할 수 있다. 비용은 연구개발부문, 영업부문, 경리 · 재무부문에 의하여 견적된다. 이 분석에는 마케팅비용의 추정도 포함된다. 이어서 회사는 매출고와 비용수치를 사용하여 그 신제품의 재무상 매력을 분석한다.

(6) 제품개발

제품개념이 사업테스트에 합격하면 제품개발(product development)이 다음에 이어진다. 이 단계에서 제품개념은 제품의 원형(prototype)으로서 전개된다. 이 단계는 투자의 대폭적인 증가를 필요로 하며 실현가능한 제품으로 만들 수 있는가 어떤가를 명확히 하게 된다. 회사는 제품개념에 대한 두 가지 이상의 버전(versions)을 실제로 개발하게 되는데, 다음 기준을 충족시킬 제품을 발견하는 것이 바람직하다.

첫째, 소비자는 제품개념에 기술되어 있는 주요 특징을 그 제품이 그대로 구비하고 있다고 지각한다. 둘째, 일반적인 상황 하에서 안전하게 작동한다. 셋째,

예산 내 비용으로 만들 수 있다.

(7) 테스트 마케팅

시장테스트(market testing)에서 마케팅담당자는 제품을 마케팅하는 경험을 쌓게 된다. 이에 따라서 전면적인 도입에 의하여 막대한 경비지출을 하기 전에 잠재적 문제를 발견하고 어느 곳에 더 많은 정보를 필요로 하는가를 알 수 있다. 시장테스트는 제품과 마케팅프로그램 전체를 현실의 시장상황에서 평가한다. 제품, 포지셔닝 전략, 광고, 유통, 가격결정, 브랜드 설정, 패키징과 예산규모 등이 시장테스트 기간 중에 평가된다. 기업은 그 제품의 취급과 사용, 재구입에 있어서 소비자와 딜러가 어떻게 반응하는가를 배울 수 있다. 시장테스트 결과는 매출고 예측과 이익예측 정도를 높이기 위하여 사용할 수 있다.

〈표 6-3〉 신제품에 관한 의사결정요인

회사전체	① 회사 이미지에 대한 영향 ② 장기적인 적합성 / 삭제 제품 ③ 자금조달 : 수백만 달러 ④ 회사의 형태 : 회사소유, 프랜차이즈, 계약 ⑤ 마케팅 : 회사의 다른 제품과의 적합성 ⑥ 인적자원 ⑦ 기 타
시 설	① 시설이미지에 대한 영향 ② 회사이미지에 대한 영향 ③ 자금조달 : 0부터 100만 달러 이상 ④ 현금유통 / 이익 ⑤ 각 부분(특히 인사부문)과의 적합성, 업무활동 ⑥ 타이밍 : 제품 라이프 사이클 ⑦ 고객 / 이용객 : 반응

시 설-신제품 평가	
〈목 표〉	〈필요로 하는 자원의 예측치〉
금 액 ________	자본투입액 ________
수 량 ________	직 원 ________
〈예상 영향〉	기존요원, 풀타임 일 수 ________
	달 러 ________
마 진 ________	신규요원, 풀타임 일 수 ________
	달 러 ________
가동률 ________	기존파트타임 일수＋달러
실제의 수익률 ________	신규파트타임 일수＋달러
평균요금 ________	
다른 현금유통 ________	〈금액－투입자본 이외의 것〉
기 타 ________	단 위
기타 : 정성적(定性的) 목적 ________	지 원
________	판매촉진 ________ 달러
________	관 리 비 ________ 달러
________	기 타 ________ 달러

기업은 만약 다음의 조건 가운데 하나가 존재한다면, 시장테스트를 대대적으로 실시하게 될 것이다. 신제품 도입에 막대한 투자를 수반하든가 또는 경영자가 제품 또는 마케팅 프로그램에 대하여 확신을 가지고 있지 않거나, 최종적으로 도입되기까지 몇 번이고 테스트하고 중단·변경되고 또 다시 테스트되는 제품과 마케팅 프로그램도 있다. 시장테스트는 거액이 소요된다. 그러나 커다란 과오에 따른 비용과 비교하면 적은 경우가 많다.

(8) 시장도입

시장테스트는 신제품을 판매할 것인가의 여부를 최종적으로 결정하는데 필요로 하는 정보를 경영자에게 제공한다. 만약 기업이 시장도입(commercialization) 쪽으로 나간다면 그 때문에 거액의 비용을 들이게 될 것이다. 처음 연도에 만도 광고와 판매촉진을 위해 수억 원을 사용하게 될지도 모른다. 예를 들면, 맥도널드는 그 McDLT(레타스L과 토마토T를 따로따로 내고, 고객이 먹을 때 샌드위치로 만듦)라는 샌드위치를 도입할 때 계속해서 500만 달러 이상을 광고비로 썼다. 신제품을 도입할 때 기업은 언제, 어디서, 누구에게, 어떻게 등 네 가지 사항에 대해 의사결정을 내려야 한다.

(9) 획득을 통한 제품개발

대형 기업은 때로는 스스로 새로운 개념을 개발하는 대신에 소형 레스토랑 체인을 매입하기도 한다. 그들은 이제 막 출발한 체인이 성장하는 것을 지켜볼 수가 있다. 그들은 깊숙한 의자에 느긋이 앉아서 내점객 상황과 1점포당 매출액 또는 새 점포를 내는데 어느 정도로 용이하고 또는 곤란한가를 관찰한다.

새로운 체인이 성공을 거두게 되고, 또한 자기 회사조직과 전략상 적합하다면 그런 체인을 매입하면 되는 것이다. 이는 브린커 인터내셔널(Brinker International)이 로마노 마카로니 그릴(Romano's Marcaroni Grill)을 매입할 때 사용한 방법이다. 또한 펩시코는 체비즈(Chevy's)와 캘리포니아 피자 키친(California Pizza Kitchen)을 매입할 때 사용하였다.

5 상품수명주기

1) 상품수명주기의 단계

신상품을 발매하고 나면 경영자는 그 상품이 오랫동안 존속하면서 큰 성공을 거두기를 기대한다. 그러나 경영자가 정확한 형태와 단기별 계속기간을 예측하는 것은 어렵지만 상품의 수명주기가 있음을 잘 알고 있다. 상품수명주기(PLC : Product Life Cycle)는 두 가지 도전과제를 제기한다. 첫째, 모든 상품은 결국 쇠퇴하는 것이기 때문에 기업은 기존의 낡은 것을 제쳐두고 새로운 상품을 발굴해내지 않으면 안 된다. 둘째, 기업은 이 상품이 어떻게 나이를 먹는가를 이해하고 수명주기 단계를 통과하는 과정에 맞추어 마케팅전략을 바꾸지 않으면 안 된다.

전형적인 상품수명주기는 [그림 6-3]과 같이 매출액과 이익의 형태로 되어 있고 다음과 같이 5단계로 구분된다.

(1) 상품개발기(product development)

신상품 아이디어를 발견하고 개발하는 단계로서, 회의 및 시장조사로 인해 투자비용은 증가하면서도 매출액은 전혀 없는 단계이다. 독창적이고 고객이 받아들일 수 있는 제품을 개발하는 것이 관건이다.

(2) 도입기(introduction)

상품이 시장에 도입되면서 판매가 완만하게 증가하는 단계이다. 상품도입에 막대한 비용이 소요되므로 이익은 나지 않는다. 이 단계에서는 유통업자를 확보하여 상품을 시장에 공급하는 데 많은 자금이 소요된다. 그리고 잠재고객에게 신상품을 알리고 이용을 유도하는 데 높은 수준의 촉진활동이 요구되기 때문에 매출액 대비(對比) 촉진비용이 이 단계에서 가장 높다.

[그림 6-3] 상품수명주기에서 매출액과 이익

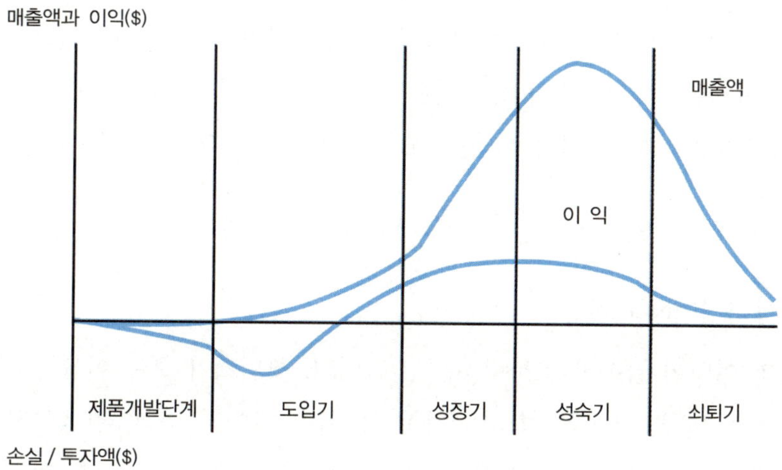

(3) 성장기(growth)

시장수용 및 이익이 급속하게 증대되는 기간이다. 초기 수용자들이 계속 구매할 것이고 후기 수용자들도 이들을 따라서 구매하게 될 것이다. 특히 호의적 구전(口傳)에 접하는 경우 그 효과는 크다. 그리고 새로운 경쟁사들이 모방상품 생산과 이익의 기회를 잡기 위하여 시장에 진입할 것이다. 대단위 생산량에 의해 촉진비가 분산되고 단위당 제조원가가 떨어지게 됨에 따라 이익은 증대된다. 급속한 시장성장기를 가능한 장기간 지속시키기 위하여 여러 전략이 활용된다.

(4) 성숙기(maturity)

대다수 잠재구매자들이 그 상품을 구매하였으므로 판매성장이 둔화하는 기간이다. 이익은 정체되거나 하락된다. 왜냐하면, 자사상품을 경쟁사로부터 보호하기 위하여 마케팅경비의 지출이 증가하기 때문이다. 그리고 경쟁사들이 빈번하게 이익폭 축소와 가격할인을 단행한다. 또한 광고와 중간상 촉진 및 판매촉진도 증가한다. 그리고 보다 고급상품을 만들어내기 위하여 연구개발예산을 증액한다. 이러한 조치로 인하여 이익은 하락한다. 일부의 취약한 경쟁사들이 떨어져 나가기 시작하고, 결국 이 산업에는 경쟁우위의 확보가 가능한 경쟁사들만 남게 된다.

(5) 쇠퇴기(decline)

판매와 이익이 급속하게 하락하는 기간이다. 쇠퇴기가 오는 이유는 기술변화, 고객기호의 변화, 국내외 경쟁의 격화 등 여러 가지가 있다. 판매량과 이익이 하락함에 따라 일부 기업들이 시장에서 철수한다. 잔존기업들도 우선 상품의 수를 축소하고, 소규모의 세분시장과 유통경로들을 축소하게 된다. 또한 촉진예산을 삭감하여 비용을 줄이고 고객을 끌기 위해서 가격을 계속 인하한다.

2) 상품수명주기의 특징

모든 제품이 S자형을 띤 상품수명주기를 따르는 것은 아니다. 도입 후 곧 죽음을 맞이하는 상품도 있다. 예를 들면, 유행하는 나이트클럽의 라이프사이클은 일반적으로 짧고 급곡선을 이룬다. 삶은 야채도 짧은 수명과 급곡선의 커브를 보여주는 메뉴제품이다.

그러나 매우 오랫동안 성숙단계에 머물러 있는 제품이 있다. 상품라이프사이클개념(PLC)은 제품종류(패스트푸드 레스토랑), 제품형태(패스트푸드의 햄버거), 또는 브랜드(웬디즈)를 들 수 있다.

PLC는 각각의 사례에 따라서 적용을 달리한다. 미국에서 드라이브 인 레스토랑이나 도로연변의 모텔과 같은 제품형태는 도입, 급속한 성장, 쇠퇴라는 일반적인 PLC의 발자취를 보여준다.

환경 및 경제상의 변화가 제품을 그 라이프사이클을 통하여 밀어서 이동시킨다. 회사는 자사제품을 생존가능하게 하기 위하여 대응하지 않으면 안 된다. 빅토리아 스테이션은 이 PLC를 빠르게 통과하였다. 그러나 맥도널드는 이 제품개념을 수정하여 오늘과 같이 확대하였다. 그래서 오늘의 맥도널드와 1960년대의 맥도널드는 개념을 달리하게 되었다. 메뉴나 점포디자인도 달라져 있다. 맥도널드는 좌석이 없었던 스탠드로부터 매력적인 옥내좌석과 어린이들을 위한 놀이터를 정비한 것으로 발전하였다. 또한 유통전략도 바뀌었다. 종래의 교외점포 이외에도 도심부로, 국제적으로, 병원과 대학과 같은 비영리단체로 확대전략을 전개하였다. 대부분의 외식연구자들은 1970년대 중반에 맥도널드가 절정에 달하고 그 후로 쇠퇴할 것이라고 예측했지만, 그 예상은 크게 빗나가 오늘도 고객으로 가득차고 있다.

3) 상품수명주기의 한계

상품수명주기의 개념은 상품시장의 양상을 설명하는 데 유용한 개념적 틀이다. 그러나 상품성과를 예측하거나 또는 마케팅 전략수립의 도구로서 PLC 개념을 활용하는 데는 몇 가지 문제가 있다. 예를 들어, 특정상품이 현재 어느 단계에 있는가, 언제 다른 단계로 넘어갈 것인가, 단계 이행의 요인이 무엇인가 등을 알아내기가 어렵다. 따라서 각 단계별 판매량의 예측과 각 단계의 지속기간 및 상품수명주기 곡선의 형태를 실제로 예측하는 것은 매우 어렵다.

마케팅전략이 상품수명주기의 원인이자 동시에 결과이기 때문에 상품수명주기를 적용하여 마케팅전략을 수립하는 것이 어려운 경우가 많다. 그러나 수명주기 상에서 특정상품의 현재 위치를 파악하면 가장 효과적인 마케팅전략이 어떤 것인가를 알게 되며, 이렇게 결정된 마케팅전략이 그 이후의 단계에 있어서 상품성과에 영향을 미친다. 따라서 몇 가지 문제점은 있지만 상품수명주기 개념을 잘 적용하면 단계별 마케팅전략을 효과적으로 수립할 수 있는 유용한 틀이 된다.

Coffee Break 지역적 특색을 살린 베니건스의 '룸서비스' 마케팅

패밀리레스토랑의 맛있는 음식 및 서비스를 가정이나 사무실에서 매장에서와 같은 서비스를 받아볼 수 있다면 고객의 입장에서는 큰 행복이 아닐 수 없을 것이다. 베니건스 분당 서현점에서는 이러한 서비스를 시행하고 있다.

밀집해 있는 오피스텔과 인근 주민들을 대상으로 일명 '룸서비스'를 실시하여 고객들에게 좋은 반응을 얻고 있다. 베니건스 서현점에서 강조하고 있는 내용은 "단순히 '배달' 차원이 아닌 베니건스의 음식과 최고의 서비스를 고객이 있는 곳에 그대로 옮겨 드리는 서비스를 선보이고 있다"고 강조했다.

시행 초반이다 보니 매출 측면에서 아직 큰 만족을 하고 있지는 못하지만 지역 틈새시장을 이용해 매출에 조금이나마 이익을 주고 있다는 점에 더 큰 의의를 두고 있으며, 한편 '룸서비스'는 베니건스 전 메뉴에 대해 이뤄지고 있으며, 서비스를 이용하는 고객에게는 10%의 가격 할인까지 더해져 고객들에게 좋은 반응을 얻고 있다. 이러한 점에서 본다면 특급호텔에서 시행하는 룸서비스를 패밀리레스토랑에 접목시켜 배달의 관점이 아닌 룸서비스의 편안함과 최상의 서비스를 제공한다는 점에서 그 의의를 높게 평가할 수 있다.

자료 : 베니건스 홈페이지에서 발췌

제7장

외식가격

1 가격의 정의와 중요성

1) 가격의 정의

가격은 여러 가지 명칭으로 불려왔고 그 형태도 또한 다양하다. 그러나 협의로 말하면 가격(price)은 제공되는 제품 및 서비스를 대가로 요구되는 금액이다. 광의로는 가격이란 소비자가 소유 또는 사용하게 될 제품이나 서비스가 제공하는 혜택과 교환하는 대가로 지불하는 가치이다.

가격은 어떻게 결정되는가? 판매자는 실제로 받기를 기대하는 가격보다 높게 요구하고, 구매자는 지불해야 한다고 생각하는 가격보다 낮게 요구하여 결국 협상을 통해 상호 인정할 수 있는 가격에 도달한다. 그래서 개별 구매자들은 그들이 충족해야 할 욕구와 협상기술에 따라 동일한 상품에 대해서도 상이한 가격을 지불하게 된다.

마케팅 믹스 요소 중에 가격은 기업의 수익을 창출하는 유일한 요소이다. 다른 마케팅 믹스 요소는 모두 비용을 초래한다. 그러나 가격은 이익의 원천으로서 총수익에 영향을 주며 목표이익을 달성하기 위한 기본요건이 되는 동시에 판매량에 영향을 준다. 더 나아가서는 가격결정 및 가격경쟁은 기업경영자들이 공통적으로 당면하고 있는 제일의 문제이다.

2) 가격의 중요성

제품의 가격은 이익을 산출할 수 있는 비율로 정해져야 한다. 얼마나 많은 이익이 비용과 판매수익을 포함한 많은 요인들에 의해 결정되고 있는가? 이익은 모든 비용, 즉 급여, 원재료, 간접비, 그리고 기타 사업지출비 등을 지급하고 난 후의 총수입의 양이다.

가격을 결정할 때 마케터는 품질이 유사한 제품과 비교를 해보아야 한다. 종업원의 친절성과 아늑한 분위기가 가격결정에 영향을 미치는 요소가 되는 것과 같이 무형의 요소가 있을 때에는 제품의 가격을 비교하기가 어렵다. 고객은 색다른 것이라든지 유일한 것에 더 많이 지불하려고 하는 경향이 있다.

산꼭대기의 조그마한 레스토랑은 고속도로변의 먼지가 나는 레스토랑보다 커피 한 잔에 더 많은 가격을 부과할 수 있을 것이다. 소비자는 그들이 구매하는 제품과 서비스에 상당하는 적정한 가격을 찾는 것과 마찬가지로 또한 품질에 유의하는 경향이 있다.

특히 제품과 서비스를 잘 모르는 사람들에 의해서 흔히 가격은 품질을 가름하는 척도로서 간주되어 왔다. 마케터는 만약 상품의 가격이 너무 낮게 책정된다면, 그것은 품질이 낮은 상품이므로 소비자가 구매를 바람직하지 않다고 생각할 수 있다는 것을 기억하는 것이 중요하다.

역사적으로 볼 때 가격은 빈곤한 저개발국가나 하류층 집단, 또는 불경기의 상품구매 시에 가장 중요한 요소로 간주되며 또한 선진국에서도 동일상품의 구매 시에 매우 중요하게 고려되는 요소이다. 경제적 측면에서 가격은 토지, 노동, 자본, 경영 및 원자재 등의 생산요소와 그 산출물의 수요·공급을 조정하여 균형 상태를 이루도록 작용한다.

한편, 가격은 소비자들이 상품선택 시 가장 중요하게 고려하는 요인이다. 그러나 최근 수십 년 동안 비가격요인이 구매자의 선택행동에 있어서 중시되고 있는 것도 사실이다.

최근 들어, 마케팅환경이 급속히 변화함에 따라 가격결정의 중요성이 더욱 부각되고 있다. 몇 년 전만 하여도 가격의 중요성이 상품, 촉진 다음으로 세 번째이던 것이 요즈음에는 마케팅 믹스요소 중에 가격이 더 중요한 요소로 평가되고 있다.

2 가격결정의 기초개념

가격결정이 효과적이려면 수요의 탄력성, 비용구조, 경쟁, 상품차별화 등 네 가지 기초개념을 숙지하고 있어야 한다.

1) 수요의 탄력성

(1) 탄력적 수요

수요의 탄력성(elasticity of demand)은 가격이 변동될 때 상품에 대한 수요의 반응이 어떠냐 하는 것이다. 가격측면에서 약간의 변화가 수요에 있어서 큰 변화를 초래할 때 이것을 탄력적 수요라고 한다. 가격에 있어서 큰 변화가 있지만, 수요에서 변화가 작으면 이것을 비탄력적 수요라 한다.

수요가 탄력적인지 비탄력적인지를 시험하는 가장 쉬운 방법은 아마도 가격이 변할 때 총수익이 어떻게 변화하는가를 파악하는 것이다. 만약 수요가 탄력적이라면 가격인하는 총수익 증가라는 결과를 얻을 것이다. 왜냐하면, 각 상품당 낮은 가격이 책정된다 할지라도 추가적인 판매단위가 저가격에 대해 보상분 이상으로 팔리게 되기 때문이다.

예를 들면, 식당의 평균고객요금이 1만원이고 주당 평균 3천명의 고객에게 식사를 제공한다고 가정하자. 주당 총수익은 3천만원이다. 만약 평균요금이 5% 인하되어 9,500원이고 주당 평균 고객수가 10% 증가하여 3,300명이라면 총수익은 3,300×9,500 = 31,350천원으로 이전보다 1,350천원이 증가할 것이다. 따라서 수요는 탄력적이다. 이론적으로 만약 수요가 탄력적이라면 가격의 변화는 총수익의 역방향으로 변화할 것이다.

(2) 비탄력적 수요

만약 수요가 비탄력적이라면 가격인하는 총수익 감소의 원인이 될 것이다. 판매의 소폭증가는 각 단위당 수익에서 차감 계산하는 데 불충분할 것이다. 다시 말하면, 만약 수요가 비탄력적이면 가격의 변화는 총수익과 동일한 방향으로 변화할 것이다. 수요가 비탄력적일 때 가격변화는 판매된 제품수에 거의 혹은 전혀 영향을 미치지 않지만, 총수익에는 영향을 미칠 것이다. 만약 상품가격이 인상되면 총수익은 증가할 것이고, 만약 가격이 인하되면 총수익도 감소할 것이다. 그러므로 수요가 비탄력적일 때 총수익 및 순이익이 내려가기 때문에 상품가(商品價) 인하는 별 효력이 없다.

(3) 수요의 탄력성과 대체품의 유무

수요의 탄력성에 영향을 주는 요소 중의 하나는 대체품의 유용성이다. 일반적으로 환대사업에 적절한 대체품이 거의 없는 경우에는 최고요금을 책정할 수가 있다. 경쟁자가 거의 없는 고급레스토랑은 고객이 보다 높은 요금을 기꺼이 지불하려고 하기 때문에 보다 높은 가격을 책정할 수 있다.

한편, 예상한 가격의 식사를 원하는 가족여행객에게 관광지에서 음식을 제공하는 많은 식당 중 한 식당이 경쟁식당의 가격 선을 넘어서 음식값을 올린다면 아마도 그 식당은 수익성 좋은 사업을 잃게 될 것이다. 그 식당의 고객은 매우 유동적이다. 음식값에 관심을 두는 고객들은 즉시 다른 식당에서 식사를 하려고 할 것이다. 말하자면 한 식당은 쉽게 다른 식당으로 대체될 수 있다. 이와는 달리 요금이 비싼 식당은 음식값 인상에 대한 고객의 반발이 적음을 알게 된다. 일반적으로 이용고객의 수입이 낮을수록 수요는 더 탄력적이다.

(4) 가격탄력성과 습관

소득수준과 밀접하게 관련된 것이 상용고객의 습관이다. 상용고객이 더욱 습관적일수록 가격인상에 대한 반발이 적을 가능성이 있다. 왜냐하면, 상용고객은 타 구매상품에 지불하는 것과 마찬가지로 항공사, 호텔, 레스토랑 등에 상표충성심(brand loyalty)을 갖는 경향이 있기 때문이다. 그럼에도 불구하고 반복사업에 의존하고 있는 기업들은 상표충성심에 대한 가격변화의 효과를 주의 깊게 관찰하여야 한다. 예를 들면, 상표충성심과 상품의 수요는 기간이 길수록 더욱 탄력적인 경향이 있다. 비록 고객이 습관적 구매를 창출하고 상표충성심을 갖는다고 할지라도 고객의 습관과 상표충성심은 시간이 지나면 바뀔 수도 있다.

따라서 기업경영자는 시장의 수요탄력성을 이해하고 시장 안에서 수요탄력성이 어떻게 작용하며 고객이 얼마나 충성심을 갖고 있는가를 알아내야 한다. 다시 말하면, 기업경영자는 가격에 대한 시장지향적 접근법을 갖고 있어야 한다. 이런 시장지향성은 호텔이 주중이나 비수기에 점유율을 높이기 위해 가격을 인하하여 객실을 제공한다거나 레스토랑이 비수기에 특별요리와 음료를 촉진하는 것 등 단기간의 의사결정에 있어서 특히 중요하다. 이러한 가격인하는 수요가 매우 탄력적인 곳에서 특히 적절한 가격결정방법이다.

2) 비용구조

한 기업에 특유한 비용구조(cost structure)도 가격결정에 영향을 미치는 중요한 요소이다. 비용구조란 고정비와 변동비로 비용을 구분함을 뜻한다. 고정비는 보통 단기간에 변하지 않는 경영자의 월급이나 이자비용 등과 같은 것이다. 변동비는 판매규모에 따라 증가하거나 감소한다. 식당을 예로 들면, 음식판매가 증가하거나 감소할 때 식료비용은 그 범위 안에서 조정된다.

변동비에 비해 높은 고정비가 필요한 사업에서는 고정비와 순이익은 판매량의 증감에 따라 비교적 안정적이지 못할 것이다. 그런 상황에서 시장에 대한 적정한 가격을 설정하는 일은 점점 더 중요해진다. 단기간에 있어서 변동비를 초과하는 가격이라도 고정비와 순수익에 일말의 기여를 할 것이며, 변동비가 낮을수록 설정 가능한 가격의 범위는 넓어질 것이다. 이러한 상황에서 가격결정자는 부차적 사업을 유도하고 판매 및 수익의 극대화를 위해 가격을 폭넓은 범위에서 설정할 수 있다. 즉 가격결정자는 다양한 가격 층의 이점을 갖게 되는 것이다.

이러한 변동비나 한계비용의 개념은 단기운영계획에 유용하다. 장기운영에서는 고정비 및 변동비가 장기 순이익을 산출할 수 있도록 하기 위하여 가격이 설정되어야 할 것이다.

3) 경 쟁

(1) 독점적 경쟁

기업경영지가 처한 경쟁적 상황 또한 가격결정에 있어서 매우 중요하다. 여러 기업이 독점적인 상황 아래에 있는 경우는 거의 없다. 비록 있다 하더라도 다른 항공사와의 경쟁이 없는 국적항공사나 또는 고립된 공항에서 유일한 특허를 가진 식당경영자 정도가 있을 것이다.

독점적 또는 독점(monopoly)에 가까운 상황이 전개될 때 매니저는 가격을 결정하는 데 보다 큰 융통성을 가질 수 있으며, 합당한 가격보다 그 이상을 부과하려는 경향이 있다. 그러나 이러한 경우에도 고객은 식사·음료를 구매하지 않을 자유, 숙박시설에서 보다 적게 머물 자유, 자동차여행이나 항공여행 외에 어떤 다른 이용 가능한 수단을 선택할 자유는 여전히 가지고 있다. 또한 대부분 고가격이 유력한 독점적인 시장상황 하에서 다른 새로운 기업들이 곧 경쟁에 돌입할 매력을 느끼게 될 것이다.

(2) 과점적 경쟁

완전경쟁상황은 아니지만 매우 경쟁이 격심한 상황에서는 소수의 대기업이 대부분의 시장점유율을 차지하는 과점(oligopoly)이 존재한다. 과점 하에서는 하나의 주요기업 또는 유력기업과 몇 개의 보다 작은 경쟁사가 있으나 유력기업이 가격선도자가 된다. 가격선도자가 가격을 올리거나 내리면 타 기업은 그에 따라서 가격을 올리거나 내리게 된다.

과점상황은 저소득층의 고객이 이용하는 몇 개의 식당이 있고, 그 주변에 하나의 대형 레스토랑이 있는 휴양지에서 흔히 나타난다.

(3) 순수경쟁

그러나 대부분의 환대산업에 있어서 특정 공급자의 상품에 대한 수요는 책정된 가격에 매우 민감한 순수경쟁 상황에 있다. 가격의 관점으로 본다면 그런 상황에서 고객은 한 공급자에서 다른 공급자로 이행할 선택의 여지가 거의 없다. 그러므로 가격은 매우 경쟁적인 성향을 나타낸다.

경쟁적인 상황은 숙박, 식음료서비스 부문에서 가장 뚜렷하다. 경쟁이 심한 곳에서는 종종 가격에 대한 고려가 다른 것을 고려할 필요가 없을 정도로 우세하다. 불행히도 경쟁적인 가격을 시행하는 기업은 때때로 자사의 특정상품이 경쟁사의 상품보다 어떤 면에서 우월하고 수요의 감소 없이 보다 높은 가격을 요구할 수 있는가를 인식하지 못하는 수가 있다.

4) 상품차별화

매우 경쟁적인 상황에서 현명한 경영자는 경쟁자들의 가격을 따르지 않을 것이며, 경쟁자의 강점과 약점뿐만 아니라 자사의 장단점을 고려할 것이다. 장점과 단점을 분석하는 데 있어서 환대기업은 자사의 상품을 경쟁사의 상품과 구별하고 자사의 독특성을 차별화하여 강조하려고 시도할 것이다.

상품차별화는 제품지향적인 마케팅접근의 전형적인 예이다. 이것은 단체여행상품을 좀 더 많이 팔거나 호텔객실을 더 채우거나 식당의 음식을 좀 더 많이 팔려고 하는 것에 대한 요구로 집중된다. 상품차별화 가격정책은 강한 촉진수단을 사용할 것이고 촉진적인 자료를 개발하기 위해 인구통계학적 정보에 상당히 의존할 것이다.

차별화정책에 성공한 기업은 가격결정에 있어서 좀 더 자유스럽다. 환경, 분위기, 장식, 위치, 전망 등과 같은 요소에 이러한 차별화가 존재할 것이다. 기업은 차별화와 함께 심리적인 가격을 설정하려고 할 것이다.

고객이 독특한 상품에 대해 지불하려고 기대하는 것에 따라 심리적인 가격이 책정된다. 차별화가 클수록 더 높은 가격이 설정된다. 이러한 상황은 패션 레스토랑이나 특정시장 틈새를 창조하여 독점적 또는 독점에 가까운 상황에 있는 고급휴양지에서 나타날 수 있다.

5) 기타 요소

기타 몇 가지 요소들 또한 가격결정에 영향을 줄 수 있다.

(1) 상품의 품질

대부분 기업에서 상품의 품질과 고객들이 지각하는 가치 사이에는 직접적인 관계가 있다. 만약 이 관계가 존재하지 않는다면 고객들은 구매하지 않을 것이다. 상품이 지불한 금액만큼의 가치를 제공하였을 때 그에 대한 수요가 있고 고가격이 받아들여진다.

(2) 상품유통방법

상품(음식, 항공기 좌석 또는 호텔객실)이 직접 고객의 전화예약으로 판매되었는가, 또는 여행사를 통해 시장에 침투되었는가, 여러 단계의 중간업자를 거쳐서 판매되었는가 등에 따라 가격결정이 다르고 총수익에 커다란 영향을 미치게 된다. 이 때 여행사에 지급되는 수수료는 가격결정에서 반드시 고려되어야 한다.

(3) 시장의 성격

이것은 지불하려는 시장의 능력과 관계가 있다. 만약 고객이 소수에 지나지 않는다면 이윤폭을 유지하기 위해서 보다 고가격이 책정되게 된다.

(4) 계절성

이것은 일반적으로 특정시기에 높은 수요를 야기하는 학교방학과 수요의 절감 없이 가격을 올릴 수 있는 성수기 등과 같은 가족휴가시장에서 중요한 고려

사항이다.

(5) 심리적인 고려

심리적인 가격결정은 때때로 상품의 가격결정에 이용되고 있다. 이것은 와인 가격이 19,800원, 식당의 1개 메뉴가격이 6,980원, 중식 풀코스 정식가격이 68,000원으로 책정될 때 엿볼 수 있다. 이것은 가격의 끝자리가 딱 맞아떨어지는 것보다 끝의 두자릿수가 영(0)이나 980으로 남는 것이 상품을 팔기가 더욱 쉽다는 심리적인 이유에서 기인한 것이다.

3 일반적인 가격결정법

모든 기업경영자들이 상품가(商品價) 산출에 이용하는 유일한 가격결정방법이란 없다. 외식업자 및 공급업자는 가격결정을 위해 여러 방법을 활용할 수 있으며, 그 이론에는 각각 찬반양론이 따른다. 가격결정방법에는 다음과 같은 것이 있다.

1) 직관적 방법

직관적 방법(intuitive method)은 경영자가 사업(비용, 수익, 가격, 경쟁, 판매시장)에 대해 이해할 필요가 없이 그저 설정된 가격을 정당한 가격으로 속단해서 가격을 결정하는 방법이다. 미개척 분야의 초창기사업이나 전혀 새로운 시장에 잠입할 때 흔히 사용한다. 그러나 이 방법의 이점은 거의 없다고 본다.

이 방법의 주요한 단점은 청구가격과 수익 사이에 연관성이 없다는 것이다.

만약 지나치게 높은 가격이면 구매자를 감소시킬 것이고 따라서 수익도 줄어들 것이며, 지나치게 낮은 가격이면 그 가격이 창출해 낼 수 있는 사업수익조차도 상실하게 될 것이다.

2) 경험에 의한 방법

경험에 의한 방법(rule of thumb methods)은 이제까지의 경험에 비추어 가격을 결정하는 방법이다. 이 방법은 어떤 식당이 40% 판매비용 달성을 위해 각 메뉴 항목에 음식을 만드는 비용의 2.5배로 가격을 매겨놓은 것처럼 일시적인 효력을 가질 수 있을지도 모른다. 그러나 경험에 의한 방법은 경쟁 및 지불에 대한 가치 제공 등 판매시장 여건에 주목하지 않았기 때문에, 오늘날과 같이 격심한 경쟁적인 환경에서는 지지를 받지 못할 것이다.

3) 시행착오방법

시행착오방법(trial and error method)은 기업이 판매와 수익에 어떤 영향을 미치는가를 알아보기 위해 가격을 올리거나 내리는 방법이다. 수익이 현저하게 극대화되면 가격도 그러한 수준으로 결정된다. 그러나 이 방법은 가격과 별개의 문제, 즉 일반적인 경제여건 및 경쟁과 같이 판매와 수익에 영향을 미치는 많은 다른 요인들이 상존함을 무시하고 있으며, 최고가격 수준이 이들 다른 요소들에 의해 영향을 받을 수 있다는 사실을 고려하지 않고 있다. 이 방법은 또한 가격시범기간에 고객을 당황하게 만들 수도 있다.

4) 가격인하방법

가격인하방법(price-cutting method)은 경쟁자보다 낮은 수준으로 가격을 인하할 때 발생한다. 이것은 비용을 고려치 않을 경우에 위험한 방법이 될 수도 있다. 왜냐하면, 만약 여러 비용이 가격보다 높다면 손실이 발생할 것이다. 이 방법을 적용하는데 있어서 수요는 탄력적이어야 한다. 바꿔 말하면, 가격인하로 발생하는 손실은 추가적인 상품의 판매에 의해 보충되어야 한다는 것이다.

만약 추가적인 상품판매에서 얻은 수익이 단순히 경쟁사를 물리치는 정도라면 총 시장 수요가 비탄력적이기 때문에 경쟁사 또한 그들의 가격을 인하할 것이고 이것은 가격전쟁을 초래할 것이다. 이 방법은 제7절에서 언급될 고정비와 변동비의 모든 지식을 사용할 수 있는 가격할인과 혼동해서는 안 된다.

5) 고가격책정방법

고가격책정방법(high-price method)은 일부러 경쟁사보다 높은 요금을 책정하거나 많은 고객들이 적당하다고 여기는 가격에서 품질과 같은 요소를 강조하는 제품차별화를 이용하는 것이다. 그러나 이 전략을 조심스럽게 적용하지 않는다면 구매자로 하여금 가격과 품질 간에 커다란 차이를 느끼게 만들어 대체품으로 옮겨가도록 고무시킬 수 있다.

6) 경쟁적 방법

경쟁적 방법(competitive method)은 경쟁자의 가격에 맞추는 것을 의미한다. 그리고 나서 입지, 분위기, 서비스 등 기타 비가격 요소의 영역에서 차별화를 기하는 것이다. 판매시장에서 직접경쟁자의 증감과 더불어 가격결정을 주도하는 지배적 기업이 존재할 때 이 방법을 추종자-선도자 방법(the follow-the leader method)이라고 말할 수 있다.

경쟁적 가격은 가격을 올리지 않으면서 서비스, 입지나 분위기의 유지에 비용을 지출하게 되므로 이익의 감소를 초래하는 경향이 있다. 이 때 시장가격은 안정적이다. 경쟁적 방법은 단기간의 운영에 있어서 유용한 방법일 수도 있다. 그러나 만약 상품이나 비용과 같은 요소의 차이에 대한 지식이 없이 하나의 사업과 타 사업간에 경쟁적 가격이 적용된다면 그것은 위험한 것이 될 수도 있다.

7) 기 타

일반적으로 외식업은 가격을 결정할 때, 상품가격에 서비스료(팁), 좌석료, 세금 등을 가산하여 책정하고 있다. 미국에서 패스트푸드가 인기가 있는 원인의 하나는 팁이 없다는 점이다.

4 전략적·전술적 가격결정방법

가격결정은 수익성 증가에 효과적으로 적용될 수 있는 마케팅수단이다. 이는 가격과 수익 사이의 균형을 알아내는 문제이다. 다른 말로 표현하면 가격은 오직 그들이 수익에 미치는 영향을 고려한 후에 설정되어야 한다는 것이다. 예를 들면, 항공사는 승객을 더 많이 유치하기 위해서 항공료를 낮출 수 있다. 그러나 만약 그러한 가격이 추가적인 고객을 싣고 운행하는 데 드는 비용을 충당하지 못하는 정도까지 낮춰진다면 수익은 그 전보다 더 감소할 것이다.

1) 장기적·전략적 가격

가격은 장기간에 걸쳐서 수요와 공급의 결과로서 시장에서 결정된다. 이것을 장기적 또는 전략적 가격(long-run or strategic pricing)이라고 한다.

장기적・전략적 가격결정의 전형적인 목표는 최고의 판매수익, 소유자의 투자에 대한 최고의 배당, 최고의 수익성, 최고의 사업성장 또는 시장점유율의 증가나 유지 등이 될 수 있다. 가격결정 전략에 대한 명확한 생각은 이러한 목표가 장기간에 걸쳐 변화될 수 있음을 인식하는 것뿐만 아니라 그 사업의 목적에서 우러나오게 된다.

2) 단기적·전술적 가격

기업은 장기간 가격전략뿐만 아니라 날마다 거래가 발생하는 상황 하에서 이점(利點)을 포착하기 위하여 단기간 또는 전술적인 가격정책을 결정하는 것이 필요하다. 전술적 가격결정의 목적은 다음과 같다.

① 경쟁자에 의해 형성된 가격측면에서 단기간의 변화에 대한 반응
② 새로운 경쟁자로 인한 가격의 조정
③ 일괄예약방식으로 이익이 발생되기까지 채택한 일괄판매방식을 받아들이기 위한 할인제도에 대한 이해
④ 생산비용의 증가를 보충하기 위해 얼마만큼의 가격인상을 실시해야 하는가를 이해하기 위하여
⑤ 얼마만큼의 가격인상이 혁신이라는 전제조건에 대한 보상으로 정당한가를 이해하기 위하여
⑥ 새로운 시장세분화에 도달하기 위한 가격조정
⑦ 매력적인 사업이 되기 위해
⑧ 비수기 때의 가격할인방법을 이해하기 위하여
⑨ 특별 판매촉진가격을 제공하기 위하여 등이다.

5 신제품의 가격결정전략

전략적인 측면에서 새로운 제품 및 서비스가 소개되었을 때 두 가지 일반적 접근법이 때때로 가격정책에 이용된다. 여기에는 상층흡수가격과 시장침투가격이 있다.

1) 상층흡수가격

상층흡수가격(market skimming pricing)이란 제품을 구매하려는 잠재고객을 방해하지 않고 가능한 가장 높은 수준으로 가격을 설정하는 것을 의미한다. 이 가격전략의 목적은 가능한 고객에게 자사상품을 많이 판매하는 데 있다. 그러면 이익도 최대가 될 것이다. 이 전략은 상품의 수요자인 고객에게 그 상품이 꼭 필요하고, 고객도 그 상품에 대해 비싼 가격을 지불할 용의가 있는 경우의 신상품 판매에 있어서 가능하다.

수익성이 아주 높기 때문에 이 전략은 시장으로 새 경쟁자들을 끌어들일 것이다. 새로운 경쟁자는 보다 낮은 가격으로 동일제품을 제공할 것이므로 고객이 선택할 때 자사의 기존상품에 대하여 가격저항을 느끼게 되므로 가격 설정자는 가격을 인하시켜야만 할 것이다. 상층흡수가격은 고가(高價) 비 탄력성이 존재하고 유사 대체물이 없으며 그 가격을 지불할 시장세분화 단위가 존재할 때 적절한 가격전략이다.

2) 시장침투가격

시장침투가격(market penetration pricing)은 상층흡수가격과 반대되는 가격결정방법이다. 이것은 시장점유율을 극대화하거나 포화상태인 판매 시장 내에 침투할 수 있도록 새로운 상품의 가격을 가능한 저가로 책정하는 것이다. 이 방법의 문제 중 하나는 나중에 가격을 올리는 것이 불가능하지는 않지만 매우 어렵다는 것이다. 그러므로 수익과 투자이윤이 영구적으로 낮게 된다. 시장침투가격은 고가(高價)탄력성, 판매된 상품의 구매비용에 있어서 규모의 경제, 그리고 제품 및 서비스에 대한 높은 수요가 있을 때 적용할 수 있다.

6 식당가격결정

유용한 가격접근법은 기본적 수익에서 출발하여 고정비와 변동비를 계산해야 하며, 얼마 정도 판매를 해야 하고 바람직한 수익달성을 위해 어떻게 가격을 책정할 것인가를 결정해야 한다.

여기서 수익은 사업을 영위하는 비용(費用 : cost)이라고 가정하기로 한다. 만약 은행이 특별금리로 외식업에 돈을 대출해 주었다면 금리는 그 사업에 대한 비용으로 고려해야 한다. 은행은 투자가이다. 또 다른 투자가 그룹은 사업의 소유주이다. 그들은 돈이나 시간의 투자에 대한 이자를 지나치게 기대한다. 그러므로 수익은 또 다른 유형의 비용이다. 이러한 개념은 기본적 수익을 창출해야 하는 상품가격을 계산하는 데 유용할 수 있다.

내년의 고객평균요금을 얼마로 결정해야 하는지를 알고자 하는 100석을 갖춘 식당의 경우를 생각해 보자.

여기서 고정비는 165,000천원으로 하고 변동비는 판매의 80%로 한다. 그러면 고정비는 판매의 20%가 되어야 한다. 왜냐하면, 총판매를 100%의 가치로 보기 때문이다. 그러므로 수익에 대한 다음 연도의 총판매는 아래와 같이 추산될 수 있다.

만약 판매의 20% = 165,000천원이라면
그러면 100% = 165,000 / 20% = 825,000천원

전통적인 소득계산표를 만들어서 이것을 변형해 보면 다음과 같다.
판 매 825,000천원
변동비 80%×825,000 = 660,000천원
고정비 20%×825,000 = 165,000천원

1) 평균요금

목표수익을 달성하기 위해 매년 판매액이 825,000천원이 필요하다는 것을 알게 되면, 이 판매액 825,000천원을 식당의 개별고객과 관련하여 생각할 수 있다. 예를 들면, 식당이 일주일에 6일(또는 6×52 = 312일 / 년) 개점하고, 각 좌석의 회전율 또는 점유율이 하루 평균 2회라고 가정할 때 평균요금(average check)은 얼마인가를 계산하여야 한다. 평균요금의 산출방식은 다음과 같다.

$$\text{평균요금} = \frac{\text{매년의 총판매}}{\text{좌석수} \times \text{매일 회전율} \times 1\text{년에 문을 연 날짜}}$$

$$= \frac{825{,}000\text{천원}}{100 \times 2 \times 312} = \frac{825{,}000\text{천원}}{62{,}400} = 13{,}220\text{원}$$

만약 보다 신속한 서비스 제공으로 회전율을 2.5로 증가시킨다고 가정하면 평균요금은 13,220원에서 10,580원으로 떨어질 것이다. 계산해 보면 다음과 같다.

$$평균요금 = \frac{825,000천원}{100 \times 2.5 \times 312} = \frac{825,000천원}{78,000} = 10,580원$$

여기서 10,580원으로 나타난 것은 메뉴상의 모든 항목이 얼마로 책정되어야 하는가를 명시하는 것은 아니다. 오직 고객이 평균적으로 얼마나 소비할 것인가를 나타내줄 뿐이다. 어떤 사람은 더 많이 소비할 것이고 어떤 사람은 더 적게 소비할 것이다. 그럼에도 불구하고 이것은 어떤 경우에는 평균보다 높고, 어떤 경우에는 낮은 메뉴의 가격구조에 가격의 균형이 있어야 한다는 생각을 제공해준다. 평균요금은 또한 그 해 동안에 기본이익의 달성여부를 파악하게 해준다.

만약 고객당 실질평균소비액이 예상한 것보다 적고 회전율과 운영비 및 기타 비용 등에서 변화하는 항목이 없다면 회전율을 증진시키거나, 판매가격을 올리거나, 비용을 절감하거나 또는 이러한 변수들을 결합하여야 한다.

2) 식사 시기에 의한 평균요금

상기의 평균요금은 모든 식사에 일률적으로 적용되는 평균요금이다. 그러나 대부분의 식당들은 식사 시기에 의해 평균요금(average check by meal period)이 달라지기 때문에 일수보다는 오히려 식사 시기에 따라 평균요금이 얼마로 책정되어야 하는지를 계산하는 것이 바람직할 것이다.

가격측면에서 보면 아침식사는 일반적으로 가장 낮고 저녁은 가장 높으며 점심은 그 중간이다. 식사 시기에 의한 평균요금을 결정하기 위해서는 각 식사시기로부터 몇 %가 달성되었는지, 좌석회전은 식사시기마다 어떻게 되는지를 파악할 필요가 있다. 우리가 자주 이용하는 식당이 점심시간에 총판매의 40%, 저녁시간에 나머지 60%의 매상을 올리고 있는 식당이라고 가정해 보자.

회전율은 점심에 1.25회이고 저녁에 0.75회로 식사를 한다.

평균 식사시간 요금의 계산등식은

$$\frac{\text{총판매 중 식사시간비율} \times \text{총판매}}{\text{좌석수} \times \text{식사시간 회전} \times \text{문여는 날}}$$

그러므로 점심평균요금은

$$\frac{40\% \times 825{,}000\text{천원}}{100 \times 1.25 \times 312} = \frac{330{,}000\text{천원}}{39{,}000} = 8{,}460\text{이 된다.}$$

그리고 저녁평균요금은

$$\frac{60\% \times 825{,}000\text{천원}}{100 \times 0.75 \times 312} = \frac{495{,}000\text{천원}}{23{,}400} = 21{,}150\text{이 된다.}$$

이러한 평균요금의 계산을 다음과 같이 정확하게 증명할 수 있다.

점 심 : 100좌석×1.25 회전×8.460평균×312일 = 329,940천원
저 녁 : 100좌석×0.75회전×21.150평균×312일 = 493,910천원

총판매 ------------------------------ 823,850천원

보다 기본적인 방법으로 계산된 총 판매액은 825,000천원이다. 차이점은 평균식사요금에 10만원 미만까지 계산한 것이다.

이 공식이 두 가지 식사 시기만을 고려하고 있지만, 만약 세 가지 식사시기가 있다면 같은 방법을 이용할 수 있다. 또한 만약 한 식당이 다른 식당보다 많은

날을 열고 식사 시기를 더 갖는다 하더라도(이를테면 1주일에 점심 5일 그리고 저녁은 6일 등) 아직까지는 상기와 동일한 기본등식을 이용할 수 있다. 문을 여는 날의 수는 평균요금이 계산된 식사 시기에 따라서 변할 것이다. 다시 말하면 식사 시기에 의한 평균요금이 그 기간 동안 모든 메뉴항목의 가격은 아니다.

3) 메뉴항목 가격결정

메뉴품목별 가격(pricing menu items)은 메뉴가격을 결정하는 가장 흔한 방식의 하나로서, 조리방법과 특별구매재료가 일정할 경우 각기 다른 메뉴에 대한 표준원가를 계산하는 방식이다. 즉 예상된 총 식사비용을 백분율로 나누고, 거기서 얻어진 승수에 이 비용을 곱하여 판매가격을 구하게 된다. 예를 들면, 한 식당이 평균비용을 40%로 하기를 원한다고 가정하면 100 / 40 = 2.5로 이것이 승수이다. 이 승수의 용도를 설명하기 위해 어느 메뉴품목이 4,000원의 비용이 든다고 가정하자. 그러면 4,000원×2.5 = 10,000원이라는 판매가격이 주어지게 된다.

그러나 메뉴품목에 따라서 이 승수를 적용하는 것은 실용적이지 못하다. 메뉴의 판매가격을 개발할 때 시장에서 어떻게 판매할 것인가(고객들이 어떠한 생각을 품고 있는가, 그리고 그들이 특정메뉴품목에 얼마를 지불하려고 하는가), 그리고 경쟁식당이 동일품목에 대하여 얼마의 요금을 책정할 것인가 등을 고려해야 할 것이다. 이것은 어떤 품목이 보다 높은 이윤을 얻을 수 있는가, 어떤 것이 보다 낮은 이윤을 초래할 것인가에 관한 실질적인 마케팅행동이다. 달리 표현하면 어떤 메뉴는 식비(food cost)가 40%보다 더 많을 것이고 어떤 것은 40%보다 적을 것이다. 또한 각 메뉴품목의 개별적인 식비의 비율은 총수익 자체만큼 중요하지는 않다는 것이다.

4) 판매믹스 가격결정

여러 메뉴선정으로부터 사람들이 선택하는 것은 판매믹스(sales mix)라고 한다. 메뉴품목 및 메뉴가격에서 평균요금 및 최종수익이 판매믹스의 변화에 의해 영향을 받기 때문에 판매믹스를 깊이 고려하는 것은 유익하다.

이것을 보다 명백히 하기 위하여 평균요금이 4,660원으로 나타난 패스트푸드식당의 판매믹스를 보기로 하자.

〈표 7-1〉 판매믹스 가격결정(1)

메뉴품목	판매량(개)	판매가격(천원)	총판매(천원)
1	25	3	75
2	75	4	300
3	50	5	250
4	60	5	300
5	40	6	240
합 계	250		1,165

$$평균요금 = \frac{1,165,000}{250} = 4,660원$$

판매촉진이나 기타 수단에 의해 판매믹스가 변화한다고 가정하면 25명의 사람들은 메뉴품목 2를 더 이상 선택하지 않을 것이다. 다섯명은 메뉴품목을 1로 바꿀 것이고, 나머지 20명은 메뉴품목 4를 선택할 것이다. 이 새로운 판매믹스는 아래와 같이 평균요금이 4,720원으로 높아지는 것을 보여준다.

판매믹스 가격결정에서 높은 평균요금의 설정은 판매가 많아지게 되면 결국에는 보다 높은 총수익과 순수익을 가져오게 된다.

〈표 7-2〉 판매믹스 가격결정(2)

메뉴품목	판매량(개)	판매가격(천원)	총판매(천원)
1	30	3	90
2	50	4	200
3	50	5	250
4	80	5	400
5	40	6	240
합 계	250		1,180

$$평균요금 = \frac{1,180,000}{250} = 4,720원$$

5) 좌석회전율

좌석회전율(seat turnover)은 가격결정에 있어서 심도 있게 고려해 볼 만한 가격결정이다. 각 식사 시기에 각 좌석의 회전율이나 점유율이 높을수록 보다 낮은 평균요금으로 동일한 예상수익에 도달할 수 있다. 그 반대의 경우도 또한 사실이다. 만약 좌석회전율이 내려가면 평균요금은 예상수익에 도달하기 위해 보다 높게 책정되어야 한다.

7 기타 가격결정

1) 할인가격

일단 기본요금이나 가격이 결정되고 나면 현재의 세분시장이나 새로운 세분시장으로부터 추가적인 사업을 끌어들이기 위하여 얼마나 할인되어야 하고, 피크기나 쇼울더기(온 시즌과 오프 시즌의 중간)로 이동하는데 있어서 할인 폭을 얼마나 하면 좋은가에 대해서 경영자가 의사결정을 내리는데 기본요금 및 가격이 큰 도움이 된다. 어떤 레스토랑은 오후 5시에서 7시 사이, 즉 디너시간까지의 한가한 시간대에 고객을 끌기 위해서 할인가격을 사용한다.

할인가격은 원가에 기초를 둔다. 그러나 이미 bottom-up 방법을 이용하고 있는 사업에서는 고정비와 변동비가 어떤 것인지를 알고 있기 때문에 할인가격을 이용하기가 용이하다. 할인가격의 원칙은 가격이 추가적 판매로 발생되는 비용보다 낮아서는 절대 안 된다는 것이다. 환언하면 이것은 추가적 판매와 관련하여 발생하는 모든 변동비를 초과하도록 가격을 설정해야 된다는 것이다.

이런 원칙이 지켜진다면 할인가격을 이용하는 외식사업체에서는 모든 고정비가 현재의 판매에 의해 충분히 보전되는 한 추가적인 이익이 발생할 것이다. 만약 그렇지 않다 하더라도 적어도 할인가격에 의해 발생된 추가적 판매액은 할인가격 판매수익이 추가적 판매수익으로 인한 변동비보다 더 많기만 한다면 기업의 고정비에 보탬이 될 것이다. 외식업의 할인을 나타낸 것이 [그림 7-1]이다.

[그림 7-1] 외식업의 여러 가지 할인

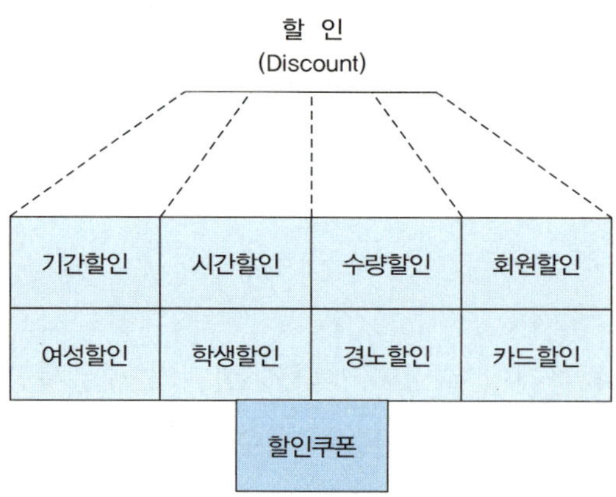

2) 여행사에 의한 단체할인 요구

기업의 영업 전략을 여행사를 통한 단체객 모집에 두고 있는 경우에 여행사와 계약을 체결해두면 매일 단체객이 내점하게 된다. 단체객은 매출액 증가, 수입의 안정, 비용절감, 개인자격으로 재차 방문 등의 효과를 가져오며, 이러한 이점 때문에 여행사는 할인을 요구한다. 할인율은 공식적으로 10~15% 정도이고, 고객수가 많으면 많을수록 리베이트율이 올라갈 수 있다. 한편으로 식당측에서는 대량사입, 대량조리, 대량급식 등의 시스템 변화를 경험하게 된다.

기내식 서비스하는 '용수산'의 한정식

Coffee Break

용수산은 한국전통음식점으로서 한국 음식문화의 황금기였던 옛 고려 왕조 시절의 개성음식을 추구하는 대표적 한정식 레스토랑이다. 궁중요리, 대하요리 등 시각적인 면에서 부터 즐거운 개성음식은 시각, 청각, 후각, 미각, 촉각 등 오감을 즐기는 음식으로서 자극적이지 않아 그 풍부한 맛을 그대로 음미할 수 있어 내국인 미식가들뿐만 아니라 외국인들에게도 큰 호응과 더불어 사랑을 받고 있다.

용수산이란 명칭은 개성에 위치하고 있는 명산의 이름에서 따온 것으로 이름에서 느껴지듯, 맑은 정기와 정갈하면서도 힘 있는 우리나라 전통적 기운을 개성의 요리로 표현하자는 의미가 담겨있다.

용수산이 유명해진 데에는 맛도 맛이지만 한정식 레스토랑 처음으로 웨스턴 스타일의 서빙방식을 도입한 것이 큰 기여를 하였다. 한정식은 전형적인 공간전개형 메뉴스타일인데 비해, 이를 파괴하는 서구의 시간계열형 스타일로의 서비스는 획기적인 이슈였다.

코스요리 하나하나 서빙되기 때문에 따뜻한 음식은 더 따뜻하게, 찬 음식은 더 시원하게 먹을 수 있다는 큰 장점이 있어 이후 거의 모든 한정식 레스토랑에서 웨스턴 스타일의 서빙방식을 따르게 됐다.

Coffee Break

기내식 서비스하는 '용수산'의 한정식

세계미식가협회가 인정한 맛과 서비스

용수산은 한국전통 음식점으로는 유일하게 세계미식가협회가 공식적으로 인정한 회원 업소이다. 맛과 품격을 인정받아야만 회원이 될 수 있으며, 용수산은 세계미식가협회 한국 내 회원(한국 주재 외국인 비율 70%)을 초대한 정기 만찬을 수차례 개최하여 큰 호평을 받고 있다.

KLM 네덜란드항공과의 기내식 제휴

서울-암스테르담 노선 및 암스테르담-서울 노선에서 전통적인 한식을 세계인의 입맛에 맞도록 재창조한 새로운 메뉴를 기내식으로 제공하고 있다. 갈비찜, 불고기, 닭조림, 밀쌈, 새우계란찜 등 한국 승객들이 선호하는 다양한 음식을 포함하고 있다.

용수산의 마케팅전략은 우리 고유의 전통음식의 맛에 포커스

용수산의 27여 년의 세월동안 높은 인지도와 대중화, 지점확대의 성공과 함께 많은 것이 바뀌었지만 음식 맛은 처음이나 지금이나 한결같이 서비스하고 있다.

자료 : 용수산 홈페이지에서 발췌

제8장

외식유통경로

1 유통시스템의 특성과 기능

1) 유통시스템의 중요성

유통시스템은 고객의 안정된 흐름을 제공한다. 잘 관리된 유통시스템은 시장점유율의 리더와 생존을 위해 고전하는 기업을 구별할 수 있다. 대부분의 기업들은 이용 가능한 마케팅채널을 많이 채택하고 있는데, 리츠칼튼호텔은 이러한 채널을 적극적으로 개발하고 있고 이용고객의 대부분을 여행대리점으로부터 획득하고 있다.

오늘날의 경쟁 환경에 있어서 기업은 중앙예약시스템과 독자적인 판매력에만 의존할 수 없게 되었다. 그리하여 복잡한 유통네트워크 개발이 필요한 상황에 놓이게 되었다. 경쟁사, 세계시장, 정보통신기술의 발달에 따른 제품 진부화는 점차 유통의 중요성을 증대시키고 있다.

2) 유통경로 활용의 이점

유통경로란 소비자와 이용자(business user)에게 제품과 서비스를 이용하게 하는 과정에서 관여하는 독립조직의 집합체를 말한다. 유통시스템의 개발은 채널 회원의 선정에서 시작된다. 일단 회원이 선정되면 채널관리로 초점이 옮겨진다.

마케팅 중개업자를 활용하는 이유는 다음과 같다. 도자기 제조업체인 세나고 차이나(Shenago China)는 왜 중개업자를 통하여 식기를 레스토랑에 판매하는 것인가? 그렇게 하는 것은 제품가격설정의 통제에 대한 포기를 의미하고 있다. 그러나 세나고는 중개업자를 통하여 그 제품을 판매함으로써 이익을 얻고 있다. 이 기업은 각 주요도시에 몇 개의 전시장을 설치하거나 대규모의 판매조직을 유지할 필요가 없다. 그 대신 레스토랑에 물품을 납품 · 제공하는 공급업자들이 대표적인 매장에 전시하거나 판매촉진 또는 인적판매를 통해서 영업하고 있다.

일반적으로 도매업자와 소매업자를 통해 판매를 실시하는 것은 직접 판매보다 훨씬 능률적이다. 중개업자의 활용은 표적시장에서 제품을 이용하는데 능률적 측면에 영향을 미친다. 중개업자는 경험, 전문화, 규모로 인하여 공급업자가 독자적으로 판매를 실시하는 것보다 더 많은 것을 얻을 수 있다.

[그림 8-1]은 중개업자가 경제성을 제공하는 하나의 방법을 제시하고 있다. (A)는 3명의 생산자를 보여주고 있는데, 각자는 3명의 고객에게 도달하는 다이렉트 마케팅을 채용하고 있다. 이 시스템은 9개의 상이한 접촉을 필요로 하고 있다. (B)는 1명의 유통업자를 통하여 업무를 추진하는 3명의 생산자를 보여주고 있다. 이 시스템은 6개의 접촉을 필요로 하는 데 그친다.

레스토랑 경영자는 레스토랑용 식자재 공급업자를 1회 방문하는 것만으로 프렌치 나이프, 1다스의 접시, 1상자의 양초, 1다스의 굴, 포크, 1상자의 와인글라스, 1상자의 칵테일 냅킨 등을 주문하면 된다. 이러한 품목은 각각 다른 제조업자에 의해서 생산되고 있으나, 1회의 전화로 모든 것을 주문할 수 있다. 구매자로서는 적은 양의 각 제품을 모아서 한꺼번에 주문하므로, 재고품의 필요성, 배달횟수 및 처리하는 송장(送狀)의 수를 감소시키게 되고 업무의 효율성을 향상시킬 수 있다.

[그림 8-1] 유통업자의 존재와 채널거래수의 감소

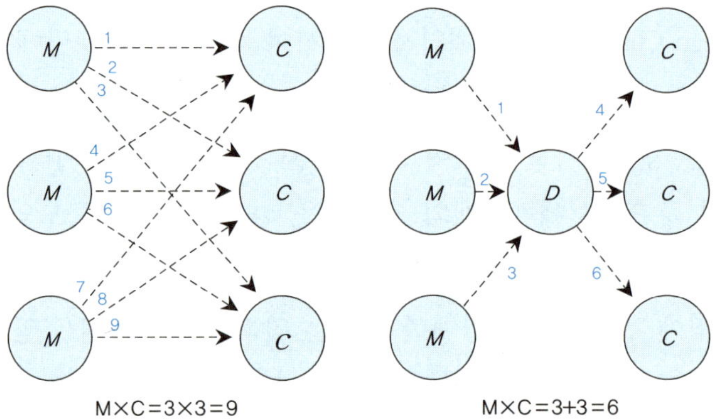

(A) 유통업자가 존재하지 않는 경우의 거래수 (B) 유통업자가 존재하는 경우의 거래수

* M은 제조업자, C는 고객, D는 유통업자

3) 유통경로의 기능

유통경로는 상품을 생산자로부터 소비자에게 이전시킨다. 그것은 제품과 서비스를 이용하는 사람들로부터 그것을 격리하는 시간·장소 및 소유라는 커다란 간격을 메우는 것이다. 마케팅채널의 구성원(도매업자, 소매업자 등)은 다음과 같은 많은 주요 기능을 수행한다.

① 정보(information) : 마케팅환경에 관한 조사와 전략정보의 수집 및 배포
② 촉진(promotion) : 제공물에 관한 설득력 있는 의사소통의 개발 및 확산
③ 접촉(contact) : 기대되는 구매자의 발견 및 의사소통
④ 적합(matching) : 구매자의 욕구에 대하여 제공물을 수집하고 적합시키는 일이다. 그것은 제조·규격·집하 및 포장 등의 작업을 포함한다.

⑤ 교섭(negotiation) : 소유권을 이전할 수 있게 가격과 제공물, 그 밖의 조건에 동의하는 일

⑥ 물적 유통(physical distribution) : 상품의 운송 및 보관

⑦ 자금융통(financing) : 채널상의 업무비용을 충당하기 위한 자금의 획득 및 이용

⑧ 위험부담(risk taking) : 재고품을 충분한 이익을 내고 판매할 수 있는 재무상의 위험부담

4) 채널단계의 수

유통채널은 채널단계의 수에 의하여 설명할 수 있다. 제품과 그 소유권을 최종구매자에게 접근시키기 위하여 특정의 업무를 수행하는 각 단계를 채널단계(channel levels)라고 한다. 생산자와 소비자도 모두 채널의 일부에 포함된다.

[그림 8-2]는 몇 개의 소비자를 향한 유통채널을 나타내고 있다. 채널 1은 다이렉트 마케팅채널로 불리고 있는데, 중간단계는 존재하지 않고 소비자에게 직접 판매하는 제조업자로 구성되어 있다. 레스토랑 경영자가 농산물시장에서 재배자로부터 직접 구입하는 경우이거나 농민 또는 그 단체, 지자체 등이 아파트 단지에서 직판하는 경우이다.

채널 2는 1개의 중개업자 단계를 거치고 있는데, 일반적으로 이 단계에는 소매업자가 포함된다. 호주 멜버른 인근의 피셔맨 피어 레스토랑(Fisherman's Pier Restaurant)에서는 수산업협동조합에서 생선을 구입하고 있다. 수협은 생선을 시장에서 판매하고 어부들은 물고기를 잡는 것이 전업화되어 있다. 관광업계에서 구입하는 많은 농산물은 협동조합에서 조달한다. 미국에서 선키스트(Sunkist), 다이아몬드(Diamond), 월너츠(Walnuts) 및 랜드 오 레이크스(Land O Lakes)의 버

터는 모두가 생산자협동조합의 생산물이다. 뉴질랜드 밀크 프로덕스 회사도 협동조합인데, 동남아시아와 중남미에 건조밀크와 치즈를 직접 판매하고 있다.

채널 3은 도매업자와 소매업자 등 2개의 단계를 거치고 있는데, 이런 종류의 경로는 주로 소규모 제조업에서 이용되고 있다. 채널 4는 3개의 단계로 구성되고 있다. 채널 3 단계에서 잡버(jobber)가 추가된다. 잡버는 대형도매업자로부터 상품을 사들여 소매업자에게 판매한다. 생산자의 관점에서 보면 경로상 중개자의 수가 많아지면 통제가 곤란해지고 더 복잡해진다. 경로상의 모든 조직은 몇 가지 형태의 흐름에 의하여 연결되어 있다. 이 흐름은 제품의 물리적 흐름, 소유권의 흐름, 지급의 흐름, 그리고 촉진의 흐름이다. 이러한 흐름은 단 한 가지 경로 또는 소수경로를 복잡하게 만들고 있다.

[그림 8-2] 마케팅채널

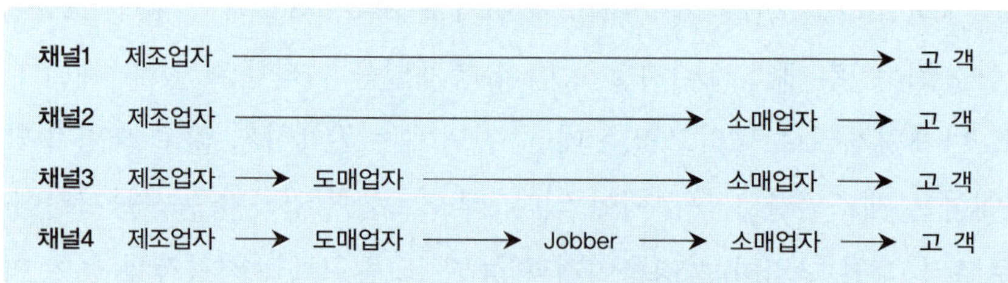

(A) 소비자를 향한 마케팅채널

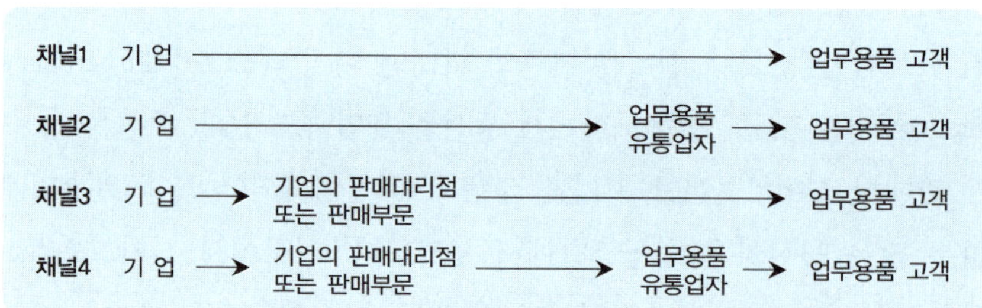

(B) 업무용 마케팅채널

2 마케팅 중개업자

중개업자(Intermediaries) 또는 중개인은 공급업자와 고객들을 연결하는 중간 유통업자이다. 상품의 종류와 다양성 때문에 중개업자들은 종종 그들이 취급하는 상품을 고객의 유형에 따라 또는 상품을 결합하는 방법에 따라 전문화한다.

1) 여행사

외식업 경영자는 유통시스템을 구축하는 중개업자와 그 유통시스템의 단계의 수를 선정하지 않으면 안 된다. 지리적으로 멀리 떨어져 있는 시장에 도달하는 하나의 방법은 여행사를 이용하는 것이다.

대개 여행사(여행소매업자 · 여행업자 · 여행대리점)는 모든 형태의 여행상품을 그들의 서비스를 원하는 사람에게 판매한다.

여행사는 다른 소매점과 유사하게 운영된다. 그들은 대중들에게 눈에 잘 띄고 접근하기 쉬운 장소에 위치한다. 일반 여행업자들은 도심지나 쇼핑센터와 같은 곳에서 영업을 한다. 상용관광에 역점을 두는 여행사는 그들이 고객에게 접근하기 쉬운 사무실 밀집지역이나 산업현장에 위치한다. 상용전문 여행업체는 또한 상용관광을 하면서 그들의 서비스를 필요로 하는 고객들에게 위락관광을 알선하기도 한다.

여행사는 공급업자와 고객 모두에게 관계가 깊다. 그들은 상품을 선택함에 있어서 고객들에게 전문적인 조언을 할 수 있다. 여행사는 상품을 판매할 때 상품 공급업자들로부터 수수료를 받는다. 여행사는 개인적인 경험이나 다른 고객 및 직원의 보고에 기초하여 그 고객의 선택에 대하여 조언할 수 있다. 고객이 더 많은 정보를 받으면 받을수록 고객의 결정은 더욱더 확실한 것이 될 것이며 그 고객은 상품선택에 더욱 만족해 할 것이다.

고객이 외식상품을 선택하고 최종 결정하면 그 때 여행사의 역할은 변한다. 여행사는 고객이 선택한 회사의 대리인이 된다. 여행사는 대리회사를 위하여 예약을 받고 회사를 대리하여 고객으로부터 착수금을 받는다. 거래가 끝난 후 여행사는 공급업자로부터 대가를 받는다. 여행사는 예외 없이 판매가 이루어졌을 때만 수수료를 받으며, 고객에게 무료로 정보와 조언을 제공한다.

2) 여행도매업자

여행도매업자(tour wholesaler)는 통상적으로 관광수요시장을 표적으로 하는 기획여행(travel package)을 조성하고 있다. 이러한 기획여행은 일반적으로 운송 및 숙박시설을 포함하고 있으나, 식사, 교통편, 행사 등이 포함되기도 한다. 기획여행을 개발할 때 특정수의 좌석과 객실을 미리 확보하기 위해 항공사, 호텔, 레스토랑과 계약을 체결하게 된다.

국제적 휴양지가 증가함에 따라 여행도매업자는 유통경로상에서 점차 힘이 강해지고 있다. 소매여행사로서도 모든 휴양지를 전부 파악한다는 것은 불가능하므로 그들은 여행도매업자가 발간하는 카탈로그에 의존하고 있다. 여행업자는 나름대로 각 호텔 및 레스토랑에 대해 설명을 붙이고 있다. 호텔 및 레스토랑은 정보를 제공하기만 하면 되고, 여행도매업자는 소책자로 만들어진 안내서를 기초로 판단을 내리게 된다.

3) 투어 브로커

투어 브로커(tour brokers)는 다양한 시장에 매력적인 버스관광을 제공한다. 뉴

잉글랜드로 떠나는 낙엽 줍기 관광, 대학과 스포츠 이벤트를 순방하는 관광, 워싱턴 D.C.를 방문하는 정기관광여행은 인기 있는 버스관광의 예이다.

버스관광(motorcoach tour) 가운데는 시즌 중에 한하여 실시되는 것이 있는가 하면, 한 가지 행사에만 집중하는 것 또는 연중 실시되고 있는 것 등 다양하다. 관광 루트상에 위치하는 레스토랑 및 호텔로서는 버스관광이 중요한 수입원이 된다.

포상여행전문회사는 직원과 유통업자에게 노력에 대한 보상으로 제공되는 포상관광여행을 제공한다. 회사들은 때때로 매출고 목표를 달성한 직원과 최고의 매출고를 달성한 판매팀에 대한 보상으로서 포상관광여행을 실시한다. 포상관광은 관광휴양지로 떠나는 것이 보통인데, 1급 또는 그 이상의 특급호텔에서 숙박한다. 이 때 유명 레스토랑에서의 식사가 여행에 필수적으로 포함된다. 투어 브로커와 포상여행전문회사의 이용방법은 업계지와 전국관광협회, 포상여행실행협의회 등 업계에 연락하면 된다.

4) 세일즈 렙

모든 주요 레스토랑, 항공사, 호텔, 유람선, 전세버스회사, 렌터카회사, 관광지 등은 세일즈 렙(sales representative)을 고용한다. 이들은 계약회사의 광고 및 판매를 대행하는 회사 또는 개인이다. 기업으로서는 자기들의 판매원을 두기보다 판매 대행회사를 활용하는 편이 때때로 효과적이다. 이는 시장이 멀리 떨어져 있다든지, 외부인으로서 문화적 차이가 시장침투를 곤란하게 만드는 경우에 해당된다. 세일즈 렙은 수수료를 수령하든가, 보수에 가산된 형태로 수수료를 받든가 한다. 호텔의 판매대행자는 각 호텔이 제공하는 서비스를 숙지해야 하고 그것을 시장에 전달하는데 시간이 걸리기도 한다.

세일즈 렙은 고객들의 욕구에 어떻게 대응하는가를 설명할 수 있어야 하고 그들 제품과 서비스를 확실하게 잘 알아야만 한다. 광고나 기타 촉진 노력으로 인하여 외식상품을 구매하는 고객들의 관심을 끌 수 있다고 하더라도 판매를 부축이기 위해서는 그들의 노력이 필요하다. 다른 판매전문직과 마찬가지로 정열적이고 적극적인 태도는 특히 판매가 느슨해질 때 더욱 필요하다.

세일즈 렙은 객실, 연회실의 크기, 홍보, 식당, 장식 및 가격결정 등과 같은 거래고객집단의 요구사항을 분석한다. 또한 문제를 해결하거나 마지막 순간까지 사소한 일이라도 처리하기 위하여 컨벤션 개최기간 동안에 회의장에 나와서 일하기도 한다.

5) 인터넷

대부분의 외식기업은 현재 인터넷을 사용하여 그들의 제품을 유통시키고 있다. 피자헛은 캘리포니아주에 온라인 수주시스템인 테라넷(Terra Net)을 개발하였다. 테라넷은 레스토랑의 가정배달을 희망하는 고객을 위하여 보스턴에서 개발되었는데, 데이터베이스의 존재에 의하여 이용자는 레스토랑 명칭과 식품형태를 검색할 수 있게 되었다. 또한 인터넷 이용자는 칼라사진이 들어 있는 요리메뉴를 비교한다. 고객은 지참하든지 배달시키든지 어느 쪽을 선택할 수가 있다. 배달을 희망하는 경우는 배달료를 포함한 금액을 지불하면 된다. 외식기업은 인터넷상의 몇 백만 명이라는 사람들에게 컬러영상을 전송할 능력을 갖추고 새로운 유통경로를 개척하고 있다.

3 채널행동과 조직

1) 채널행동

유통경로는 여러 가지 흐름에 의하여 하나의 결합된 기업의 단순한 집합 이상의 것이다. 유통경로는 복잡한 행동시스템이고, 그 안에서 고객들과 기업은 상호간에 목표달성을 향하여 작용한다. 채널시스템 가운데는 유연한 조직구조에 의하여 느슨한 상호작용으로 이루어진 것이 있는가 하면, 강력한 조직구조에 의하여 형성되고 뚜렷한 상호작용으로 이루어진 것도 있다. 채널시스템은 불변적인 것이 아니라 새로운 형태가 출현하기도 하고 새로운 채널시스템으로 진화하기도 한다.

채널구성원은 상호 의존관계에 있으나, 그들은 때때로 자기들에게 단기적이고 최고의 관심사가 되는 일에는 단독으로 활동한다. 또한 상호간에 수행할 역할, 즉 반대급부를 추구하여 누가 무엇을 할 것인가에 반대하기도 한다. 목표와 역할에 관한 이러한 입장의 불일치는 채널충돌(channel conflict)을 낳는다.

수평적 충돌(horizontal conflict)은 동일채널단계에서 발생하는 기업 간의 충돌이다. 예를 들면, 프랜차이즈의 피자 인(Pizza Inn)의 경우, 어느 한 피자 인의 프랜차이즈가 식품재료를 속이거나 빈약한 서비스를 제공하고 있다고 소비자가 불만을 품고 있다면, 이로 인해 피자 인 전체의 이미지에 상처를 입게 된다.

수직적 충돌(vertical conflict)은 보다 일반적인 상황인데, 동일유통채널 내에서의 상이한 단계 간의 충돌을 말한다. 리틀 시저(Little Caesar)와 케이 마트(K Mart)와의 협약은 리틀 시저로서는 매출고를 늘리고, 자기들의 유통시스템에 1,200개의 신규판로를 추가하는 커다란 기회를 가져다주었다. 그러나 몇 개의 리틀 시저의 프랜차이즈에게는 매출고의 감소를 의미한다.

유통채널 내에서의 충돌에는 건전한 경쟁형태를 취하는 것도 있다. 경쟁이 없으면 채널은 수동적이고 비혁신적인 것이 될 것이다. 그러나 때때로 충돌은 채널에 손실을 입히기도 한다. 채널 전체가 원활하게 기능하기 위해서는 각 유통채널 구성원의 역할이 명확하고 채널충돌이 잘 관리되지 않으면 안 된다.

2) 채널조직

(1) 수직적 마케팅시스템의 성장

최근 두드러지게 발전하고 있는 채널조직 가운데 하나는 전통적 마케팅시스템에 대하여 필연적으로 출현하여 도전하고 있는 수직적 마케팅 시스템이다.

전통적 유통경로는 1개 또는 그 이상의 독립계 생산자 · 도매업자 · 소매업자로 구성된다. 각각은 별개의 사업체이고 시스템 전체로서의 이익을 희생시켜서라도 각자의 이익을 최대한 거두려고 한다.

채널 구성원은 누구도 다른 채널 구성원에 대하여 강력한 통제력을 가지고 있지 못하고 역할이 분담되어 있어서 채널충돌을 해결하려는 공식적인 아무런 수단도 존재하지 않는다.

이에 대해 수직적 마케팅시스템(Vertical Marketing System)은 통일된 시스템으로서 활동하는 생산자 · 도매업자 · 소매업자로 구성된다. 1개의 채널구성원이 다른 채널구성원을 소유하든가 다른 채널구성원과 계약 체결하든가 하여 다른 채널 전체 구성원이 협력할 만큼 힘을 행사한다.

수직적 마케팅시스템은 생산자 · 도매업자 · 소매업자에 의해 지배된다. 이 시스템은 원래 채널행동을 통제하고 채널행동을 관리하기 위하여 개발되었다. 또한 규모의 경제, 교섭력 및 겹치는 서비스를 배제하는 데 이점이 있다. 수직적 마케팅시스템은 소비재 마케팅에서는 지배적인 것이 되었고 미국시장 전체의 64%를 차지한다고 한다.

기업형 수직적 마케팅시스템에서는 협조와 충돌의 관리는 채널 내의 각 단계에서 공동의 소유권을 통하여 달성된다.

기업형 수직적 마케팅시스템은 단일 자본 하에서 생산과 유통의 계기적 단계를 결합하는 것이다. 예를 들면, 레드 랍스터(Red Lobster)는 자기들의 식품가공 공장을 가지고 있고 식재료를 레스토랑으로 배송한다. 영국의 양조업자는 또한 펍(pubs)을 소유하고 있고 그 펍에서는 그 양조업자의 맥주만을 제공한다. 세계 최대의 와인 메이커인 갤로(Gallo)는 와인을 제조하는 이외에도 갤로 산하 기업들이 트럭운송, 와인운반, 병마개 제조 등에 종사하고 있다.

관리형 수직적 마케팅시스템에서는 생산과 유통단계를 연속적으로 관리하는데, 그 관리는 소유 또는 계약상의 연결이 아닌 당사자의 규모와 힘을 통하여 권한을 행사하는 것이다. 예를 들면, 1970년대에 잘 알려진 어느 맥주 브랜드는 그 브랜드의 힘을 통하여 드래프트 맥주(draft beer)를 독점적으로 제공할 권리를 획득하였다. 이 맥주생산자는 자사맥주를 맥주 탭(tap)에서 취급하는 바(bar)의 경우에는 다른 맥주를 취급하지 못하게 하였다. 다른 맥주를 같은 맥주 탭에서 따르면 자사맥주의 맛을 버리게 되기 때문이다. 다른 맥주회사는 불결한 도구를 사용하든가 적절한 압력을 설정하고 있지 않다고 이 회사는 말하고 있다. 브랜드의 힘을 내세워 처음부터 경쟁을 없앤 사례이다.

(2) 프랜차이즈

프랜차이즈란 프랜차이저(franchisor)에 의하여 설계된 마케팅 기획편성 하에서 제품과 서비스를 제공하고 판매 · 유통시키는 권리를 프랜차이지(franchisee)에게 부여하는 사업수행방법이다. 프랜차이저는 프랜차이지에게 자사의 상표

(trademark), 명칭(name), 광고(advertising)를 사용할 수 있게 인정하고 있다. 프랜차이즈는 최근 가장 급속하게 성장하는 소매업의 형태이다. 미국에서는 70여만 개의 프랜차이즈업이 소매판매의 약 2분의 1을 차지하고 있다고 한다.

프랜차이즈는 호텔과 레스토랑에서 흔히 이용되는 일반적인 유통형태이다. 레스토랑의 대표적인 프랜차이즈는 맥도널드, 버거킹, 켄터키 프라이드 치킨, 피자헛, TGI 프라이데이즈 등이 있고, 호텔의 대표적인 프랜차이즈는 초이스 호텔(Choice Hotel), 홀리데이 인(Holiday Inns), 데이즈 인(Days Inns), 쉐라톤 인(Sheraton Inns), 힐튼 인(Hilton Inns) 등이 있다.

프랜차이즈에 의하여 개개의 경영자는 자기 점포뿐만 아니라 다수의 다른 점포에 대해서도 책임을 지게 된다. 명칭, 경영방법, 그 밖의 프랜차이즈에 의하여 가져다 준 편익을 향유하는 대가로서 프랜차이즈는 가입비 · 수수료 및 마케팅 요금을 지급한다.

가입비와 수수료는 프랜차이즈의 브랜드 자산에 의존하고 있다. 예를 들면, 맥도널드는 전 세계적으로 패스트푸드 레스토랑으로 잘 알려져 있다. 런던이나 파리 · 홍콩 · 뉴욕에서도 맥도널드는 어떤 곳이라는 것이 잘 알려져 있다. 시장위치가 강력할수록 브랜드명은 가치가 있다. 그 결과 맥도널드의 프랜차이즈는 미스터 퀵(Mr. Quick)의 프랜차이즈보다 가치가 높다. 프랜차이즈의 그 밖의 특전으로서는 경영지원, 품질관리, 회계시스템, 마케팅, 자금조달, 건축설계, 그리고 공동구매 등이 있다.

프랜차이즈는 비교적 소규모 레스토랑에서 도입되고 있어서 유능한 레스토랑 지배인을 붙잡아 두는데 크게 기여하고 있다. 소규모 레스토랑 체인은 대규모 체인처럼 지배인에게 부여하는 승진기회를 제공하기는 어렵다. 그러므로 유능한 지배인에게 자기 점포를 갖는 꿈을 갖도록 해서 대규모 체인에 대항하고 있다. 그렇게 함으로써 지배인이 업무에 싫증을 내거나 발전의욕의 상실을 방지하고 있다. 합리적으로 잘 짜여진 프랜차이즈 시스템은 프랜차이저와 프랜차이즈 쌍방에게 이익을 가져다주고 있다.

〈표 8-1〉은 주요 레스토랑 체인을 정리한 것이다. 그리고 〈표 8-2〉는 레스토랑의 프랜차이즈 경비를 정리한 것이다.

〈표 8-1〉 주요 레스토랑 체인

업 종	브 랜 드 명
Fast Food	Arby's, Burgur Chef, Burger King, Hardees, KFC, Church's Fried Chicken, Dairy Queen, McDonalds, Jack-in-the-Box, Long John Silver's, Roy Rogers, Wendy's, Taco Bell, Sonic Drive Inns, Lotteria, Popeyes
Family Restaurant	Baker's Square, Bob Evans Farms, Bonanza, Brown Derby, Ponderosa, Sizzler Steak House, Bennigans, Magic Pan, Red Lobster, Marche, TGI Friday's, Outback Steak House, 토니로마스, skylark, 빕스, 우리들의 이야기
Pizza	Pizza Hut, Mister Pizza, Domino Pizza, 피자맥
Coffee Shop	Big Boy, Denny's, Friendly's, Star Bucks, Howard Johnson's, Sam's(Formerly Sambo's), 카푸치노 익스프레스, 세가프레도, 톰앤톰스, 이디아, 자바커피, 커피빈, 시애틀즈 베스트, 일리, 네스카페, 씨티 오브 에스프레소, 로즈버드
Donuts	Dunkin' Donuts, 크리스피 크림 도넛
Ice Cream	Baskin-Robbins, Friendly Ice Cream
단체급식	아워홈, CJ푸드시스템, 삼성 에버랜드, 아라코, 신세계푸드시스템, 지네트, 이씨엠디, 63시티, 한화국토개발, 제이제이케이터링, 이조케이터링, 아벨라고메, 고은케이터링

〈표 8-2〉 레스토랑의 프랜차이즈 비용(예)

프랜차이즈 시스템	프랜차이즈 수수료	기술제공료 (%)	광고/수수료 (%)	총투자액[a] (천달러)	1991년도 1점포 평균매출 추정액 (천달러)	투자·매출률 (미국)
Applebee's Neighborhood 푸드·그릴 앤드 바	30,000 ($)	4.0	3.0	400	1,749	0.23
Arby's	25,000~37,000	3.5~4	0.1	525~850	651	1.10
Burger King	25,000	4.0	4.0	1,000	1,061	0.94
Domino's Pizza	1,000~3,000	5.5	3.3	75~150	510	0.22
KFC	20,000	4.0	4.5	600~800	676	1.04
McDonalds	22,500	3.5	4.0	575	1,725	0.37
Pizza Hut	15,000까지	3~4	1[b]	비공개	631	비공개
Subway Sandwiches & Salads	7,500	8.0	2.5	40	270	0.15
TGI Friday's	50,000	4.0	2.4	2,000~2,500	3,588	0.63

* a : 자기자금과 차입금 포함, b : 매출고 15,000달러 이하는 2%

자료 : *Restaurant Business*, Matrch 20, 1992. pp. 62-63.

(3) 업무제휴

업무제휴(alliances)란 2개의 조직이 쌍방의 힘을 활용하기 위하여 개발된 것이다. 업무제휴는 물론 계약에 의하여 성립되고 있다.

경쟁관계에 있지 않은 2회사 또는 그 이상의 기업 간 업무제휴는 시장을 확대하는 일반적이고 효과적인 방법이다. 예를 들면, 레스토랑은 편의점이나 호텔과 제휴하여 상품을 유통시킨다. 세븐일레븐은 2,000점에서 던킨 도너츠를 판매하고 있다. 엠베시 스위트(Embassy Suites)사는 동사의 호텔 내에서 레드 랍스터를 경영하고 있다.

편의점 내의 패스트푸드 체인점은 편의점이 당해 브랜드명의 상품판매를 인정하고 있다. 체인 자체로서도 우량유통거점을 획득한 것이 된다. 소비자의 대다수에게는 호텔 내의 레스토랑은 제공 상품의 질에 비하여 너무 비싼 가격을 붙이고 있다고 생각한다. 호텔 내에 누구나 알 수 있는 체인 레스토랑을 도입한다면 이러한 불신을 사지 않아도 된다.

(4) 수평적 마케팅시스템의 성장

다른 하나의 채널 발전으로서는 수평적 마케팅 시스템을 들 수 있는데, 같은 수준에 있는 2개사 또는 그 이상의 기업이 자본, 생산능력, 마케팅 자원을 결합하여 1개 회사로서는 불가능한 일을 집합체로서 수행하려고 한다. 예를 들면, 시어즈와 맥도널드가 협력하여 '스몰 프라이를 위한 재미있는 복장(fun cloths for small fries)'을 만들어 맥키즈(Mckids) 상품의 판매를 실시하였다. 맥도널드의 프랜차이지와 시어즈의 점포는 각 지역에서 각종의 공동판매 촉진을 실시하고 있다. 최근 그러한 공생적 마케팅협정은 증가하고 있으나, 장래 어떤 방향으로 발전할 것인가는 아직 확실하지 않다.

(5) 다중채널 마케팅시스템의 성장

과거에는 1개 시장이나 1개 세분시장에 대해서는 단일경로를 이용하는 일이 많았다. 오늘날 고객세분화와 채널의 가능성이 확대됨과 동시에, 대다수의 회사는 다중채널(multichannel)의 유통경로를 이용하고 있다. 그러한 다중채널 마케팅은 1개 기업이 2개 또는 그 이상의 마케팅채널을 구축하고 1개 또는 그 이상의 고객세분시장에 도달하려는 것이다.

예를 들면, 맥도널드는 각기 다른 프랜차이지의 네트워크를 통하여 판매하는 한편, 동사는 전 점포의 4분의 1 이상을 직접 소유하고 있다. 이와 같이 맥도널드사 완전소유의 레스토랑은 맥도널드 프랜차이지가 소유하는 레스토랑과 경쟁관계에 있기도 하다.

다중채널 마케팅담당자는 새로운 채널을 구축할 때마다 판매고를 높일 수 있으나, 동시에 기존채널에 타격을 줄 위험도 있다. 기존채널은 '공정한 경쟁'을 주장하면서 경쟁을 제한해야 한다고 말한다. 이러한 예로서, 어느 프랜차이지는 그 시장구역에서 경쟁사업을 전개한 프랜차이저에 대해 소송을 제기하고 있다.

3) 입 지

(1) 입지의 의의

입지(location, place)란 이미 주어진 장소이면서 변하지 않는 장소라고 볼 수 있다. 입지는 곧 외식업체의 위치나 장소를 말한다. 외식업체의 입지가 한 번 정해지면 그 변경은 거의 불가능하므로 입지의 선정에 신중을 기해야 한다. 입지를 결정할 때에는 어떤 고객을 대상으로 하고 그들의 욕구를 충족시킬 수 있는가, 고객이 접근하기가 용이한가, 다양한 활동을 하기에 적합한가 등을 우선적으로 고려해야 한다.

그렇지만 외식전문가는 위치나 장소에 관한 정보전달방법의 통제에 의해 고객이 한 지역에 관해 어떻게 느끼는가 하는 고객의 인식을 변화시킬 수 있다.

(2) 입지선정

입지선정에는 네 가지 단계가 있다.

① 제1단계 : 첫째, 회사의 마케팅전략과 표적시장을 이해하는 일이다. 라 퀸타 모텔(La Quinta Motels)은 출장 중인 판매원과 자동차로 찾아오는 중산층 고객을 표적으로 삼고 있다. 입지조건은 주요 도시지역 교외의 도로변이 좋은 예이다. 이러한 입지조건은 편리성을 제공하기 위하여 중앙상업지역에 인접해 있고, 경제적으로는 용지매입을 가능하게 하기 위하여 어느 정

도 떨어져 있다.

② 제2단계 : 지역의 분석이다. 이는 지리적 의미에서의 시장영역선택과 관련되고 있다. 어느 레스토랑 체인이 새로운 도시시장으로 뻗어나가게 계획하였다고 하자. 그들에게는 최소 5개소의 신규점포를 지원하는 지역을 찾을 필요가 있다. 기업이 레스토랑을 유지하기 위해서는 충분하면서도 안정된 수요가 있음을 확인하려고 할 것이다. 여러 가지로 다양한 경제기반을 가지고 성장하는 지역은 매우 매력적이다. 휴스턴의 호텔과 레스토랑에서는 석유가격이 급락한 1980년대에 피해를 입었다. 그 이유는 석유산업에 지나치게 의존하고 있었기 때문이다.

③ 제3단계 : 지리적 의미를 지닌 지역을 선택하게 되면 다음 단계로서 기업은 동 지역 내의 1개의 구역을 선택하게 된다. 어느 레스토랑 체인이 대도시 지역에 5개소의 레스토랑을 개업하려 할 경우는 그 각 레스토랑을 배치할 입지를 선택하여야 한다. 체인은 동 지구의 인구통계적 및 심리적 · 지리적 특성을 파악하려 할 것이다. 각 지구의 경쟁과 성장의 잠재적 가능성이 평가된다. 결과는 가장 유망한 지역 내의 5개 지구를 선택하게 될 것이다.

④ 제4단계 : 기업은 각각의 입지를 선택(site selection)한다. 입지분석에서 가장 우선적으로 고려해야 할 점은 공존할 수 있는 사업이 있는가 하는 것이다. 레스토랑은 잠재적 수요창출원(源)을 추구할 것이다. 어느 레스토랑은 주택가, 쇼핑센터 또는 식음료시설이 없는 모텔을 선택할지도 모른다. 수요창출원은 사업의 표적시장에 따라 다르다. 기업이 특정구역 내에서 고객층을 겨냥할 경우에는 그 고객의 상세한 프로필을 파악하는 것이 중요하다. 기업은 또한 경쟁사를 조사할 것이다. 가령 유사한 레스토랑이 이미 충분히 공급되고 있을 경우, 진출을 신중히 검토할 것이다. 그러나 경쟁사의 존재가 반드시 마이너스 요인은 아니다. 레스토랑이 밀집하여 먹거리를 형성

하면 유리하게 작용하기도 한다. 특정 레스토랑으로 향하는 고객이 다른 레스토랑도 선택해 보려는 의욕이 생겨나기 때문이다.

대부분의 경우 각 기업은 바람직한 입지의 프로필을 명백히 하고 있다. 예를 들면, 칼스 주니어 레스토랑(Carl's Jr. Restaurant)이라는 햄버거 패스트푸드 레스토랑은 다음과 같은 프로필을 명백히 하고 있다.

① 쇼핑센터 내의 여유 있는 자유공간
② 자유공간 모퉁이(십자로에 신호가 있는 곳)
③ 건물 정면과 도로 사이가 최저 125피트 있는 1구역
④ 아케이드가 있는 쇼핑몰
⑤ 반경 1마일 내에 12,000명 이상의 인구(성장지구가 바람직)
⑥ 교통편은 대량의 차와 통행인의 왕래
⑦ 주택의 위치와 가족의 소득수준이 평균 이상의 지역
⑧ 오피스와 다른 수요창출원에 인접한 곳
⑨ 3~5만 피트의 1구획
⑩ 기존의 회사소재지로부터 2~3km 이내

입지조건의 선택에는 그 밖에도 건물유형, 간판에 관한 제약조건, 유용성, 이용의 가능성, 주차장 및 배수로 등도 체크리스트에 포함되어 있다. 보조금 및 세금감면, 소유권의 문제, 사회적 · 정치적 제약요인의 유무 등 기타 고려해야 할 사항도 있다.

Coffee Break 　'마더(mother)마케팅'의 선두주자 민들레 영토

민들레영토는 1994년 4월 신촌의 한 모퉁이에서 10평짜리 카페로 처음 시작되어 서울지역 대학가로 확산되면서 새로운 한국형 프랜차이즈로 자리잡고 있는 찻집 형태의 대중 문화공간이다. 민들레영토라는 이름의 유래는 민들레 홀씨가 240km를 날아간다는 점, 이스라엘 민족이 가나안에 자유를 찾아 유랑한 길이 240km라는 데에서 착안 하여 기독교 문화를 전파한다는 뜻에서 지어졌다. 민들레영토의 주된 마케팅활동과 프로그램운영은 다음과 같이 요약할 수 있다.

문화비

일종의 입장료와 같은 개념으로 1인당 5,000원을 지불하면 기본 3시간까지 민들레영토의 공간을 사용할 수 있다. 과거에는 문화비제도를 중심으로 다소 심플한 서비스를 했다면 2006년부터는 커피마을, 다산마을 등 고객들이 자신이 원하는 메뉴 한 가지를 선택하여 그 비용만 지불하면 된다.

'Human Therapy'라는 명칭의 개인 상담 프로그램 운영

개인적 자아실현을 위해 자기 자신에 대해 보다 과학적이고 통찰력 있는 것을 얻고 싶어 하는 많은 사람들을 위한 심리치료프로그램이다.

'마더(mother)마케팅'의 선두주자 민들레 영토

Coffee Break

'세미나실' 운영

민들레영토의 세미나실에서는 놀고, 먹고, 마시는 등의 쾌락적·소비적 욕구를 즐기고, 동시에 친구들과 시험공부를 하는 공간으로, 인터넷을 통한 동아리 모임이나 학생들의 방과 후 스터디 모임 등의 대중적 모임이 이루어지고 있으며, 예약을 하지 않으면 자리가 없을 만큼 민들레영토의 주된 공간으로 자리잡고 있다.

'마더(mother)' 마케팅

어머니의 사랑을 모토로 하는 대한민국 최고의 서비스로 고객들에게 다가가려 하고 있으며, 주된 내용은 다음과 같다.

- Million : 주고 더 주자, 고객이 가난할 때 더 많은 것을 주자.
- Old : 경영은 시스템적인 것도 좋겠지만, 주먹구구식으로 고객을 위해 헌신하는 것이 중요하다.
- Tears : 밝은 모습으로 양손을 들고 인사하는 모습, 어머니의 모습을 연상시킨다.
- Heart : 좋은 것과 함께 고객에게 즐거운 것을 주자.
- Eye : 깊이 본다. 섬세함이 가장 큰 경쟁력이다.
- Right : 고객은 옳다. 처음을 기억한다.

자료 : 민들레영토 홈페이지에서 발췌

제9장

외식촉진

1 외식광고

1) 광고의 정의와 특성

(1) 광고의 정의

우리가 무엇이 특정 광고를 효과적으로 만들어내는지에 대해 그다지 생각하지 않고 지내는 일상생활에서 광고는 평범한 요소에 불과하다. 반면에 마케터들은 추구하는 반응, 즉 대부분의 경우 상품의 구매와 같은 방법으로 대중에게 정보를 전달하는 방법을 주의 깊게 연구한다.

광고란 아이디어, 상품 또는 서비스에 관한 비인간적 프레젠테이션과 프로모션에 대하여 명시된 광고주에 의하여 비용이 지급되는 모든 형태를 가리킨다. 즉 광고는 인정받는 스폰서가 지급하는 비인적 아이디어, 제품 및 서비스의 제공이다.

미국마케팅협회(American Marketing Association)에 따르면, 광고의 목적은 고객에게 정보를 제공하는 것, 상품에 대한 적극적인 태도를 개발하는 것, 상품의 판매를 촉진하는 것 등 세 가지가 있다.

아무리 강력한 광고일지라도 그것은 판매에 근접하지 못한다. 오히려 외식산업에 있어서 광고의 목표는 고객에게 인적판매 메시지를 수용하도록 준비하게 하는 것과 외식상품에 대한 정보를 얻기 위하여 외식업자나 중개인과 접촉하도록 잠재고객에게 동기를 부여하는 것이다.

광고의 스폰서는 텔레비전이나 라디오 또는 신문이나 잡지와 같은 간행물에서 기고란에 관한 적절한 메시지의 내용을 구입하고 통제한다. 광고는 여러 목적을 가지고 있지만, 그것 중 가장 기초적인 것은 정보를 전달하는 것이다. 신문광고를 보면 치킨이 슈퍼마켓에서 판매되고 있다. 이것은 하나의 정보이다. 새로운 패밀리 레스토랑이 다음 주 강남지역에 오픈할 예정이다. 이것은 또 다른 정보이다. 이와 같이 신문은 여러 정보를 전달하고 있다.

광고는 제품의 이미지를 높이거나 구축하며 한 제품에 대한 일반대중의 인식을 변화시키고 특정제품이나 서비스에 대한 수요를 창출하는데 이용되기도 한다. 많은 광고는 독자가 조치를 취하라는 요구를 공개적으로 요청하거나 암시한다. 호텔이나 리조트에 대한 광고는 예약을 수용할 수 있는 무료이용전화로 예약하기를 촉구하면서 끝맺을 것이다.

만일 광고의 목적이 즉각적인 구입이 아니라면 그것은 그 대신에 외식제품의 인식을 창출하거나 증대시키기 위해 설계되기도 한다. 예컨대, 패밀리 레스토랑은 자사를 광고할 때 그 본원적인 목적은 비록 몇 개월 후라도 다음번에 가족식사를 계획하려는 사람들에게 자사를 생각하게 만드는 데 있다.

(2) 광고의 특성

일반적으로 광고의 효과성은 여러 특성에 달려 있으며, 그것에는 공공적 표현, 설득성, 확대된 표현성 등이 있다.

❶ 공공적 표현

광고의 첫 번째 특성은 매우 공공적인 커뮤니케이션이라는 점이다. 광고의 공공적인 특성은 제안이 적절하고 표준화되어야 한다는 것을 가리킨다. 광고는 적합하고 수용할 수 있고, 공적으로 인정되는 방식으로 행동하기를 바라는 사람들의 성향을 이용한다. 많은 사람들은 동일한 광고메시지를 받고 반응하므로 고객들은 그들의 제품구입동기가 널리 공유되고 타인으로부터 인정받는다고 생각한다. 어떤 면에서 광고의 공공적인 성질은 확고한 것이다.

❷ 설득성

광고의 두 번째 특성은 광고의 설득성이다. 광고는 우리 주변 어디에서나 볼 수 있다. 메시지는 최다수의 잠재고객들을 유치하기 위해서, 또는 그 메시지를 강화시키기 위해서 몇 번이고 되풀이 된다. 광고업자들은 잠재고객의 광고에 대한 수용성을 전혀 통제하지 못하기 때문에 광고의 강화행위는 효과가 있다. 아마도 사람들은 광고가 행해지고 있는 순간에 두통이 있거나 그 순간에 우편으로 나쁜 소식을 전해 받았을 수도 있다. 한편, 다른 시간에 광고가 실시될 때 전과 동일한 개인은 보다 나은 분위기에서 광고업자가 제공하는 메시지에 긍정적으로 반응할지도 모른다. 따라서 광고의 빈도수는 광고가 효과적일 수 있는 가능성을 증대시키는데 도움을 준다.

광고의 설득성은 광고업자들이 상이한 매체들을 통해 상이한 표적시장에 도달할 수 있도록 한다. 여러분이 정기적으로 예약 구독하는 잡지를 생각해 보라. 그 중 몇 개는 다른 가족구성원들이 구독하는 것과는 확실히 다른 잡지이다. 광고업자들은 특정한 표적시장에 도달하기를 원하기 때문에 마케팅목표들을 수행하는데 가장 효과적인 미디어를 선정한다.

❸ 표현성 확대

광고의 세 번째 특성은 표현성 확대이다. 즉 광고를 구성하는 디자인, 문장, 삽화, 음향 그리고 사진 요소들의 독창적인 사용을 통해 표현성을 확대시킬 수 있는 광고의 능력이다. 광고는 회사의 목표를 성취하고 있는 동안에 고객에게 즐거움을 주는 방식들로 자사의 제품을 극화하는 수단이다.

(3) 광고의 법칙

여러 다른 단어들의 첫머리글자로 만들어진 두문자어(頭文字語)나 단어는 광고가 도출해야 하는 반응순서를 기술하기 위해서 개발되었다.

〈표 9-1〉 광고의 네 가지 개념(아이다법칙)

주 의	A(Attention)	광고는 고객의 주의를 끌어야 한다
흥 미	I(Interest)	광고는 제품의 흥미를 자극해야 한다
욕 망	D(Desire)	광고는 제품에 대한 욕망을 창조해야 한다
행 동	A(Action)	광고는 구매행동의 출발점이 되어야 한다

AIDA의 첫 글자는 광고의 개념을 나타낸다. 주목(Attention)은 광고가 사로잡아야 하는 독자나 청취자의 주목을 말한다. 흥미(Interest)는 광고가 자극해야 하는 흥미를 나타낸다. 욕망(Desire)은 광고가 생산되고 있는 제품이나 서비스에 대해 창출해야 하는 독자의 욕망을 나타낸다. 행동(Action)은 독자가 예약하는 행위, 제품을 구입하거나 그에 관한 보다 많은 정보를 요구하는 행위 등 성공적인 광고의 최종 결과인 행동을 나타낸다.

그 후 소비자에 대한 연구가 더욱 발전하여 마케터들은 AIDMA법칙을 개발하였다. 이것은 기존의 AIDA법칙에 M(Memory : 기억)을 추가하여, 소비자는 광고 내용에, 주의→흥미→욕망→기억→행동의 순으로 반응한다는 것을 주장하고 있다.

2) 광고과정의 단계

외식광고는 소형 팸플릿에서부터 값비싼 텔레비전 광고에 이르기까지 다양한 형태를 취한다. 오디언스(청취자), 매체, 예산이 다름에도 불구하고 광고의 기본과정은 어느 것이나 공통점을 지니고 있다.

(1) 오디언스의 선택

광고주가 메시지를 창조하거나 광고매체를 선택하기 전에 특정한 오디언스를 목표로 삼아야 한다. 거래업자 광고는 외식유통 채널의 다양한 멤버들, 특히 외식업자와 대리점 간에 정보전달을 위해 계획된다.

한편, 소비자광고는 외식상품을 구입하는 소비자에게 초점이 모여진다. 이러한 두 개의 오디언스가 정보에 대해 다른 욕구를 가지기 때문에 그들 각자를 대상으로 하는 광고메시지 내용이 달라지는 것은 당연하다.

거래업자 광고는 상품수요를 창조하고 판매를 촉진시킨다. 그러나 그것은 외식중개인에게 합리적으로 소구함으로써 판매가 촉진되는 것이고, 그 상품은 고객에게 이익을 기초로 하여 제공된다.

광고는 대개 일반대중에게 상품을 알리기 위한 제안과 상품판매로부터 얼마만큼 외식기업에 이익을 되는가 하는 내용에 이르기까지 상품에 관한 광범위한 내용을 포함한다. 만약 외식기업이 상품을 잘 알고 그것의 이익을 확신한다면 그들의 지식과 열성이 인적 판매과정을 보다 효과적으로 만들 것이다.

외식중개인이 상품을 어떻게 잘 알리는가와 관계없이 외식상품판매의 성공은 일반적인 대중의 태도에 좌우된다. 그 이유로는 대부분의 외식광고는 미래의 고객을 향하여 작성되기 때문이다. 소비자 광고는 종종 거래업자 광고가 소구하는 것보다 더 감정적인 호소를 하게 되며, 외식상품이 고객의 욕구와 욕망에 부응하는 방법에 주의하여 초점을 맞춘다.

그러한 예를 들면, 광고는 상용고객, 휴가고객 및 특별한 목적의 잠재고객 가운데 특별한 유형을 그 목표로 삼는다.

이러한 소구가 대중매체를 통해 이루어지기 때문에 소비자 광고의 비용은 막대하게 들기도 한다. 평균적으로 외식업자들은 광고에 전체 수익의 5%를 사용한다. 때때로 고가의 브로셔와 카탈로그, TV광고에 크게 의존하는 일부 외식도매업자와 기타 중개업자들은 전체 수익의 15%까지 광고에 사용하기도 한다.

이러한 것을 바탕으로 외식업체는 지역 내 또는 관련사업자와의 공동판촉 노력을 경주하고 있다. 예를 들면, 영화사, 주류업체 및 각종 협회와 공동으로 실시하는 프로모션이 있는데, TGIF는 미국감자협회, 미 육류수출협회, 미 유가공협회 등과 공동광고를 실시하였고, 베니건스는 명필름, 코로나맥주, 유화플라워 등과 공동캠페인을 전개한 예가 있다.

(2) 광고메시지 작성

적합한 오디언스를 선택할 때 광고주는 광고메시지가 전달해야 하는 것이 무엇인가를 결정해야 한다. 메시지 창조는 광고과정의 핵심이다. 왜냐하면, 메시지는 잠재고객에게 그들이 필요로 하는 외식상품을 가지고 있으며 또 그들의 욕구를 가장 잘 충족시킬 상품이 어떤 것인가를 알 수 있게 해주기 때문이다. 표적이 되는 오디언스가 확실하면 확실할수록 광고메시지는 더 정확하게 초점을 맞출 수 있다.

❶ 광고메시지의 작성목적

일단 표적 오디언스의 특징을 설정한 후 광고주는 메시지가 전달토록 의도한 목적을 결정할 수 있다. 광고메시지는 아래와 같은 경향을 띤다.

① 독특한 특징, 새로운 지역 또는 개선된 서비스에 관하여 고객에게 알려라.
② 상품, 목적지 또는 대리점에 따른 태도를 수립 · 유지 · 변화시켜라.
③ 다른 외식업자의 상품으로부터 마음을 변화시키거나 신상품을 찾을 수 있도록 설득하라.
④ 외식상품에 관해 묻는 고객에게 동기를 제공하여 반응을 알아내라.

❷ 광고메시지의 지침 작성

어느 누구에 의해 광고메시지가 작성되었다 하더라도 다음과 같은 지침을 확실히 따라야 한다.

① 메시지는 선명하고 뚜렷이 부각되도록 만들라.
② 상품의 이익이 명확히 돋보이도록 만들라.
③ 고객의 특별한 행동을 불러일으켜라.
④ 진부한 표현을 피하라.
⑤ 최신의 상품정보를 사용하라.
⑥ 반드시 질 높은 사진과 기술을 사용하라.
⑦ 한 번에 하나의 상품을 광고하라.
⑧ 어떠한 규제가 광고에 영향을 미치는지를 알라.

3) 매체 선택과 기획

일단 기본적인 메시지가 정해지면 기업은 어떠한 매체가 가장 효과적으로 표적시장에 도달할 것인가를 결정해야 한다. 기업은 최고의 효과를 가지는 한 가지 방법이나 비용비율을 발견하기 위해 다섯 가지 주요 수단을 평가해야 한다.

① 인쇄물 : 신문, 잡지
② 방송 : 라디오, TV
③ 다이렉트 메일
④ 옥외 : 입간판, 버스나 택시 · 전철의 간판
⑤ 전화번호부 등의 인명부

마케터는 매체들 가운데 어떻게 그 중 하나를 선정하는가? 서비스지역, 선택, 소비자 수용력, 소비자 관심, 재생산의 질, 융통성, 접촉비용 등과 같은 요소들은 상황에 따라 가장 좋은 매체를 설정하는 것을 돕는다.

(1) 신 문

외식상품을 위한 대부분의 인쇄광고는 신문이나 잡지에 게재된다. 미국에서 약 80%의 사람들이 매일 신문을 본다. 신문은 폭넓은 오디언스에게 호소하기 때문에 모든 외식업자 또는 중개업자에게 있어서 중요한 수단이다. 외식업자들은 뉴욕 타임즈, USA Today, 그리고 발행부수가 백만이 넘는 많은 다른 주요 일간지에 정기적으로 광고한다. 한국 내에서도 대형 외식업자들은 조선일보, 동아일보, 중앙일보, 각 경제신문, 스포츠신문 등 일간지에 정기적으로 광고를 한다.

소규모 외식업자는 대개 소규모 발행 일간지들, 지역 주간지, 또는 대규모 일

요신문의 외식 및 문화세션에 광고를 게재한다. 다른 매체와 비교해 보면 신문은 다음과 같은 몇 가지 장점과 단점을 갖는다.

❶ 신문의 장점

① 폭넓은 독자층

② 빈번한 발행

③ 소규모 신문의 경우에 낮은 비용

④ 주택지에 근거한 유리한 지리적 세분화

⑤ 최근의 변화, 최신 정보

⑥ 발행에 앞서 추가정보에 대한 융통성 및 짧은 완성기간

⑦ 매체에 대한 훌륭한 교환수단인 반응

❷ 신문의 단점

① 무용의 발행 : 신문은 잠재고객이 아닌, 많은 다른 사람에게도 도달된다.

② 짧은 생명 : 되풀이되는 노출은 전혀 없다(다시 게재되지 않음).

③ 작은 주의력 : 신문은 종종 대충 읽혀진다.

④ 질 나쁜 인쇄와 질 : 이것은 특별히 컬러광고에 대해서 인쇄가 나쁘다.

(2) 잡 지

월간 식당, 호텔 & 레스토랑, 타임지나 뉴스위크지와 같은 정기발행 잡지들은 주요 신문과 마찬가지로 외식광고업자를 유혹한다. 또한 많은 외식광고업자들은 음식 및 외식 전문잡지에 광고를 싣는다. 다른 매체와 비교해서 잡지는 몇 가지 장점과 단점을 갖는다.

❶ 잡지의 장점

① 대규모 발행

② 우수한 인쇄와 색상도

③ 지역적 · 주체적 특정화

④ 훌륭한 사이코 그래픽에 의한 세분화 가능성

⑤ 유명한 잡지와의 제휴

⑥ 많은 제2의 독자들로 인한 오랜 생명

❷ 잡지의 단점

① 비교적 오랜 작품 제작기간

② 높은 제작비용 : 특별히 컬러광고 때문에 비용이 비싸다.

③ 신문보다 적은 발행빈도

(3) 텔레비전

전국적인 규모의 네트워크 텔레비전은 예산이 풍부한 마케터들에게 그들의 메시지를 많은 사람들에게 도달할 기회를 준다. 텔레비전은 어떤 다른 광고매체보다 쉽게 가정에 도달한다. 미국 가정의 99%가 라디오를 가지고 있으며 텔레비전의 경우 약 98%이다. 두 매체에서 마케터들은 그들의 메시지가 잠재고객에게 도달하는 반복광고에 의존한다.

지역텔레비전은 작은 지역에 제공하는 회사들의 욕구에 적합하고, 케이블 채널은 광고주에게 시청자의 특별한 유형에 초점을 맞추는 능력을 준다. 사실 현재 일부 선진국뿐만 아니라 한국에서도 오로지 요리와 음료에 관련된 내용만을 방영하고 있는 전문채널을 가지고 있다.

어떻게 텔레비전이 특정의 시장을 목표로 할 수 있는가를 말해주는 예로서는 스페인에서 열린 월드컵 축구경기에 패키지를 제공한 외식업자는 모든 스포츠 케이블 채널인 ESPN에 광고를 할 수 있었다는 것이다. 외식업자를 위하여 텔레비전은 몇 가지 장점과 단점을 지니고 있다.

❶ 텔레비전 광고의 장점

① 다른 매체보다 강력한 효과

② 시청각 소구 가능

③ 상품이나 상가지역의 시각화

④ 대중 또는 선정된 시청자들

❷ 텔레비전 광고의 단점

① 제작 및 방송시간에 대한 높은 단가

② 시청자에 의해 재검토할 수 없는 짧은 생명

③ 긴 제품 리드타임(제품의 기획에서 완성까지의 기간이 길다)

④ 15초, 30초, 60초로 제한된 메시지

(4) 라디오

라디오광고는 거의 예외 없이 상대적으로 작은 지역에 도달된다. 많은 라디오 방송 프로그램의 존재는 마케터들이 그들의 표적 오디언스(청중)를 좀 더 확실히 하도록 오디언스의 서로 다른 유형을 구분하게 한다. 다른 매체와 비교해서 라디오는 몇 가지 장점과 단점을 갖는다.

❶ 라디오의 장점

① 지리적이고 인구통계적인 선택성

② 비교적 저단가

③ 다른 매체가 도달할 수 없는 사람들(특히 운전자, 조리사)에게 소구가 가능

④ 인간 목소리의 호소력

⑤ 막바지에 변경이 가능한 짧은 제작기간

❷ 라디오의 단점

① 라디오는 종종 청취자의 모든 집중을 받지 못한다.

② 시각적 호소가 결핍되어 있다.

③ 청취자에 대한 경쟁이 심하다.

④ 메시지를 청취자에 의해 검토하는 것이 불가능하다.

(5) 다이렉트 메일

많은 외식업자는 카탈로그, 브로셔, 전단 그리고 다른 정보를 잠재고객에게 우편으로 보낸다. 이것을 다이렉트(DM : Direct Mail) 메일 또는 직접우편이라고 한다. 외식업자는 우송자 명단 브로커, 지역유지 또는 그들이 소유하는 기존고객명단에서 표적고객의 명단을 얻을 수 있다. 여기에는 반송 쿠폰이나 무료장거리 전화에 의한 선행광고에 응답한 사람들을 포함하고 있다. DM은 다음과 같은 몇 가지 장점과 단점을 갖는다.

❶ 다이렉트 메일의 장점

① 제작과 우송에 융통성

② 행동적 세분화를 제공하는 고도의 선택성

③ 카드와 쿠폰에 응답하는 결과로써 반응측정이 용이

❷ 다이렉트 메일의 단점

① 우편요금, 인쇄비, 고객명단의 확보 등에 비용이 든다.

② 다른 매체에 비해 직접 표적 오디언스를 독자적으로 획득해야 한다.

③ 대부분의 사람들은 다이렉트 메일에 그다지 관심을 표명하지 않는다.

(6) 옥외광고매체

옥외매체의 가장 보편적인 형태는 광고판(게시판)과 버스·전철·택시 등의 측면에 그려져 있는 그림이다. 여러 경우에 이러한 광고는 이미 반응하고 있는 사람에게 접근할 수 있다. 옥외광고매체의 장단점은 아래와 같다.

❶ 옥외매체의 장점

① 상대적으로 적은 비용

② 반복(사람들은 매일 간판을 본다)

③ 지리적 선택성

④ 훌륭한 재생산에 의한 높은 효과 달성

❷ 옥외매체의 단점

① 낮은 비율의 기대 고객수와 일부 지역에서의 낮은 관심도로 의해 높은 무용의 커버리지가 발생한다.

② 메시지 크기가 제한된다.

③ 긴 제작시간은 그것을 빠르게 변화시키기 어렵게 한다.

(7) 인명부광고

다른 광고 형태와는 달리 인명부광고는 잠재고객에게 광고 그 자체를 강요하지 않는다. 특별외식상품에 관해서 정보를 찾는 사람은 지역촉진 외식행사나 기타 사업자단체에 의해 제작된 외식업체 인명부 및 전화번호부를 자주 이용한다. 왜냐하면, 잠재고객은 이미 구매한 특정항목을 결정했기 때문에, 인명부광고에서 외식업자나 중개인에 의해 제공된 제품과 서비스에 대해 더 상세한 정보를 자주 공급한다.

인명부광고는 비교적 낮은 비용으로 우수한 지역적 선택성을 제공한다.

4) 매체이용 비교

매체기획자는 매체를 선택할 때 표적소비자의 매체습관을 포함한 많은 요인을 고려한다. 예를 들면, 라디오와 TV는 10대에 도달하는 데는 가장 좋은 매체이다. 관광휴양지는 컬러사진 잡지가 좋으며, 어린이를 표적으로 하는 패스트푸드 광고에는 TV가 가장 좋다. 서로 다른 형태의 메시지에는 서로 다른 매체가 필요하기도 한다. 어린이날의 뷔페를 알리는 메시지로는 라디오나 신문이 효과적이다. 패키지관광을 상세하게 설명하는 광고와 같이 전문적 자료를 포함하는 메시지를 널리 전달하는 데는 잡지나 다이렉트 메일이 가장 효과적이다. 메리엇과 웬디즈의 매체 이용을 비교한 예가 〈표 9-2〉이다.

〈표 9-2〉 메리엇과 웬디즈의 매체이용 비교

매 체	메리엇	웬디즈
잡 지	4,261,000	5,000
선데이 매거진	471,000	0
신 문	20,279,000	0
옥외광고	295,000	1,915,000

네트워크 TV	0	41,954,000
스폿 TV	10,094,000	39,518,000
신디케이트 TV	0	8,424,000
케이블 TV	2,955,000	2,386,000
네트워크 라디오	3,594,000	0
스폿 라디오	6,175,000	215,000
측정된 全매체	48,911,000	94,416,000
측정되지 않은 매체	90,800,000	29,700,000
全미디어	137,711,000	124,116,000

주 1. 측정되지 않은 매체란 다이렉트 메일, 판매촉진, 쿠폰, 특별행사와 그 밖의 촉진활동 추정치이다.
2. 네트워크 TV란 ABC, CBC, NBC와 같은 주요 네트워크를 탄 광고를 말한다.
3. 스폿(spot) TV란 시장별로 구입된 TV를 말한다.
4. 신디케이트(syndicated) TV에는 위성에 의하여 배신된 신디케이트 TV와 FOX TV가 포함된다.
5. 케이블 TV에는 CNN, ESPN, 가족용 채널, MTV 뮤직 TV, WTBS, USA네트워크, 그 밖에 이와 유사한 채널이 포함된다.

2 PR

1) PR의 의의

(1) PR의 의미

폭넓은 의미에서 PR(Public Relations)은 기업이나 상품에 대한 고객의 호의를 창조하는 과정이다. 많은 경우에 PR 노력은 새로운 매체에 대해 여론에 영향을 주는 입장에 있는 외식편집자, 저술가, 언론인에게 초점을 맞춘다. 외식기업이 PR에 대해 강조하는 것은 여러 가지의 뚜렷한 이점을 가지고 있기 때문이다.

PR은 광고의 이상적인 동반자로서 외식기업이나 상품에 대해 더욱 상세한 정보를 제공하기에 충분하다. PR캠페인의 목적의 하나는 잠재고객의 마음속에 기업과 상품에 대해 긍정적인 이미지를 창조하고, 고객이 자사의 광고를 수용하도록 만드는 것이다. 이러한 방법으로 좋은 홍보는 고도의 경쟁시장에서도 그들의 경쟁자와 외식업자를 구별할 수 있게 한다. 맥도널드의 자선행사보도는 잘 알려진 예이다.

(2) PR의 이점

기업이 PR에 대해 강조하는 것은 여러 가지의 뚜렷한 이익이 있기 때문이다. 대부분의 PR활동 캠페인은 장기적으로 보면 광고보다 훨씬 저렴하다. 그 원칙은 간단하다. 텔레비전의 특정기사를 위한 시간이나 여행기사를 위한 지면에는 돈이 들지 않은 반면에 광고시간과 지면은 돈으로 구입해야 하기 때문이다. 게다가 외식업체나 상품에 관한 정보내용은 잠재고객이 그 정보를 긍정적으로 받아들이도록 하는 데 영향을 미칠 수 있다. 예를 들면, 소비자는 외식업체의 신상품 출시를 설명하는 잡지기사를 읽고서 그 정보의 출처에 개의치 않고 그것에 관한 객관적이고 진실성 있는 태도를 취하는 경향이 있다고 볼 수 있다.

(3) PR의 단점

뉴스매체에 있어 일반적으로 퍼블리시티(publicity)라고 하는 PR의 단점은 기업이 메시지 내용의 통제를 포기해야 하고, 외식상품의 이미지는 마음속에 독자적인 호기심을 가진 제3자에 의해 결정된다는 것이다. 외식메뉴에 관해 사전에 언급된 기사가 오히려 잠재고객에게 별로 먹어볼 만한 메뉴가 아니라고 인식시킬 수도 있다.

이러한 목적으로 PR을 사용하는 외식기업은 그들 조직과 그들이 잠재고객에 의해 식별될 수 있는 이벤트행사를 주의 깊게 선택해야만 한다.

2) 뉴스 가치가 있는 정보

주요 외식잡지 및 신문의 외식부문에 대한 면밀한 검사는 어떤 이야기 거리나 이벤트에 대하여 고객 및 편집자가 어떠한 관심을 갖는가를 알려준다. 그러나 PR의 기사는 가장 새로운 식당이나 고급리조트 레스토랑에 한정되지는 않는다. 다음 목록에 의하면 비록 포괄적이지는 않지만 매체의 관심거리가 될 정보의 몇 가지 형태를 알 수 있다.

① 종사원에 의해서 얻어진 전문적 신뢰감
② 간부사원의 임명과 승진
③ 혁신적인 상품 또는 경영상의 절차
④ 경쟁자에 의해 제공되지 않는 예외적인 서비스
⑤ 회사와 지역사회 서비스 활동과의 관련
⑥ 종사자 명예와 보상
⑦ 유명인사 출연
⑧ 자선공연과 활동
⑨ 외식산업조직내의 사무실 이전
⑩ 새롭고 혁신적인 설비로 개점
⑪ 인간적인 관심거리
⑫ 고객의 팁

3) 매체 관계자

뉴스가치가 있는 기사는 편집자나 제작자가 독자나 시청자에게 관심이 있는 정보라고 결정할 때 뉴스가 된다. 이러한 이유로 매체에 있어 영향력 있는 관계자와의 접촉은 PR의 성공에 결정적으로 중요하다. 외식산업은 흔히 뉴스의 출처가 될 수 있으므로 외식전문가를 아는 것 또한 이익이 된다. 예를 들면, 외식산업에 대한 일부의 규제를 폐지하는 경우, 그 내용을 쉬운 용어로 설명할 수 있고 구체적인 특정 고객그룹이나 기업에 미치는 그들의 영향력을 기술할 수 있는 외식산업정보 관계자에게 접근하는 것이 필요하게 된다.

또한 뉴스거리를 구체화시킬 뿐만 아니라 미래의 고객에게 뉴스가치가 있는 정보를 잠재적으로 전달할 수 있는 편집자나 보고자와의 새로운 관계를 만들어 내어야 한다. 특히, 매체관계자들은 PR캠페인에 대해 비판적이기 때문에 PR전문가들은 모든 매체관계자들과 좋은 관계를 유지해야 한다.

4) PR의 기본적 방법

PR전문가는 기업이 접촉하는 매체자원을 알고 있든가, 가치가 있는 정보를 가지고 있을 때 그 정보를 어떻게 그들에게 소구할 것인가 등 이러한 목적을 위한 몇 가지 기본적인 도구를 가지고 있어야 한다.

(1) 신문발표

신문발표는 새로운 시설물의 개장, 혁신적인 상품의 소개, 지역사회에 특별히 공헌한 종업원의 활동, 유명인사의 등장과 같이 그 목적이 뉴스가치가 있는 무엇인가를 서술하는 것으로, 외식기업을 위한 또는 외식기업에 의해 쓰인 기사이다. 신문발표는 신문잡지 특유의 스타일로 특별한 사건의 뉴스를 최대한으로 가치 있게 써야 한다. 특히 대기업의 많은 PR부서는 이러한 이유 때문에 잘 훈련된 저널리스트를 고용하기도 한다. 그러나 어떠한 외식전문가라도 효과적인 신문발표를 위한 작성법을 학습해 두어야 한다. 발표는 생동감 있게 쓰여야 하는데, 특히 누가, 무엇을, 어디서, 언제, 왜라고 하는 5W에 따른 간단한 서술형식으로 쓰여야 한다.

신문은 대개 사건의 인간적인 측면에 초점을 맞추고 대범한 인용구를 자유롭게 구사하는 기사를 선호하며 심의 중에 놓인 논제의 지역적인 영향을 강조한다. 잘 쓰인 기사에는 기업의 이름과 제품 및 서비스에 관하여 공정한 입장에서 보도자가 작성하는 방식으로 제공되며 모든 관련 정보가 담겨진다. 무엇보다도 신문발표는 광고비를 지급하지 않는 뉴스거리이다.

신문발표의 목적은 매체가 편집에 사용할 수 있는 형식으로 정보를 매체에 유용하도록 만드는 것이다. 그렇다 하더라도 외식기업은 정보의 발표날짜, 기사 작성인의 이름, 작성인의 전화번호 등을 가능한 간결하게 작성하도록 노력해야 한다.

(2) 기자회견

기자회견은 신제품 발매 및 이벤트에 관해서 매체를 통하여 정보를 제공하는 또 다른 수단이다. 기자회견에서 기업은 초청된 매체관계자들에게 상품안내 및 발표 후 그들의 질문에 답변한다. 기자회견에서는 매체와 고객에게 호기심과 주의를 집중시키기 위해 예정된 이벤트를 발표하곤 한다. 예를 들면, 기업이 이벤트에 주변거주자들이 주의를 기울이도록 고무시키기 위해서, 또는 외식박람회의 후원자가 될 것이라는 것을 발표하기 위해 기자회견을 개최하기도 한다.

기자회견은 비용이 많이 들 수 있다. 왜냐하면, 부분적으로는 회견 그 자체가 대개 매체관계자에게 배부된 무료의 인쇄물에 의해 보충되기 때문이다. 이러한 기자회견의 도구로는 대개 외식업자의 PR진에 의해 마련된 인쇄물, 진상조사서, 사진 등이 있다.

(3) 특별무대행사

외식기업은 또한 지역사회에서 호의적 관심과 가시성을 증대시키기 위해서 매체관계자, 초대손님 및 일반대중을 위하여 특별 무대행사를 개최하기도 한다. 명사의 후원적인 출현, 외식관련 영화의 특별관람, 뮤지컬단체나 연속극배우들의 연기, 음식축제의 전개 등이 지역뉴스 프로그램에 의해 보도될 수 있는 이벤트의 예이다. 기업의 평판이 무대행사 그 자체의 수준에 달려 있기 때문에 이런 형태의 홍보노력이 성공하려면 주의 깊은 기획이 중요하다. 특별무대행사를 개최하는데 있어서 명사가 정시에 도착하지 않는다거나 음료수 컵이 부족하다는 등의 우발적인 상황까지도 고려하는 완벽한 준비가 요구된다.

정밀하게 구상되고 실행되어졌을 때 특별무대행사는 시간과 비용을 지출한 기업의 이름을 인지시킨다든가 지역에서의 실제적인 평판을 얻을 수가 있다.

(4) 리셉션

리셉션은 출판업자나 제작자, 작가 그리고 기자 등과 같은 매체의 대표자들과 외식기업 간의 접촉을 촉진시키기 위한 목적으로 기획된다. 그렇기 때문에 기자회견에 참석하는 많은 동일인물이 리셉션에도 참석한다.

그러나 정보를 전달하기보다는 외식업자와 보도기자 간의 교류를 증진시키기 위해서 우호적인 분위기가 기획된다. 그러한 이유로 리셉션은 고급 호텔 및 레스토랑에서 개최되고 훌륭한 음식을 제공한다면 후원하는 기업에 대해 아마도 호의적인 반응을 보이도록 매체관계자들을 매료시킬 것이다.

(5) 무료초대

매체관계자의 호의를 유발시키는 데 가장 효과적인 방법은 아마도 외식상품을 직접 시식해 보도록 하는 것이다. 이러한 일부보조금 지급여행 및 전액지급의 무료초대는 후원자에게 비싼 것이 될 수도 있지만, 그것이 매체에 직접적으로 영향을 미치는 기회 또한 증대하게 되므로 결국에는 거기에 든 비용을 보상받게 된다.

외식사업체, 새로운 도시에 항로를 개설한 항공회사, 새로운 지역에서 체인을 건설한 호텔 등은 기업체들의 인기와 PR효과를 유발하기 위해서 이러한 종류의 무료초대를 자주 이용한다.

이러한 PR방법에 대한 투자회수는 즉시성이 없거나 분명하지 않을 수 있다. 무료초대에 참가한 것이 신문기자들이 그 기업에 호의적인 기사를 쓰게 하는데 직접적인 도움이 되는 것은 아니다.

그럼에도 불구하고 매체관계자들은 외식상품 평가방법의 하나로 무료초대를 이용한다. 그리고 그들은 독자나 청취자에게 이러한 평가결과를 전달하게 된다.

3 판매촉진

1) 판매촉진의 정의

특정제품에 대한 수요를 자극하기 위해 계획된 전문적 활동을 일컬어 판매촉진(sales promotion)이라 한다. 판매촉진은 더 일반적인 개념인 '촉진(promotion)'이라는 용어의 하위개념이다. 판매촉진의 명확한 목적은 판매를 조장하는 데 있다. 즉 판매촉진은 제품이나 서비스의 구매 및 판매를 고양하기 위한 단기적인 자극수단이다. 판매촉진은 판매시점에서 광고의 영향을 강화시킨다. 판매촉진에 사용되는 수단은 매우 다양하다. 판매촉진을 계획함에 있어서 촉진계획자는 시장의 유형, 판매촉진의 목적, 경쟁조건, 수단별 이용과 효율성 등을 고려하여야 한다.

판매촉진기술은 ① 최초의 상품구매를 자극하기 위한 동기부여, ② 반복구매의 조장, ③ 전체 고객의 충성심 유지, ④ 제품경쟁력 유지 등 네 가지 기본적 목적을 성취하기 위해 사용되어진다.

모든 판매업무에는 적어도 구매자와 판매자를 포함하고 있기 때문에 판매촉진기술은 이 양자를 통제할 수 있어야 한다. 그들은 판매에 접근하려는 판매자와 구매하려는 구매자에게 명확하고 효과적인 동기를 제공한다. 외식업에서 빈번히 사용되는 판매촉진은 쿠폰, 선물, 바우처, 염가티켓, 경품, 구매시점 전시, 콘테스트 등이다.

2) 고객지향적 판매촉진

어떤 점에서 고객지향적 판매촉진은 광고나 PR캠페인에 의해 시작된 업무를 완성하는 것을 의미한다. 만약 광고가 잠재고객의 주의를 부추기고 상상력을 고무시키기 위하여 계획되는 일반적인 수단으로써 소비자에게 상품의 이미지를 심는 것이라면, 판매촉진은 고객의 행동에 대한 자극을 시도하는 것이다. 외식기업은 외식상품을 구매하려는 고객을 촉진시키기 위해 몇 가지 촉진전략을 사용한다.

(1) 구매시점 전시

대부분의 잠재고객은 외식상품 및 목적지의 사진과 같은 시각적 전시에 긍정적으로 반응한다. 대부분의 외식기업은 아래의 구매시점 전시방법의 전부 또는 일부를 사용한다.

① 브로셔와 기타 인쇄물
② 포스터와 사진
③ 음식과 관련지역의 수공예품 및 기념품 전시
④ 슬라이드 쇼와 비디오 등

이러한 도구의 일부는 벽장식이나 진열장 전시, 실내장식 등에 사용된다. 다른 도구는 판매촉진재료로서 특수하게 만든 특별한 무대와 선반 등이 있다. 매력 있고 고도의 가시적인 브로셔는 눈에 띄는 장소에 놓이게 된다.

이러한 브로셔에는 레스토랑을 설명한 소규모의 전단에서부터 아메리칸 익스프레스나 클럽 메드의 브로셔와 같이 회사상품의 전체범위를 목록으로 작성한 대규모 카탈로그에 이르기까지 매우 다양하다. 대부분의 경우에 브로셔는 주의 깊게 계획·작성되고 매혹적인 외식상품과 실내의 사진을 광택 인화지에 촬영하여 기사로 다루고 있다. 브로셔는 고객에게 상품을 보여주기 위해서 사용될 뿐만 아니라 고객이 그것을 집으로 가지고 간 후에도 판매과정이 계속된다는 부가적인 이점이 있다.

(2) 가격할인

일반적으로 모든 다른 것이 동일한 여건 하에 있다면 상품가격 할인은 판매를 증가시킬 것이다. 촉진적 가격전략은 고객의 주의를 끌기 위해 고객이 비할인 가격으로 재구매해야 할 상품에 대해 처음에 할인을 실시하는 것이다. 즉 가격할인의 목적은 외식업자가 신제품에 대해 관심을 자극하거나 새로운 고객의 주의를 끌기 위한 것이다. 예를 들면, 많은 레스토랑은 오픈을 기념하여, 또는 매년 창사기념일을 기념하여 실제적인 할인요금을 제공하기도 한다.

외식상품을 구입할 때 가격을 결정적으로 고려하는 경향이 강한 학생, 은퇴자, 일부 주부 등의 주의를 끌기 위해 외식업자는 종종 가격할인정책을 이용한다. 가격할인정책은 또한 불경기 동안에 판매의 하락 극복에 매우 유용하다.

(3) 무료상품

고객은 비할인상품의 최초 구매에 제공되는 무료상품에 긍정적으로 반응한다. 주요 체인들은 이 전략을 자주 사용한다. 예를 들면, 리조트에서는 주말에 3일을 머물기 위해 숙박비를 지급하는 고객에게 주중의 하룻밤을 무료로 제공하기도 한다. 외식업자는 때때로 무료상품을 포함한 끼워 팔기의 제공에 동의하기도 한다. 예를 들면, 특정 항공사의 탑승권을 소지한 고객이나 주중 3일 동안 숙박한 고객에게 주말에 레스토랑 무료이용권을 주기도 한다.

(4) 복권·선물·경품

복권은 때때로 값비싼 무료 경품을 선물로 제공함으로써 새로운 고객의 주의를 끌고 단골고객을 유지하기 위한 인기 있는 방법의 하나이다. 법률에 의하면 복권을 위해서 상품구매를 하게 해서는 안 되므로, 많은 기업들은 외식상품 구매에 고객들을 자발적으로 참가시키기 위해서 복권을 제공한다고 한다.

많은 기업들이 상품을 구입한 고객에게 무료로 선물을 제공한다. 이러한 선물에는 여성용 대형 핸드백, 여행가방, 오디오 또는 비디오테이프, 여행책자, 커피세트, 여러 가지 간편한 옷 등이 있다. 때때로 자사상품을 처음 구입하는 고객에게 신상품이나 프로모션용 선물을 경품으로써 제공하기도 한다.

(5) 로열티 마케팅 마일리지 시스템

아메리칸 항공의 다빈도 탑승자 계획(frequent flier program)이 소개된 이래로 로열티 마케팅은 외식산업에 있어서 판매촉진의 중요한 부분이 되고 있다. 그 후 미국 내 운항 소규모항공사와 많은 외국항공사는 다빈도 탑승자 보너스를 제공하기 위해서 대형 항공사와 제휴하게 되었다. 또한 많은 외식업체, 호텔체인과 렌터카회사들도 고객보상을 조장하기 위해 이와 유사한 다빈도 이용자 시스템을 제공하기 시작하였다.

로열티 마케팅의 목표는 첫째로 외식상품에 대한 새로운 고객을 이끌기 위해서, 둘째로 기존고객의 유지를 위해서 등 두 가지 요소로 되어 있다. 요즈음에는 시장환경의 변화와 경쟁격화로 인해서 두 번째의 목표가 더욱 중요시되고 있다.

대부분의 다빈도 이용자 시스템은 주요 외식업체, 호텔체인, 유람선회사, 렌터카회사와 합의가 이루어지기 때문에 회원들은 추가적 신용을 쌓아감에 따라 식사 음료 및 호텔 객실, 렌터카의 요금을 할인받는다.

3) 중개인지향적 판매촉진

외식업자에 있어서 판매촉진의 효과적인 프로그램은 고객과의 직접적 접촉보다 더욱 고려되어야 한다. 또한 대부분의 경우에 있어서 고객과 외식업자 간을 연결하는 중개업자들을 고려해야 한다.

판매촉진전략은 아래와 같은 목적을 위해 실제적으로 상품을 파는 중개업자에게 초점을 맞춘다.

① 상품에 대한 외식업자의 강한 흥미의 유발
② 중개업자들 간의 외식업자 로열티(충성심) 유지

③ 중개업자와의 효과적인 의사소통

④ 판매과정 완성을 위해 중개업자에게 자료 및 인센티브 공급

외식업자는 중개인에 대하여 두 가지 두드러진 판매촉진의 형태를 장려한다. 첫째, 그들이 특정 판매목표를 달성하였을 때 중개인에게 보상하는 것에 의해 다량의 판매를 자극하는 것이다. 둘째, 중개인이 외식상품에 더 친숙하도록 만들어 외식상품을 더 효과적으로 판매하도록 하는 것이다.

이하에서는 상기의 두 가지 목적에 접근하기 위해서 외식업자에 의해서 실시되고 있는 몇 가지 방법을 알아보기로 한다.

(1) 세일즈 인센티브

외식업자는 중개인이 외식상품을 더 많이 팔도록 동기를 부여하기 위하여 몇 가지 세일즈 인센티브를 이용한다. 예를 들어, 외식업자는 판매목적을 충족시켜 줄 중개인에게 무료여행이나 선물을 제공할 수 있다. 어떤 외국 레스토랑의 경우에는 그들이 판매하려는 대형계약을 위해 중개인에게 하룻동안 무료로 룸과 식사를 제공한다고 한다.

일부 외식업자는 특정기간 내에 그들 상품의 정해진 양을 판 중개인에게 현금 보너스를 지급한다. 이러한 보너스(상여금)는 일정 판매량을 초과하여 판매하였을 경우에 이제까지 통상적인 10% 수수료 대신에 15% 수수료 지급이라든가 또는 평균수수료보다 거액의 현금을 지급하는 등 중개인에게 더 많은 수수료를 지급하여 동기를 부여하고 있는 것이다.

(2) 상품전시회·파티·리셉션

외식업자는 신상품의 소개, 기존상품라인에 있어서 변화를 중개인에 알리고

상품판매를 위한 강도 높은 열의를 유발하기 위한 포럼(forum)으로써 상품전시회, 파티, 리셉션 등을 이용한다. 많은 외식업자는 이러한 상품전시회에서 중개인을 위한 접견이나 파티를 개최한다.

전시회나 리셉션의 분명한 목적에도 불구하고 이러한 행사는 외식상품의 가시성을 증가시키는 데 도움을 준다. 왜냐하면, 중개인의 열의는 전체 판매노력에 있어서 매우 중요한 요소이며 외식업자에게 상품전시회가 판매촉진을 위한 중요한 출발점이 되기 때문이다.

(3) 무료초대

판매촉진과 관련하여 외식업자는 자사상품을 팔도록 중개인들의 동기를 증대시키기 위해 그들에게 무료초대를 제공한다. 이 초대는 중개인에게 그 상품의 직접적 이득과 특징을 이해하게 하고, 고객에게 외식업자의 상품을 더욱 잘 설명할 수 있도록 분위기를 조성한다.

(4) 판매콘테스트와 복권

최근에 판매콘테스트와 복권추첨은 상품을 더 많이 팔도록 중개인을 고무시키는 가장 인기 있는 수단이 되고 있다. 일정양의 예약이 완결되면 자동적으로 복권상품을 탈 수 있기 때문에 콘테스트를 실시하기가 용이하다. 복권의 상(賞)으로는 고급차, 외국여행, 거액의 현금지급 등이 있다.

일부 외식업자들은 고객을 대상으로 한 콘테스트와 연대하여 중개업자를 위한 복권추첨을 실시한다. 이것은 고객이 상품을 사도록 자극하는 것에 의해 중개인에게 판매를 종결하도록 추가적인 자극을 준다.

4 인적 판매

1) 인적 판매의 정의와 기본형태

(1) 인적 판매의 정의

무형성과 저장의 불가능성 등 외식상품의 독특한 특성 때문에 외식상품 구매 시 고객들은 전문적인 외식상품판매의 보조수단에 의존해야 한다. 여러분이 알고 있는 것처럼 비행기 탑승, 호텔 투숙, 유럽여행, 주말 휴양지의 식사 등 서비스상품은 일용잡화점의 진열대나 진열장에서 직접 고를 수가 없다. 그러므로 잠재구매자는 외식제품 및 서비스를 구입할 때 판매자의 경험에 의존해야 한다.

인적 판매는 직접 대면이나 전화에 의한 구매자와 판매자 간의 인적 접촉의 결과로써 생기는 판매라고 정의할 수 있다. 인적 판매는 주문판매에서 창조적 판매에 이르기까지 그 범위가 넓다.

주문판매에 있어 판매자는 외식상품에 대한 고객의 욕구를 처리한다. 주문판매는 고객들이 외식상품에 이미 익숙해져 있거나 그들이 원하는 것을 주문하려고 할 경우, 특히 단체예약 또는 케이터링, 출장뷔페에서 흔히 발생한다.

한편, 창조적 판매는 더욱 복잡하다. 대부분의 잠재고객은 외식상품에 익숙해 있지 않으며, 그들이 원하는 곳에 대해 막연한 생각을 갖고 있다. 창조적인 판매에 있어서 판매자는 잠재고객의 욕구를 찾아내야 하고 외식상품을 추천하여 고객이 상품을 구입하도록 동기를 부여하여야 한다.

인적 판매는 프로모션 믹스에 있어서 가장 중요한 요소이다. 광고와 판매촉진을 위해 사용되는 거액의 비용에도 불구하고 인적 판매는 외식상품의 수요를 실질적인 구입으로 전환시킬 수 있는데, 그것은 판매자의 메시지가 개별 고객에게 맞추기가 용이하고 또한 고객의 즉각적인 반응을 얻을 수 있기 때문이다. 여기에는 대인적 의사소통이 매우 중요하다.

(2) 인적 판매의 기본형태

❶ 사내판매

인적 판매는 사내판매와 사외판매라는 두 개의 기본적인 형태로 나눌 수 있다. 비록 잘못 이해될 수도 있지만, 이 용어는 판매가 이루어지는 장소를 가리키고 있다.

외식산업에 있어서 거의 모든 판매는 사내판매원(in-house salesman)에 의해 이루어진다. 예약담당직원은 질문이 사람을 통해서 들어오든지, 전화를 통해서 들어오든지 판매과정을 시작하기 위해서는 고객조사에 모든 것을 의존한다.

❷ 사외판매

사외판매는 사업체, 조직, 대규모 그룹에게 외식상품을 팔기 위해서 이용되고 있다. 대규모 외식기업은 예를 들면, 상용고객과 기업에 자사상품을 판매하기 위해서 사외판매원을 활용한다. 대부분의 경우에서 그렇듯이 사외판매원은 판매과정을 처음으로 시작하는 사람이다.

2) 인적 판매의 기본단계

외식상품을 구매자에게 소개하는 데 성공하기 위해서 판매원은 구매를 촉진시킬 수 있도록 계획된 인적판매의 기본단계를 따라야 한다.

여기에는 적어도 세 가지 기본단계가 있다. 첫째, 고객정보수집, 둘째, 상품의 추천, 셋째, 판매를 완성시키는 것이다. 비록 이 단계가 분리되어 언급되고 있지만, 실제로 그것들은 가끔 중복되어 발생하기도 한다.

(1) 고객정보수집

인적 판매의 첫 번째 단계는 고객정보를 수집하는 것이다. 그러기 위해서는 고객을 어느 정도 분류하여야 한다. 고객 분류는 외식상품을 추천하거나 정보를 제공하기 전에 고객의 인식과 욕구에 관하여 동질적인 가능성을 충분히 발견하기가 용이하다. 환자의 병을 진찰하는 정신과 의사처럼 판매원은 요령 있게 질문하며 대답에 주의를 집중하여 고객의 생각을 알아내야 한다.

❶ 다섯 가지 질문 사용

사내판매원이 고객을 돕기 위해서는 몇 가지 기초적 질문에 대한 답을 필요로 한다. 때때로 고객은 자발적으로 정보를 제공한다. 만약 그렇지 않다면 판매원은 그것을 위해 질문을 해야만 한다. 일반적으로 다섯 가지로 알려진 다음의 질문들은 외식산업에 있어서 판매 대리인에 의해 흔히 사용되고 있다.

① 당신이 앉고자 하는 장소는(1층, 2층, 개인석, 단체석, 금연석 또는 흡연석)
② 언제(일시)
③ 얼마나 많은 사람이 식사하려고 하는가(단체의 수)
④ 어떤 서비스수준을 좋아하는가(가격, 가치)
⑤ 얼마나 오랫동안(시간)

또 다른 기본적인 질문은 만약 가족고객이라면 그 가족의 기호 및 구성이 어떠한지를 예상하여야 한다. 비록 판매원이 가능한 빨리 기본적인 질문에 대한 대답을 알아내기를 원한다 하더라도 냉정하게 혹은 허둥지둥 고객에게 질문을 해서는 안 된다.

❷ 상황 질문

외식상품 판매는 정보를 얻는 것과 더불어 기본적인 질문의 대답으로부터 몇 가지 다른 이익을 얻어낼 수 있다. 질문은 대화를 만들어 낼 수 있고 논리적인 방향을 제공한다. 질문에 답하는 것에 의해 판매원은 대화를 통제할 수 있으며 성공적인 결과를 향해 나갈 수 있다.

고객이 판매의 대상으로 적당할 때 판매원은 조정 또는 특정한 질문양식에 의해 대화를 통제할 수 있다. 질문은 두 가지 기본적인 형태를 갖고 있다. 즉 개방적 질문(open-ended question)과 한정적 질문(limited response question)이다. 판매원이 잠재고객의 욕구를 유인해야 하기 때문에 대인판매에 사용되는 질문들은 가끔 엄밀히 조사되어야 한다.

가. 개방적 질문

개방적 질문은 고객이 자유롭게 대답하도록 하면 된다. 판매원은 고객의 태도, 경험, 욕구에 대해 더 많은 정보를 얻으려고 할 때 이 질문의 형태를 사용한다. 단지 "맛있는 음식을 원해요"라고 말하는 고객에 대해서는 더 많은 이야기를 끌어낼 필요가 있다.

개방적 질문의 예는 다음과 같다.

① 어떤 것이 당신의 마음에 듭니까?
② 지난번 모임에는 무엇이 좋았습니까?
③ 유람선 외식을 즐기는 것에 대해 어떻게 생각합니까?
④ 좋아하는 서비스의 종류에 대해서 말씀해 주십시오.

⑤ 지난번 거래 상담에서 식사는 어떠했습니까?

나. 한정적 질문

한정적 질문은 더욱 구체적이고 '예' 또는 '아니오', 그 밖의 짧게 고객의 대답을 제한시키려고 의도한다. 판매원은 정확한 정보를 얻을 때 또는 대화를 진전시키고자 할 때 그리고 고객의 선택폭을 좁히도록 도울 때 이 형태의 질문을 사용한다.

한정적 질문의 예는 다음과 같다.

① 쇠고기 요리가 필요합니까?
② 2층 룸에 머무를 예정입니까?
③ 레드와인 또는 화이트와인 중에서 어느 쪽이 좋습니까?

❸ 예산관련 질문

일반적으로 판매원은 대화의 후반부까지 예산에 관한 질문을 미루어 왔다. 고객들이 편안하게 느낄 때까지 얼마만큼 소비할 것인가를 논의하길 원치 않는다는 것이 하나의 이유이다. 또 다른 이유는 고객이 적합한 가격이 얼마인지를 알지 못한다는 것이다. 고객은 자신들의 이익에 관련된 외식상품의 가치를 더 많이 이해하는 것이 필요하다. 판매과정에 있어서 너무 일찍 가격범위를 고정시키면 고객들은 아마도 상품이 그들의 욕구에 대해 가장 적합한가에 관해 알려고 하지 않을 것이다.

❹ 청 취

효과적으로 질문하려면 효과적으로 청취해야 한다. 기존 연구에 의하면, 대부분의 사람들은 남의 말에 귀를 잘 기울이지 않는 형편없는 청취자임을 지적한다. 고객의 요구와 기호를 정확하게 판단하기 위해서는 외식판매원은 훌륭한 청취자가 되어야 한다.

청취력 증가는 대개 집중도 향상의 문제이다. 인적 판매상황에서 판매원은 그들의 집중도를 향상시키기 위해 여러 가지 방법을 사용할 수 있다. 우선 그들은 대강 일을 처리하는 것을 막고 방해받지 않고 대화를 수행하기 위해 노력해야만 한다. 노트 기록은 대화의 기록을 기입하는 동안 정신집중에 도움이 된다. 전화로 말할 때에는 노트 필기수첩에 적거나 고객의 말에 초점을 맞추어 집중해야 한다.

판매원은 그들이 듣고 있다는 것을 알리기 위해 몇 가지 표시를 할 수 있다. 그들은 "알아요" 또는 "당신이 무엇을 말하는지 이해합니다"라는 말과 같이 종종 구두표시를 할 수 있다. 고객이 말했던 것을 되풀이하거나 표현하는 것이 아니라 고객을 안심시킬 수 있는 조금 다른 말을 해야 한다. 일대일 대화는 고개 끄덕이기, 미소 짓기 그리고 시선유지와 같은 비언어적 신호를 사용하도록 한다. 물론 판매원은 전화나 직접적 대화 시 고객의 이야기가 끝나기 전에 성급하게 결론으로 뛰어넘어 가서는 절대로 안 된다.

(2) 상품추천

인적 판매과정에 있어서 중요한 것은 추천이다. 판매원은 상품에 대한 지식은 물론 심리학적 원칙을 추천과정에서 반드시 적용해야 한다. 그들은 고객의 외식에 대한 기본적인 동기를 생각해내고 그 고객이 선호할 음식제공에 대해서 고려한다. 판매원은 컴퓨터 시스템, 인쇄물, 동료나 자신의 경험에서 얻은 정보를 이용하여 고객욕구의 분석에 적당한 제품 및 서비스를 확인해야 한다.

❶ 욕구의 확인

고객욕구가 완전하게 나타나면 외식판매원은 그들의 욕구를 정확히 이해했음을 증명해야 한다. 이것은 고객이 한 말에 대하여 문장을 만들어 보이거나 몇 가지 반응을 증명함으로써 가능하다. 예를 들면, 예약직원이 "어디 봅시다. 손님은 단체회식을 원하시는군요. 하지만 또한 손님만의 자유시간을 동시에 원하시는군요. 제 말이 맞나요?"라고 고객욕구를 확인함으로써 판매원은 그들이 무엇을 원하고 있는지 완전히 이해했음을 나타내 보일 수 있다. 바꾸어 말하면, 고객은 판매원이 그들이 원하는 상품을 추천해 줄 수 있을 때 더욱 안도감을 느끼는 것이다.

❷ 상품의 특징과 편익의 소개

모든 제품 및 서비스는 어떤 특징을 갖는다. 그 특징은 고유의 성격과 결합되는 제품 및 서비스의 특별한 측면이다. 예를 들면, 사업여행에 있어서 어떤 주요 레스토랑의 특별시설에는 다음과 같은 것이 포함될 것이다.

① 사업 미팅을 위한 스위트 룸
② 안락한 휴게실
③ 기업할인율 보증
④ 컴퓨터, 팩스, 비즈니스용구 등 업무보조기기
⑤ 단체회식 장소 및 가라오케
⑥ 밤의 정취를 즐길 만한 칵테일 라운지

판매원은 고객이 구매토록 유도하기 위해 외식상품의 특징을 지적한다. 그러나 단순히 정보를 전달하는 데에는 충분하지 않다. 고객욕구에 대한 이해를 기본으로 하고, 이 특징을 혜택으로 바꾸어 가야 한다. 혜택(benefits)이란 그 특징으로부터 고객이 얻고자 추구하는 가치이다. 만약 상용고객이 시끄럽고 사람이 많은 곳에서의 회의에 불만을 표시한다면 상용회의에 편안한 객실은 좋은 혜택이 된다. 물론 특별시설은 각각의 다른 사람에게 각각의 혜택을 제공하기도 하고 때때로 아무런 혜택도 제공하지 못할 때도 있다. 아이들을 동반한 가족외식에서 판매원은 밤의 정취를 즐길 수 있는 칵테일 라운지의 이점(利點)을 강조할 수는 없을 것이다.

특징을 혜택으로 전환시키는 능력은 인적 판매에 있어서 매우 중요하다. 고객이 상품의 혜택을 이해하도록 하려는 판매원은 자사의 상품이 다른 유사한 상품과 다르다는 것을 증명할 수 있어야 하며, 그럼으로써 무사히 판매에 성공할 수 있다.

❸ 상품혜택의 강조

판매원은 고객에게 혜택을 강조하는데 몇 가지 기법을 사용한다. 그 중 하나는 고객이 금방 말한 것에 추천을 통합시키는 것으로써 예를 들면, 다음과 같이 말할 수 있다. 직원은 "손님 일행이 30명인데 2, 3명 늘어날지 모른다고 하니 음식은 조금 넉넉히 준비하겠습니다. 만약 손님이 추가분들이 오시지 않아도 30인분의 가격만을 받도록 하겠습니다." 또는 "저희 레스토랑 삼성점에 예약하는 것이 좋겠군요. 그곳이 무역센터의 회의장까지 걸어서 갈 수 있을 정도로 가까이 위치하고 있으니까요"라고 말할 수 있다. 이 기법은 물론 판매원이 그들의 이야기를 귀 기울여 듣고 있으며, 한 사람의 개인으로써 대하고 있음을 고객에게 보여주는 효과도 있다.

대면판매의 경우 판매원은 혜택을 좀 더 가시적인 것으로 만들기 위해 브로셔를 사용할 수 있다. 판매원은 고객과 함께 브로셔를 훑어보면서 흥미 있는 것 또는 고객의 욕구와 관련된 것을 지적한다. 이 때에는 반드시 판매원이 브로셔를 가지고 있어야 한다. 고객이 브로셔를 가지고 있으면 추천에 귀를 기울이는 것보다는 브로셔의 글자에 신경을 더 쓰게 되어 버린다.

브로셔를 특별하게 활용하기 위해서 판매원은 밑줄을 긋거나 동그라미를 그리거나 고객에게 혜택이 되는 특징적인 개소에 별표를 한다. 문장으로 설명된 부분은 두 곳 이상을 한꺼번에 보여서는 안 된다. 그렇지 않으면 고객은 혼란스러워 하거나 결정을 내리지 못한다.

가끔씩 판매원은 그들의 추천을 뒷받침하기 위해 제3자의 추천을 사용할 수 있다. 판매원은 이렇게 말할 수 있다. "이씨 부부는 어제 식사에 오셨는데, 정말 즐거웠답니다." 또는 "오성회사는 우리가 그들을 위해 제공한 식사 및 여흥프로그램에 매우 만족해하고 있답니다." 물론 판매원은 추천사용을 위한 허락을 제3자로부터 얻어야 하며, 제3자는 비슷한 관심을 가져야 하고, 제3자는 고객이 알 만한 또는 존경할 만한 인물이어야 한다. 가끔 익명의 추천이 이와 동일한 결과를 가져오기도 하는데, 예를 들면, "우리는 이번 파티에 여섯 쌍의 부부를 보냈는데, 그들 모두 즐거워했답니다"라고 인용한다. 그리고 이 때 판매원은 항상 외식의 특수용어를 일상용어로 바꾸도록 애써야 한다.

④ 요약 정리

고객에 대한 추천과 토의가 끝나면 판매원은 상품의 혜택에 대해 다시 간추려 정리한다. 이것은 고객이 대화의 내용에 대해 질문하거나 다시 언급할 기회를 주는 것이며 상호간의 이해를 돕는다. 만약 고객이 외식상품의 혜택에 만족하는 것 같으면 판매원은 그 판매를 마감할 수 있다. 그러나 이 과정에서 이의 또는 반대의견이 나타나면 판매원이 예약과정으로 이행하기 전에 해결되어야 한다.

❺ 저항 극복

고객은 여러 가지 이유로 판매 추천에 저항할 수 있다. 판매원은 당황하지 말고 이에 대처할 수 있어야 한다. 여기서 그 저항에 대한 이유를 찾아내고 그것을 극복하기 위한 적절한 기법을 적용토록 노력함으로써 긍정적으로 대처하여야 한다.

가. 오 해

때때로 고객은 잘못된 의사소통의 결과로 인한 오해 때문에 추천을 거부하기도 한다. 이와 같은 유형은 고객이 다음과 같이 말함으로써 시작된다. “글쎄요, 확신할 수가 없군요.” 또는 “당신이 무엇을 말하는지 모르겠군요.” 이와 같은 말을 들으면, 판매원은 장애요인을 발견해 내고 그에 대하여 적당한 해설을 덧붙여야 한다.

판매인의 설명을 들은 후 고객은 단점 또는 거부의 이유를 지적한다. 이 경우 판매원은 판매상에 단 한 가지 가능한 방법이 있다면 그것에 동의해야 하고 그 단점을 이익으로 전환시켜야 한다.

예를 들면, 다음과 같은 대화에서 단점을 보완해야 한다.

> **고 객 :** A코스는 지나치게 많은 양의 요리를 내는 것 같군요.
> **판매원 :** A코스에 들어 있는 요리를 단품으로 하면 매우 비싸지만, A코스의 요리는 양을 적당히 조절하여 너무 배부르지 않고 여러 요리를 드실 수 있으며 가격도 저렴하게 책정하였습니다.

나. 회 의

다른 유형의 저항은 회의(懷疑)이다. 즉 이 음식코스가 판매원이 제안하는 모든 혜택을 과연 제공할 것인가에 대한 의심과 질문이다. 회의는 예를 들면, 공평한 제3자, 잡지에 게재된 기사, 개인적 경험 등 부가적 정보원을 인용하여 명성을 증명하는 것이 가장 효과적이다. 결국 회의를 극복하는 최선책은 독특한 서비스 제공에 대한 명성의 확립하는 것이고, 고객의 인정과 신뢰를 증진시키는 것이다.

다. 무관심

마지막 저항의 유형은 무관심, 즉 추천에 대한 고객의 흥미 결여이다. 이 경우 고객의 욕구나 내방의도가 잘못 판단되어져 있을 수도 있다. 여기에는 고객의 진정한 욕구가 무엇인지 밝히도록 많은 조사가 필요하다.

❻ 단계상향 추천

추천과정의 다른 요소로는 질을 높이는 것이 있다. 질을 높이는 것은 판매원이 고객이 현재 고려해 온 것보다 더 값비싼 메뉴를 추천할 때 발생한다. 판매원은 비록 가격이 높더라도 보다 값비싼 메뉴를 보다 가치 있게 제공한다고 고객이 믿을 때 질 높은 메뉴를 추천한다.

❼ 부가적 상품판매

판매원은 고객이 본래 구매하려는 것보다 많은 제품과 서비스를 판매하기 위해서 기회를 놓쳐서는 안 된다. 외식판매 전문가는 정말로 고객에게 이익이 될 때와 그들 고객의 예산에 적합할 때만 이와 같은 부가적 상품판매를 시도해야 한다.

(3) 판매종결

❶ 종결시기

제공할 때와 계약할 때를 결정하는 것은 딜레마에 빠질 수가 있다. 판매원은 적극적인 또는 고압적인 태도라고 고객이 느낄지도 모른다는 염려 때문에 너무 빨리 계약을 체결하는 것을 원하지 않는다. 반면에, 만일 너무 오래 망설이면 그들은 판매할 기회를 잃게 된다.

계약체결을 결정하기 위해서 판매원은 계약하기 위한 그들의 의중을 나타내는 표시를 알아내는 방법을 배워야 한다. 이것들은 "이것은 내가 찾던 이야기이다" 또는 "대형 룸이 필요합니까?"와 같은 코멘트를 포함한다.

직접대면의 상황 하에서 판매원은 고객의 외적 · 내적 변화의 표현을 관찰할 수 있다. 책자를 만지는 것, 느슨한 상태로 앉는 것, 또는 웃는 것으로 구매의사를 나타낼 수 있다. 반대로, 고객이 침묵하거나 팔을 접고 앉거나 하는 것은 구매준비가 되어 있지 않다는 것을 말한다.

판매원은 계속해서 구매신호를 살펴보아야 한다. 계약할 수 있는 기회를 인터뷰과정에서 재빠르게 파악해야 한다. 빈번하게 외식하는 고객과 단체회식에 자신감을 가지고 있는 고객은 그들 스스로 판매계약을 한다. 예를 들면, 이렇게 말할 것이다. "이것은 내가 알고 싶어 하는 것이니 사인합시다." 반면에, 결단성이 없는 고객은 대화가 길어지면 점점 불확실하게 만들지 모르기 때문에 구매결정을 하도록 하는데 감사할 것이다.

판매원은 계약에 소심해서는 안 된다. 개인에게 외식상품을 판매하는 경우에 있어서 고객이 먼저 접촉을 시도하고 있으므로 이는 그들이 벌써 나름대로의 관점을 갖고 있다는 것을 의미한다. 이러한 것을 깨달으면 판매원은 고객이 외식상품 구매에 팔짱을 끼고 있다고 느껴서는 안 될 것이다.

❷ 종결방법

판매종결을 어떻게 하느냐 하는 것은 난감할 수도 있다. 일반적으로 계약은 고객에게 상품의 혜택을 요약함으로써 시작된다. 요약은 계약하는 이유를 뒷받침한다. 그래서 판매원은 행동계획서를 내놓는다. 행동계획서는 고객에게 그들의 매매계약을 설명할 수 있는 구체적인 방법이다. 판매원이 고객으로부터 위임을 받을 때 그 판매는 꼼짝 못하게 된다. 그래서 판매원은 금전지급 완결, 조건 확인, 여타 사항을 세부적으로 제공할 수 있어야 한다. 판매원은 주문을 자세히 기록해야 하며 모든 정보를 정확하게 기록하는데 매우 주의해야 한다.

❸ 종결유형

판매종결 유형은 그것을 작성하는 여러 가지 기술에 따라 분류할 수 있다. 판매과정 동안 고객의 행동은 판매원이 선택하는 계약기술형태에 영향을 미치게 된다.

가. 직접적 접근

첫 번째, 직접적 접근에 있어서 판매원은 "그러면 서약합시다"라고 고객에게 구매할 준비가 되어 있는지를 묻는다. 이 종결유형은 논리적이고 직접적일 때 사용되고 거의 저항이 발생하지 않는다. 자신감 있는 고객은 직접적인 접근을 선호한다.

나. 가설적 접근

두 번째의 종결유형은 가설적 접근이다. 판매원은 마치 판매가 된 것처럼 행동한다. "나는 당신을 위해서 이 계약을 자세히 쓸 것이다." 이러한 접근은 우유부단한 고객에게 유용하다. 판매상담이 잠시 계속될 때 판매원은 요약된 접근으로 판매계약을 시작할 것이다. 판매원은 방금 지나친 일치점을 요약해야 한다. "좋아요. 지금 우리 계약합시다." 요약된 접근방법은 직원과 고객 사이의 화합 영역을 강화시켜 주고, 그렇지 않으면 잊어버리거나 오해할 뻔한 사실을 되새겨 보게 한다.

다. 인센티브 접근

세 번째의 종결유형은 인센티브 접근법이다. 판매원은 판매종결을 위해서 인센티브를 제공하기도 한다. 만일 이번 주에 예약하시면 당신은 10% 할인혜택을 받을 수 있다. 고객들이 예약하든 하지 않든 그들은 항상 할인의 최종기간에 대해서 알게 된다. 만일 그들이 후에 예약하기 위해 다시 온다면 그 때에는 실망하게 될 것이다. 또는 금전을 절약할 수 있는 잊어버린 행운에 대해 당황하게 된다. 잠재고객이 멈칫할 때 판매원은 장애의 본질을 확인하기 위하여 솔직하게 질문을 한다거나, 더 많은 정보를 주거나, 비용합계를 산출해 주는 구매종결을 자극하는 행위를 해야 한다.

그들은 고객의 편에 서서 계약서 없이 임시로 조건적 계약을 제안할 수도 있다. 그러나 이 조건적 계약은 취소하기가 어렵고 판매원의 시간을 낭비할 수 있기 때문에 그다지 사용되고 있지 않다. 때때로 고객은 구매에 동의하지 않는 합당한 이유를 갖는다. 이럴 경우가 발생할 때 판매원은 그들이 나중에 잠재고객이 될 수도 있으므로 그들과 접촉하기 위한 준비를 해야 한다.

❹ 종결 실패시 대처방안

고객이 계약을 거절할 때 판매계약은 실패한다. 그러나 이것은 판매인이 그 사람에게 결코 판매하지 못한다는 것을 의미하는 것은 아니다. 이것은 거래를 놓쳤을 경우에 다음 계약을 위한 특별한 기회를 의미한다. 판매원은 개인적 모욕 때문에 판매계약에 실패하지 말아야 한다. 그 대신에 판매할 수 있는 다음 기회로 지향해야 한다. 상담은 유쾌한 가운데 끝내어야 하며, 판매원은 고객에게 감사함으로써 어떠한 상황이 벌어지든지 결코 먼저 전화를 끊거나 앞지르지 말아야 한다.

Coffee Break 인사동의 자존심 'STARBUCKS COFFEE'가 아닌 '스타벅스 커피'

1971년 시애틀의 파이크 플레이스 마켓(Pike Place Market)에서 스타벅스 커피점을 처음으로 오픈하였고, 스타벅스 커피 코리아는 지난 1999년 이대앞 1호점 오픈을 시작으로 2004년 7월 100호점 2007년 4월 200호점 오픈을 돌파하며 하루 평균 10만여 명의 고객들이 매장을 찾는 국내 커피 전문점의 선도기업으로서 성장을 거듭하고 있다.

전 세계 스타벅스 지점 중에 최초로 서울의 인사동 지점에서는 'STARBUCKS COFFEE'가 아닌 한글로 된 '스타벅스 커피'로 외부 간판을 표기하였다. 외벽의 전통기와, 입구의 한옥 문창 살, 흙벽으로 만든 내부에 전통부채와 하회탈, 인사동 전통문화의 이미지와 부합시키는 인테리어 등은 우리의 자존심과 문화적 긍지를 높여주는 긍정적 내용이자 우리의 자랑스러움이다.

스타벅스의 마케팅전략

미학마케팅

커피를 마시는 분위기에 대한 편안한 서비스와 독특한 세련미와 아늑함을 느낄 수 있는 편안한 휴식공간으로 고객들의 눈과 마음을 사로잡고 있다.

체험마케팅

소비자들에게 커피에 대해 폭넓은 지식을 전달하고, 정형화된 커피 맛에 길들여진 소비자에게 새로운 커피 맛을 체험할 수 있는 기회를 제공하고 있다.

인사동의 자존심 'STARBUCKS COFFEE'가 아닌 '스타벅스 커피' Coffee Break

감성마케팅

품질과 가격 이외의 요소로 소비자에게 어필하고 있으며 머리가 아닌 가슴으로 자사제품을 선택하게 하는 기법의 마케팅 활동을 전개하고 있다. 스타벅스라는 브랜드와 초록색 로고에는 단순히 커피를 마시는 곳을 넘어 '여유' 또는 '여가시간'이라는 이미지를 부여하고 있다.

전략적 제휴

PEPSI, UNTIED 항공사와 같은 유수의 기업들과 전략적 제휴를 통해 광고 및 제품판매를 공동으로 전개하고 있다.

또한 스타벅스는 농어촌 맑은 물 지키기 캠페인, 희망 배달 캠페인, 커피농가 지원 캠페인, 우리 문화재 지키기 캠페인, Green Day 친환경 캠페인 등의 활동을 통해 지역사회와 사회공헌을 하고 있다.

자료 : 스타벅스 홈페이지에서 발췌

제10장

외식시장조사

1 외식시장조사의 의의와 역할

1) 시장조사의 의의

외식마케터가 그들의 외식상품을 표적으로 하는 시장세분화에 대한 의사결정을 내리려고 하는 경우 아무런 자료가 없을 때에는 의사결정을 내릴 수가 없다. 그들은 체계화된 결정을 내리는데 도움을 주는 요인을 찾기 위해 시장을 조사한다. 이렇게 제도화된 방법으로 시장에 대하여 정보를 얻는 것을 시장조사라고 한다.

근대적인 의미에서 시장조사(市場調査, market research)는 마케팅정보시스템의 하위시스템이라 할 수 있다. 즉 시장조사란 현재시장 및 잠재시장과 마케팅활동을 계속적인 기반에 입각하여 비판적인 관점에서 연구하고 평가하는 경영기능이며, 자료를 수집 · 정리 · 분류하고 이를 분석 · 해석 및 재편성하여 시장관계에 관한 정확하고 유효한 인식과 경영층의 의사결정에 참고가 되는 정보를 제공하는 기능을 수행한다.

현대의 경영사회에서 시장조사 없이는 기업의 경영활동에 영향을 미치는 환경요인과 이에 대응하는 활동수준에 관한 정보를 과학적 원리를 적용하여 체계적으로 수집·인식한다는 것은 불가능하므로 그 중요성은 더욱 강조되고 있다고 할 수 있다.

그러나 표적시장의 의사결정이 조사에 의존하는 유일한 마케팅 의사결정은 아니다. 상품개발에서부터 가격결정에 이르기까지 모든 마케팅 진행단계는 최적의 사업결정을 하는데 필요한 정보를 제공하기 위해서 시장조사를 이용한다. 그리고 판매자와 구매자, 제품과 서비스, 유통과 촉진 등 대부분의 시장요소는 제도화된 시장조사의 초점이 될 수 있다.

지적(知的)으로 이용될 때 시장조사는 그만큼 사업의 위험성을 줄일 수 있다. 시장조사는 관리자들이 비용상의 실수를 피할 수 있도록 정보를 제공한다. 또한 시장조사는 관리자들에게 고객의 태도와 행동이 어떠한지를 확실하게 알게 하며, 경쟁 및 그들 산업 내에서 일어나는 새로운 개발에 대한 정보를 제공한다.

2) 시장조사의 목적

시장조사는 기업의 목적을 달성키 위해 수행되는 마케팅활동의 바탕이 되는 마케팅의사결정이 합리적으로 이루어지게끔 판단의 기초를 제공하려는 것이므로 그 목적은 ① 판매증대(increasing sales), ② 판매 및 유통비의 절감(decreasing marketing and distribution costs), ③ 이익극대화(maximizing profits) 등 세 가지로 요약할 수 있다.

그리고 시장조사의 하위목적은 다음과 같다.

① 저렴한 총비용의 투입으로 생산계획과 이익을 창출하는 잠재판매가능성을 파악하는데 필요한 자료의 수집과 분석

② 유통경로, 서비스, 제품에 관한 마케팅정책 수립에 필요한 자료수집과 분석

③ 특정 마케팅활동의 계획, 지휘·통제에 필요한 자료의 수집과 분석
④ 내부 및 외부 통계자료의 수집·정리 및 분석

3) 시장조사의 범위

시장조사대상의 범위는 각 외식기업이 당면하는 문제의 속성에 따라 다르며, 그 문제는 업종마다 다르게 마련이다. 일반적으로 기업이 실시하는 조사대상의 범위는 다음과 같다.

(1) 상품에 관한 조사

① 신상품의 개발
② 현재 상품의 개량
③ 신상품의 예비테스트
④ 상품폐기 또는 품종의 다양화
⑤ 상대적 유통비와 제품의 이윤
⑥ 상품의 새로운 용도 발견
⑦ 고객의 요구조건
⑧ 경쟁상품과의 비교
⑨ 포장
⑩ 상표명과 표찰
⑪ 상품보전 등

(2) 시장에 관한 조사

① 현재 시장통계의 분석과 해석

② 일반경제 관측
③ 소비자시장의 분석
④ 소매시장분석
⑤ 도매시장분석
⑥ 고객별 시장분석
⑦ 산업별 · 지역별 시장분석
⑧ 상대적 유리함의 분석
⑨ 시장의 경쟁상황
⑩ 판매예측
⑪ 신상품 수요예측
⑫ 판매할당의 설정
⑬ 판매지역의 설정 등

(3) 정책에 관한 조사

① 가격결정
② 판매방법 또는 유통정책
③ 광고정책
④ 공중관계
⑤ 거래처관계
⑥ 도 · 소매점의 허용 이윤폭
⑦ 할인과 프리미엄
⑧ 신용
⑨ 주문의 해약 및 반품
⑩ 운송

⑪ 판매보수

⑫ 원료와 반제품 가격의 변경

⑬ 재고 및 보관

⑭ 기업규모 및 생산능력

⑮ 점포입지 등

(4) 판매방법에 관한 조사

① 경쟁업자의 광고 및 판매활동

② 판매비용

③ 판매방법별 능률

④ 광고매체의 효과

⑤ 판매경로의 선정

⑥ 판매실적의 검토

⑦ 판매원 훈련방법 등

4) 시장조사의 역할

위험을 최소화할 수 있는 훌륭한 의사결정은 외식사업의 이윤을 극대화하고 기업의 성장에 기여하는 중요한 요소이다. 기업이 위험을 최소화하는 방법에 대한 더욱 좋은 아이디어를 얻기 위해서, 그리고 외식관련 사업에서 네 가지 위기 문제에 관한 중요한 정보를 제공하는데 있어서 시장조사의 역할을 알아보기로 한다. 그것은 다음과 같이 네 가지 위기이다. 즉 새로운 지리적 지역으로의 확장, 시장의 성장에 대한 인식, 라이프스타일 경향의 확인, 더 많은 고객유치 등이다.

(1) 새로운 지리적 지역으로의 확장

한 기업이 새로운 사업을 획득할 수 있는 몇 가지 방법 중의 하나는 이제까지 제공되지 않았던 지역에 자사의 서비스를 제공하는 것이다. 예를 들어, 경영진이 새로운 점포를 찾으려 한다고 가정하자. 오렌지 카운티 존 웨인 공항(Orange County John Wayne Airport)이 확장될 것이라는 소문을 듣고 그들은 거기에 진출해서 레스토랑을 차릴 것인지를 결정하기 위해 시장조사를 할 것이다.

경영진은 어떤 종류의 고객이 그 지역을 찾을 것인가를 알고 싶어 할 것이며, 그들은 다음과 같은 질문을 할 것이다.

① 인구통계적 용어로 보면 그들은 누구인가? 즉 그들의 나이, 성별, 소득, 직업 등은 어떠한가?
② 고객은 디즈니랜드나 노트 베리 농장(Knotts Berry Farm)과 같은 그 지역의 관광 매력물에 얼마나 많은 돈을 소비할 것인가?
③ 고객들은 주로 어디에서 오며 그 숫자는 얼마쯤 될까?
④ 체재고객과 당일 행락객의 비율은 어떠할 것인가?
⑤ 일반적으로 관광객은 어떠한 교통수단을 이용하여 오렌지 카운티로 가는가? 자가운전, 렌터카, 아니면 버스나 철도로 접근하는가?

이 시장조사에 근거하여 경영진은 오렌지 카운티로 향하는 사람은 누구이며, 그들이 그곳에 도착하여 어떠한 식사를 원하는지에 대하여 좋은 지식을 얻게 될 것이다.

(2) 시장의 성장에 대한 인식

마케터들은 성장하고 있거나 더 많은 사업이 가능한 지역을 찾으려고 한다.

예를 들어, 외식체인 본부는 실제적인 욕구에 앞서 신규식당을 필요로 하는 시장이 어디에 있는가를 확인하려 한다. 식당신축을 계획하고 토지를 매입하여 완성하는 데는 시간이 걸린다. 만약 외식체인 본부가 그 지역 자체에 사업성이 있다는 것이 증명될 때까지 기다린다면, 때는 너무 늦어서 전혀 그 시장에 레스토랑이 들어설 수 없을 만큼 토지비용은 이미 높아 있을 것이다.

상용여행객에게 음식을 제공하고 있는 레스토랑은 성장이 높게 예상되는 지역을 찾으려고 할 것이다. 그것은 다음과 같은 질문에 대한 대답을 찾기 위하여 시장조사를 행할 것이다.

첫째, 크고 새로운 시설을 건축하고 있는 기업은 어디인가? 둘째, 지방정부가 새로운 사업을 유치하려고 세금혜택을 제공하려는 지역은 어디인가?

일단 그것이 어떤 가능성 있는 지역임이 확인된다면 그 조사는 좀 더 명확히 한정되고 다음과 같은 일련의 질문을 해볼 것이다.

① 현재 어떤 호텔과 식당이 그 지역에 있는가?
② 그 호텔은 얼마나 많은 객실과 식당을 소유하고 있는가?
③ 어떤 회의시설이 가능한가?
④ 어떤 요금이 적용되는가?
⑤ 그 지역에는 어떤 컨벤션시설이 가능한가?
⑥ 얼마나 많은 새로운 직업이 그 지역에서 창출되리라고 보는가?
⑦ 그 지역에서 직업을 구하는 사람을 끌어들이기 위해 새로운 집을 짓고 있는가?
⑧ 최근에 어떠한 주요기업이 그 지역에서 빠져나가고 있는가? 또 어떤 회사가 그 지역으로 들어오려 하고 있는가?

앞서 말한 시장조사로 인하여 신도시 지역이 성장하는 기업으로 붐을 이루고 있고 상용여행객들을 위한 새로운 호텔 및 식당이 들어서는데 훌륭한 장소가 될 가능성이 있다는 사실이 밝혀질 것이다. 식당오너에게 이 지역의 성장은 더 많은 상용여행객들이 식사할 장소가 필요하게 됨을 의미한다. 만약 그 지역에 비즈니스맨들에게 제공할 식당이 충분치 않다면 외식체인본부는 근교에 새로운 레스토랑의 건설을 결심할 것이다.

(3) 라이프스타일 경향의 확인

시장조사는 외식기업이 새로운 경향을 확인하고 새로운 이익을 창출할 기회로 바꾸는데 도움을 줄 수 있다. 그러한 경향이 얼마나 중요한가를 생각해 보자. 경쟁적인 체질을 유지하기 위해서 점장들은 고객에게 라이프스타일에 맞는 휴가경험을 제공해야 하며, 고객들이 10년 전에 원했던 엔터테인먼트나 식사가 아니라 현재 원하고 있는 엔터테인먼트 및 식사를 제공하여야 한다.

그들은 고객의 행동을 분석하려고 노력을 기울일 것이다. 현재의 흐름을 보고 라이프스타일 경향이 어떻게 변하고 있는가를 파악하기 위하여 시장조사를 실시한다. 사람들은 휴가를 가질 만큼 여가시간을 더욱 많이 갖고 있는가 또는 덜 갖고 있는가? 어떻게 사람들의 식생활이 변화되었나, 사람들은 어떠한 종류의 음악을 듣고 있는가, 예전보다 운동을 더욱 많이 또는 적게 하고 있는가, 운동은 언제하고 있으며 어떠한 운동을 선호하고 있는가 등에 관하여 조사한다.

이러한 모든 질문에 대한 대답 그리고 라이프스타일 관련 질문에 대한 대답은 그들 외식상품의 소구를 최적화하기를 원하는 매니저에게 가장 중요한 사항이다. 예를 들면, 유람선은 일반적으로 보통 1주일에서 10일까지의 유람여행을 제공하고 있으며, 미식가를 위하여 소스를 많이 친 프랑스 요리를 제공하며 선박라운지에서의 밴드, 운동놀이로서 원반 돌리기 선수권 쟁탈전을 특화하여 제공하기도 한다. 그러나 그들의 시장조사는 사람들의 생활양식이 변화하고 있다는 것을 보여준다. 그것은 사람들이 과거보다 더 적은 휴가시간을 가진다는 것을 지적하고 1주일 이상의 여정보다는 3일에서 5일 여정의 유람여행을 더 선호한다는 사실을 지적해 준다. 조사에 의하면 사람들은 또한 건강에 좋은 저(低)콜레스테롤 음식을 선호하며 재즈와 에어로빅을 좋아한다는 것을 알 수 있다.

관리자는 그들의 상품을 고객의 욕구에 맞게 조정하는데 이러한 정보를 이용한다. 그렇게 하여 그들 시장의 선호를 긴밀하게 파악하여 대처함으로써 다가올 재정적 재난을 피하려 한다. 또한 효과적으로 시장조사를 사용하여 경쟁에서 선두를 달릴 수가 있다.

(4) 더 많은 고객 유치

기업이 시장조사를 실시하는데 시간과 돈을 소비하는 기본적인 이유는 이익을 증대시키기 위한 것이다. 시장조사는 마케팅 전문가가 체계적인 사업결정을 내리기 위하여 사용하는 몇 가지의 도구 중 하나인데, 그것은 궁극적으로 더 많은 이익을 창출할 것이다.

시장조사를 통해 외식사업체는 그들의 제품 및 서비스를 이용하거나 이용하지 않는 다양한 그룹의 사람들에게 질문을 하여 해답을 구할 것이다. 그러한 정보에 기초하여 표적시장의 선택을 포함하여 마케팅계획이 고안된다. 시장조사는 그들이 수행하는 일련의 행동이 그들이 추구하는 결과를 얻을 것이라는 자신감을 마케터들에게 심어준다. 결국 시장조사의 가치는 거래의 증가나 부가적 이익의 증대에 의해 측정되는 것이다.

2 외식시장조사의 단계

의식하든 안하든 여러분은 시장조사에 참가해 왔을 것이다. 만약 여러분이 식사를 어떻게 즐겼고 서비스가 어떤지를 묻는 질문서에 기록하거나 대답한 적이 있다면 그것은 시장조사의 대상이 되었다는 것을 의미한다. 식당, 호텔, 항공사, 여객선 그리고 기타 사업체는 일상적으로 고객질문조사나 여러 가지 방법을 통해 시장조사를 실시한다. 그러한 시장조사 과정은 일반적으로 다섯 단계로 실시된다.

1) 마케팅문제의 정의

마케팅문제는 그 문제와 연관된 다양한 질문에 대답하기 위해 시도하는 시장조사에 중점을 둔다. 비록 마케팅 전문가들이 그것을 '문제(problems)'라고 부르지만 이 용어는 잘못 인식될 수 있다. 왜냐하면, 그 문제는 새로 개발된 섬에 호텔이나 식당을 개장하는 것과 같이 하나의 기회(opportunity)가 되기 때문이다. 그 문제의 성질이 무엇이건 그것은 명확하게 진술되어야 한다.

2) 조사계획의 개발과 실행

(1) 조사계획의 개발

만약 어떤 리조트의 운영비가 수입에 비해 너무 빨리 상승한다고 가정해 보자. 그 리조트는 운영비를 절약할 방법을 찾아야 한다. 이 때 경영자가 각 층에 있는 얼음기계의 운영비가 너무 높다는 것에 주목한다고 하자. 그렇다면 경영자는 그 기계들이 불필요한 것인지 혹은 숫자적으로 적은 기계로 운영이 가능하다고 생각하는 등의 성급한 결정을 내리기 전에 시장조사를 착수하기로 결정하여야 한다.

그들은 예를 들어, 필요한 답을 얻기 위해 어떤 질문을 할 것인가를 결정하는 것부터 착수하게 된다.

① 그 리조트의 비용은 업계표준보다 높은가?
② 경쟁하고 있는 리조트들은 각 층에 얼음기계가 있는가?
③ 다른 유형의 얼음기계들이 유용한가? 그것들은 구매하는데 저렴한가? 그 기계의 유지비용은 저렴한가?
④ 손님들은 그 기계를 사용하는가? 얼마나 자주 사용하는가?
⑤ 손님들은 리조트가 제공하는 시설로써 그 기계를 가치있게 생각하는가? 만약 그렇다면 얼마나 많이?

(2) 정보수집방법

상기의 질문들이 예시하고 있는 것처럼 그 질문들은 어떻게 시장조사가 행해져야 하는가를 결정하는데 주요한 요인이다. 이러한 종류의 정보를 수집하는 데는 두 가지 기본적인 방법이 있다. 즉 이차적 자료와 일차적 자료를 수집하는 것이다.

❶ 이차적 자료수집

가장 보편적인 방법은 이차적 자료, 즉 기존의 정보를 사용하는 것이다. 이차적 자료로는 회사의 기록, 정부통계, 기발표의 논문, 보고서 및 연구 등이 있다. 만약 리조트의 경영자가 얼음기계에 대한 업계의 표준비용이 얼마인가를 알기 위해 업계잡지를 참고로 하였다면 그들은 이차적 자료를 사용한 셈이다.

그러나 시장조사계획의 일부분으로써 만들어낸 질문 가운데 일부는 더욱 특별하고 직접적인 정보수집기술을 필요로 할 것이다. 이러한 방법들은 일차적 자료를 사용하거나 이차적 자료에서 얻을 수 없는 정보를 수집하기 위하여 시장조사를 실시하여야 한다.

❷ 일차적 자료수집

정보수집의 두 번째 방법은 바로 직접적인 시장조사를 실시하는 것이다. 만약 손님들이 어느 정도 빈번하게 그 기계를 사용하고 있는가, 또는 손님들이 얼마나 그 기계를 가치가 있는 것으로 생각하는가를 알기 원한다면 그것을 직접 조사하는 방법을 찾아내야 한다.

많은 시장조사에서 일차적 자료와 이차적 자료를 함께 이용한다. 즉 마케터는 흔히 일차적 시장조사를 어떻게 실행할 것인가를 결정하려고 할 때 사전에 이차적 자료를 사용하여 예비적인 지식을 습득한다.

(3) 일차적 조사의 형태

일차적 시장조사에는 관찰, 실험 그리고 실사(實査) 등 세 가지 기본적 형태가 있다. 이들은 조사의 특정한 요구나 범위에 따라서 독립적으로 혹은 결합하여 사용될 수 있다.

❶ 관찰(observation)

만약 리조트의 경영자가 특정한 기간 동안 얼마나 많은 손님들이 그것을 사용하는가를 파악하기 위해 각 층의 얼음기계 주변에 조사자를 배치한다면 그들은 기본적인 관찰조사기법을 사용한 것이 될 것이다. 그러나 관찰기법은 고객의 행동을 관찰하는 데는 최적이지만 고객의 태도에 대하여는 그다지 많이 시사하지 못한다.

❷ 실험(experimentation)

경영자가 어떤 층의 얼음기계를 치우기로 결심하고 그리고 조심스럽게 손님들의 반응을 감시한다고 가정해 보자. 그들의 목적은 얼음기계가 있는 층의 손님과 얼음기계가 없는 층의 손님의 만족수준을 비교하는데 있다. 그것은 실험기법의 한 예이다.

또 다른 실험기법의 예는 신상품의 테스트 마케팅과 그것을 일반시장에 도입하기 이전에 그 결과를 체크하는 것이다. 예를 들어, 전통적으로 일등석 서비스를 제공하지 않던 항공사가 처음으로 특정 노선에 일등석 서비스를 제공하고 고객들의 반응을 살필 것이다. 그 결과 그들은 그들의 전체 시스템을 통해 일등석 서비스의 도입여부를 결정할 것이다.

❸ 실사(survey research)

세 가지 시장조사기법 가운데 가장 흔히 쓰이는 것이 실사이다. 실사에는 다양한 기본적 조사방법이 있으나, 그것들은 본질적으로 같은 일을 한다. 즉 더욱 큰 집단을 대표하여 주의 깊게 선택되고 문자화된 질문서에 답하도록 조심스럽게 선택된 일련의 사람들(샘플)에 대하여 질문을 한다. 이것은 초점집단(focus group)으로 일컬어지고 이들을 대상으로 직접적인 집단토론이나 대면면접, 전화면접, 우편을 통한 질문조사 등에 의해 실사가 행해질 수 있다.

예를 들어, 리조트의 경영자는 각층의 얼음기계에 얼마나 많은 손님들이 가치를 두고 있는가를 결정하기 위한 해답을 찾기 위해서 실사를 실시해야 할 것이다. 그들은 집단면접을 위하여 테이블 주위에 앉아 토론할 소집단을 선택하거나 다빈도 고객 가운데 500명의 대표자 샘플을 추출하고 그들에게 보낼 설문지를 작성할 것이다. 이러한 조사의 다음 단계는 관찰조사나 실험조사의 경우에 있어서도 마찬가지로 동일하다. 즉 그 다음 단계에서는 그 자료들을 수집하고 해석하여 고객응답과 정보를 분석한다.

3) 유용한 결과의 산출

시장조사가 효과적이기 위해서는 조직적으로 행해져야 하며, 선택된 조사기법은 요청된 질문에 적합한 것이라야 한다. 또한 질문이 명확하게 이해되게끔 문장화되어야 하고, 주제는 조심스럽게 선택되어야 하며, 샘플의 크기도 기법에 적절하게 조심스럽게 결정되어야 한다.

이와 같이 신중하게 실시하는 이유는 시장조사의 결과가 어떤 의미나 예언적 가치를 갖도록 하기 위함이므로 그 조사는 통계적으로 정확하고 과학적으로 믿을 만하여야 한다. 또한 자료(data)는 도표로 만들어지고 조심스럽게 편집되어야 한다. 일단 이러한 절차가 끝나면 통계담당자는 그 조사의 신뢰성을 평가하기 위해 결과를 검토해야 한다. 조사의 각 요소는 이러한 결정에 필수적이다. 신뢰성 평가에는 자료수집방법, 질문의 수와 성질, 응답의 질과 비율 그리고 샘플의 크기 등 각 요소를 면밀히 검토해야 한다.

이러한 요소를 기반으로 해서 통계담당자는 조사에서 발견되는 에러의 여지를 보고할 수 있다. 이것은 시장조사의 결과를 해석하는데 과학적으로 입증된 측정방법을 제공한다. 예를 들어, ±10%의 에러율을 가진 응답은 ±1%의 에러율을 가진 응답을 해석하는 것만큼 쉽지는 않다.

4) 결론도출과 대안제시

모든 시장조사에서 종료 시에 작성되는 마지막 보고서는 그 발견점 및 도출된 결론을 요약하고 원래의 마케팅문제를 풀기 위하여 취해야 하는 기업의 행동안(行動案)을 제시한다. 경영자는 그것에 대해 직감적으로 동의하지 않더라도 조사가 의미하는 행동을 취할 준비를 하여야 한다. 만약 시장조사가 타당하게 계획되고 실행되었다면 그 보고서의 결론과 대안은 정확할 것이다.

다음 단계로 보고서 대안에 기초한 행위의 계획이 개발되어야 한다. 전략은 계획의 목적에 부합되도록 수립되어야 한다. 행위의 계획이 실시된 후에 사업에 대한 시장조사의 영향은 그 발견점과 대안이 얼마나 정확한가를 결정하기 위해 재음미되어야 한다. 그 실시방법, 실제의 경험을 근거로 하여 만들어진 정교함 및 더 많은 정보는 다음의 시장조사를 실시하는 데 도움이 될 것이다.

5) 시장조사의 이용

시장조사의 발견점이 통계적이기 때문에 시장조사는 정밀한 과학처럼 보일 것이다. 그러나 반드시 그런 것은 아니다. 시장조사가 그 목적에 부합한 조사방법을 선택하고 적절한 샘플을 대상으로 실시된다면 오차가 적고 결과를 단순화하여 일목요연하게 발견점을 이해할 수가 있다는 장점이 있는 반면에, 이러한 과정 중에 어느 하나라도 실수가 있다면 유용한 결과를 얻을 수가 없다. 이러한 실수가 없다면 시장조사는 태도와 선호도를 결정하고 현재고객 및 잠재고객의 행위를 예측하는데 유용한 도구임에는 틀림이 없다. 또한 시장조사는 소비자들이 어떻게 돈을 소비하는가를 추정하는데 유용하다.

기업환경은 그 변화가 빠르고 통속적 유행도 하루 밤새에 곧바로 사라지며 사람들은 그들의 마음을 쉽사리 바꿀 수 있다. 그러나 상황에 적합한 시장조사의 실시는 여러 가지 마케팅문제를 풀기 위해 경영진에게 적절한 정보를 제공함으로써 급변하는 사업환경에 유용한 안내자로서의 역할을 제공할 수 있다. 마케팅 전문가들은 상품개발, 시장세분화, 상품포지셔닝 등을 비롯한 여러 가지 방법으로 이러한 정보를 유용하게 이용하여야 한다.

3 시장조사의 응용

1) 환경조사

(1) 경제분석

경제분석은 기업활동을 규제하는 가장 규모가 큰 국민경제의 움직임에 영향을 미치는 요인들을 분석하고 그것이 판매, 소비자수요, 생산비, 판매가격 등의 기업활동에 미치는 영향을 분석하는 것이다. 기업입장에서 특히 고려해야 할 요인은 주요 경제지표, 특정지역 및 도시에 있어서의 개인구매력, 생계비 지수 등이 있다.

❶ 경제지표

경제의 움직임을 나타내는 지표이며, 흔히 경기지표라고도 한다. 이는 기업활동을 제약하는 요인들이 경제의 움직임에 영향을 미친 결과를 측정하는 것이므로 곧 사업상황을 나타내는 지표이다. 주요 지표는 ① 기업생산액, ② 기업종사원수, ③ 화물운송량, ④ 소매판매량, ⑤ 소매물가지수, ⑥ 도매물가지수, ⑦ 이윤 등이다.

❷ 사업상황 예측방법

사업상황의 예측은 미래를 형성하는 요인들의 움직임에 따라 변하게 되므로 결코 정확하게 예측할 수는 없으나 ① 역사적 분석, ② 횡단적 분석을 통하여 행할 수 있다.

(2) 경쟁조사

경쟁조사는 흔히 경쟁지위분석(competitive position analysis) 또는 상표지위분석(brand position analysis)이라고도 하며, 이는 특정시장에서 그 기업의 시장침투력 내지는 경쟁력을 파악하는 조사이다. 경쟁조사는 많은 정보를 취합해서 하게 되지만 일반적으로는 다음의 네 가지 요인에 관한 정보를 중심으로 분석한다. 주요 정보에는 ① 상표별 소비자구매, ② 상표별 사용자수, ③ 상표선호도, ④ 상표인지도 등이 있다.

(3) 유통조사

유통조사는 외식상품이 공급업자로부터 소비자에게 가장 합리적으로 도달되게 하는 방법 및 과정을 연구하는 것으로 유통경로는 물론 유통기관과 이들 기관이 능률적으로 제품을 유통하도록 하는 방법을 다루기도 하고, 유통에 관련되는 비용도 분석하지 않으면 안 된다. 외식공급업자가 행하는 유통조사의 내용에는 ① 유통경로선정조사, ② 거래처 조사(식자재 및 상품권 취급점포 조사), ③ 취급점포 유통상황, ④ 전속계약점포수 조사, ⑤ 거래처의 영업방법, ⑥ 거래처의 태도, ⑦ 거래처 재고량, ⑧ 거래처의 비용과 이익조사 등이 있다.

2) 시장분석

시장분석이란 경영환경인 시장의 질적 측면(시장의 특성)을 결정함과 아울러 시장의 양적 측면(특정 산업시장의 시장가능성)을 측정하는 과정을 말한다. 일반적으로 기업은 특정상품의 시장을 대상으로 하여 상품의 판매가능성을 분석한다.

(1) 시장분석의 효과

시장분석효과를 활용하여 다음과 같은 활동을 합리화할 수 있다. 즉 ① 최대판매가능시장의 선정, ② 집약적 광고 또는 판매활동을 전개할 효율적 시장의 선정, ③ 판매할 당시의 분배기준의 제공, ④ 영업할당 및 영업사원 성과판정의 기준 제공, ⑤ 판매가능성이 낮은 지역의 판명, ⑥ 영업조직의 장단점 발견가능성, ⑦ 객관적 판매예측의 가능성 등이다.

(2) 시장분석의 종류

❶ 질적 시장분석

시장의 구성 상태를 공간적 · 정태적으로 연구하는 것으로서 예상구매자와 판매자의 입지, 구매동기, 제품사용방법, 소비율 또는 소비속도, 구매단위량, 소비자 태도, 제품사용에 미치는 습관, 상표충성도, 시장에 영향을 미치는 소득계층 구성, 가처분소득의 배분 등과 같은 경제적 상황, 즉 시장특성을 분석한다.

❷ 양적 시장분석

양적 시장분석이란 시장이 수용할 수 있으리라 기대되는 상품량이나 금액을 예측하는 것으로서 흔히 산업수요예측이라고 한다.

3) 동기조사

동기조사(motivation research)란 소비자행동의 근원이 되는 행동동인(行動動因)

이나 그 이유를 조사하는 기법으로서 소비자의 욕구, 감정 또는 의사(意思)와 같은 내재적인 심리작용과 실제 행동 간의 관계를 연구하는 것이다.

(1) 동기조사에 따른 획득정보

① 태도(attitude) : 태도는 인간이 특정요인에 대해 어떻게 생각하는가를 나타내는 것으로 이에 따라 기업의 마케팅활동을 계획·수립할 수 있으며, 인간집단을 식별하고 그 집단 내의 인간이 왜, 어떠한 태도를 가지는가를 조사할 수 있다.

② 가정(assumption) : 인간은 각종 정보를 저장해 두고 새로운 아이디어를 수락·배제하는 참조기점(參照基點, reference points)으로 활용하는데, 이 참조기점은 개인의 잠재의식적 심리에 작용하여 식별이 곤란하므로 측정에 많은 주의를 해야 한다.

③ 감정(feeling) : 감정이란 심적·육체적 자극에 대한 심리적 반응을 나타내는 것으로 광고의 경우에 특히 중요하다.

④ 이미지(images) : 감정과 결합된 것으로 상징이나 연상(聯想)과도 관련을 갖는데, 어떤 자극의 결과로 형성되는 심상(心像)을 말한다.

⑤ 동기(motives) : 인간의 행동은 욕구나 필요에 의해 유발되는데, 동기는 행동의 근원이 되는 행동요인이지만 동기가 있다고 해서 반드시 행동이 유발되지는 않는다.

(2) 동기조사의 활용분야

동기조사 결과는 다음과 같은 분야에 이용될 수 있다. ① 상품디자인, ② 포장디자인, ③ 광고, ④ 판매원의 훈련, ⑤ 신상품 아이디어 개발, ⑥ 공중관계, ⑦ 서비스 및 시설개선, ⑧ 가격정책 수립, ⑨ 인사정책, ⑩ 마케팅계획의 수립 등

(3) 동기조사의 한계

동기조사는 시장조사에서 인간행동을 이해하는데 많은 기여를 하고 있으나, ① 정밀성의 부족, ② 일반화의 곤란, ③ 수량화의 곤란, ④ 해석상의 곤란, ⑤ 다양한 학설, ⑥ 적극적 결론 인식의 불가능성 등의 한계를 지니고 있다.

4) 판매예측

판매예측은 일정한 기간 동안에 기업이 자사의 모든 상품의 판매를 예측함은 물론 특정상품의 판매나 혹은 특정지역에서 자사상품의 판매액 또는 양을 예측함을 뜻한다. 일반적으로 수요예측을 중심으로 하는 산업예측(industry forecasting)과는 달리 측정기업의 상품에 대한 기업수요 및 상표수요에 대한 예측을 말한다.

(1) 판매예측의 종류

① 단기예측(short-term sales-forecasting) : 수개월 또는 1년 이내의 가까운 장래에 관해 예측하는 것으로 계절변동이 있는 경우에 특히 필요하며, 경우에 따라서는 생산계획, 재고관리 및 판매목표의 설정과 같은 일상 업무활동의 통제기준으로서 필요한 경우도 있다.

② 중기예측(intermediate-term sales-forecasting) : 이는 경기변동에 대응하여 작성되는 것으로서 2~3년 이내의 기간에 대해 예측하는 것이다.

③ 장기예측(long-term sales-forecasting) : 보통 5~20년에 이르는 기간의 미래변동 방향을 알기 위한 예측으로서 이는 추세변동에 대응하여 작성되는 것이다.

(2) 판매예측 절차

① 예측사용 목적의 결정
② 메뉴의 동질적 그룹별 분류
③ 각 상품의 판매에 영향을 미치는 요인 및 상대적 중요성 결정
④ 적절한 예측기업의 선택
⑤ 이용가능한 모든 자료의 수집과 분석
⑥ 분석결과를 검토하고 이를 다른 것과 비교·검토할 것
⑦ 측정 또는 예측 불가능한 요인에 대해서는 추계(推計)를 할 것
⑧ 분석결과와 통계치로 특정상품 또는 지역별 예측이나 할당으로 전환시킬 것
⑨ 예측을 기업활동에 적용하고 정기적으로 실적과 비교하여 적절히 탄력성 있게 수정해 나갈 것

(3) 판매예측기법의 선정기준

판매예측기법의 선정기준은 업종·기업규모 등에 따라 다르므로 명확한 공통적인 기준이란 없다. 그러나 일반적으로 기법의 적용여부를 판별하는 기준에는 ① 정확성, ② 보편성, ③ 탄력성, ④ 이용성 등이 있다.

5) 해외시장조사

해외시장조사는 해외지역의 활동에 관련된 시장조사로서 정치적·경제적·문화적 및 사회적 조건들은 물론이고 민족·풍토·언어·생활습관·종교 등이 상이한 국제시장을 대상으로 하는 것이다.

해외시장조사는 다음과 같이 두 가지의 목적을 갖고 있다.

첫째, 자사상품 또는 자사점포를 어느 국가에, 얼마나 판매 또는 설치할 수

있는가 하는 각 시장별 수출가능성을 파악하기 위한 것이다.

둘째, 수출을 하는데 있어서 알아야 하는 정보 등을 파악하기 위해서 시장조사를 실시하게 된다.

(1) 해외시장조사의 구체적 목적

① 판매하고자 하는 외식상품의 향후 5~10년간의 판매가능성
② 기존에 해외로 판매되고 있는 상품들의 특성
③ 해외수출시장의 성격
④ 경쟁업자의 수와 판매력 및 경쟁 정도
⑤ 자사상품의 우위요인
⑥ 해외 판매시 유통, 판매방법 및 비용
⑦ 시장점유 가능성 및 수익성 등을 파악키 위해서 조사를 행한다.

(2) 해외시장조사의 절차

① 문제의 정립과 조사목적의 결정
② 조사기획
③ 조사 자료의 획득
④ 조사결과의 분석 및 권고안 작성

(3) 해외시장조사의 일반적 조사항목

해외고객들을 이해하기 위해서는 많은 일반적인 항목을 조사할 필요가 있다. 앞에서 네 항목은 외식과 비교적 관련이 적은 간접적인 항목이고 그 나머지는 직접적으로 영향을 미치는 항목이다.

① 지리적 요인 : 면적, 지세, 지형, 기후, 계절 및 거래지역, 중심지

② 자원 : 광산, 농수산업 및 그 이용 상태와 자원개발 현황

③ 공업 : 업종, 소재지, 공업지역, 생산, 노동 상황을 비롯해 이에 종사하는 사람들의 특징

④ 무역 : 수출입총액 및 국제수지, 국별 및 상품별 수출입 추세, 관세제도, 관세율, 관세의 종류와 부과방법, 통관절차, 통관상의 관행 등

⑤ 국민 : 인구수, 인구증가율, 주요 도시와 도시인구, 소득계층별 인구수 및 그 추세, 종교, 인종별 분포, 언어, 교육수준 및 생활수준(국민소득, 1인당 소득, 가계당 소득, 평균임금, 국민총생산, 고용상태) 등

⑥ 교통 및 통신 : 항로, 취항횟수, 소요일수, 운임률, 항만 또는 공항시설, 국내교통 및 통신설비, 요금 및 그 수단 그리고 이용가능성

⑦ 유통구조 및 상황 : 유통경로, 도매 및 소매경로, 수출입업계의 수준, 거래조건, 거래관행, 일반적 신용도, 소매판매, 광고매체기관 및 대리점의 발달정도, 상공회의소, 업계단체, 기타

⑧ 재정, 금융, 외환 : 통화의 안정성, 인플레이션의 양상, 환율, 외환제도, 중앙은행, 금융상황, 외환보유고 수준, 물가 등

⑨ 정치 및 법률 등 : 정부의 형태, 안정성, 재정상태, 자국과의 외교 및 통상관계, 통상조약, 외국인의 출입국 및 주거, 영업, 취업 및 조세부과상의 규제내용 등

독특한 브랜드명의 투썸플레이스(A Twosome Place)

Coffee Break

투썸플레이스(A Twosome Place)는 2002년 12월 1호점인 신촌점을 오픈한 이후 2008년 말 현재 서울과 수도권의 중심 상권에서 27개 매장을 운영하고 있다. 브랜드 런칭 6년째를 맞아 브랜드 인지도와 고객 만족도가 높아지면서 안정된 시스템을 바탕으로 2008년 12월부터는 직영으로만 운영하던 것을 프랜차이즈 사업으로 전환하게 되었다.

투썸플레이스는 "for tasty treats & double delights"라는 슬로건으로 기존의 커피전문점과는 다른 한 단계 높아진 카페 음식문화를 창조하고, 바쁜 일상 속에서 찾는 여유를 모토로, 맛과 멋이 있는 새로운 식문화 공간을 제안한다. "A Twosome Place" A(혼자), Two(둘, 연인), Some(친구, 동료) 등 누구나 와서 편안하게 쉴 수 있는 만남의 공간을 의미한다.

향기로운 문화 마케팅

국내 토종 브랜드인 투썸플레이스는 한국의 카페 문화 트렌드의 발전을 위해 투썸 커피교실과 케이크교실을 실시하는 등 다양한 문화 마케팅을 실시하며 커피와 케이크 문화 보급에 앞장서고 있다.

자료 : 투썸플레이스 홈페이지에서 발췌

제11장

외식마케팅전략

1 경영전략의 기본개념

1) 전략의 개념

모든 기업은 항상 변화하는 마케팅환경 속에서 성장해 가고 있다. 그들은 변화에 민감하고 이에 대처하기 위해서 기업환경을 꾸준히 분석하고 평가해야만 하는데, 만약 그렇지 않으면 기업이익에 해가 될 뿐 아니라 심지어는 기업의 생존에 위협이 될 수도 있다. 따라서 마케팅관리자는 언제나 발생 가능한 새로운 시장기회 및 위험을 예리하게 관찰하여야 한다.

전략(strategy)이란 조직이 갖고 있는 모든 자원과 능력, 환경적 기회와 위험을 파악함으로써 그 목적을 달성할 방책을 형성하는 것이다. 전략은 현재 환경의 인지와 장래환경변화의 예측을 통하여 기업의 구조를 결정하는 것을 의미한다. 이러한 대응을 적응이라고 한다. 환언하면 전략이란 탄환이 없어져도 적에게 알아차리지 못하도록 발포를 계속하는 일로서 기업의 의사결정이나 지침 또는 기업의 사업활동에 관한 개념이다. 한편, 경영전략수립이란 기업이 환경변화에 적응하면서 자원배분을 효과적으로 하기 위한 일련의 활동이라고 할 수 있다.

2) 전략의 요소와 전략요건

(1) 전략의 요소

기업수익성의 탐구라는 점에서 전략의 구성요소는 다음과 같은 것이 있다.

첫째, 상품과 시장범위로서 이익탐구의 범위를 명백히 한다. 독특한 외식상품이 필요하고 이를 받아들일 시장은 커야 한다.

둘째, 성장벡터로서 이익탐구의 범위에서 방향을 명백히 한다. 현재의 고객은 물론이거니와 앞으로 구매가능성이 있는 잠재고객을 발굴하거나 새로운 시장을 개척해야 한다.

셋째, 경쟁상의 이점으로 보다 좋은 기회가 있어야 한다. 경쟁회사보다 유리한 마케팅믹스나 경쟁상의 우위성이 있어야 한다.

넷째, 시너지효과이다. 새로운 상품 및 시장분야에의 진출에 있어서 기업이 어느 정도 이익을 낼 수 있는 능력이 있는가를 측정한다.

(2) 전략요건

전략에는 다음과 같이 3대 요건이 중시되고 있다.

① 포지셔닝의 명확화 : 경쟁 속에서의 위치, 시장 속에서의 위치, 지역에서의 자리확보를 튼튼히 하여야만 전략이 성립될 수 있는 것이다.

② 우선순위의 명시 : 자사가 해결해야 할 전략과제를 잘 알아서 경영자원의 힘을 집중시켜 나가야 한다.

③ 실현가능성 : 계획으로 끝나서는 안 되고 자사능력에 비추어 반드시 실현시킬 수 있는 것이어야 한다.

2 경영기본전략

기업경영기본전략의 작성에 착수해야 할 첫 번째 사항은 방위 가능한 경쟁우위성의 특성을 명확히 하는 것인데, 이 방위 가능한 경쟁우위성은 그 다음에 계속되는 전략적 및 전술적 행동의 지침으로서 유용할 것이다. 방위 가능한 경쟁우위성을 확립하는 것은 다음과 같은 경쟁상황에 대한 분석을 실시하려는 것이다.

① 문제의 상품 및 시장에서는 성공의 열쇠가 되는 요인은 무엇인가?
② 이 열쇠가 되는 요인에 관하여 그 기업의 강점과 약점은 무엇인가?
③ 그러한 열쇠가 되는 요인에 관해서 가장 위험한 경쟁자의 강점과 약점은 무엇인가?

이러한 정보를 기초로 하여 첫째, 기업은 자사가 가장 좋은 위치를 차지하고 있는 우위성에 관하여 그 성격을 평가하거나, 둘째, 어떤 특정한 영역에 있어서 경쟁우위성 창출에 대하여 결정하거나, 셋째, 경쟁자가 가지고 있는 경쟁우위성을 약화하려는 시도 등이 가능하게 된다.

따라서 기업이 채용할 수 있는 기본전략은 그 전략의 기초가 되는 경쟁우위성이 생산성의 향상, 즉 코스트 측면에 존재하는가, 또는 차별화 요소, 즉 판매가격 및 특정서비스 등 차별화 측면에 존재하는가에 따라 달라지게 된다.

포터는 목적으로 하는 표적이 시장 전체인가, 아니면 특정 세분시장인가에 따라서, 또한 이용 가능한 경쟁우위성의 성질이 코스트 우위성인가, 아니면 제품의 독특한 품질에 기초한 것인가에 따라서 경쟁에 대응한 주요 전략이 3개가 있다고 한다(M. E. Porter, Competitive Strategy, 1982. p. 42).

[그림 11-1] 포터에 의한 기본경쟁전략

전략의 표적 \ 경쟁 우위성	소비자가 지각한 상품의 독특성	저 코스트
전체시장	차별화	코스트 리더십
부분시장	집중화	

1) 코스트 리더십전략

코스트 리더십전략은 생산성의 차원에 기초를 두고 일반적으로 경험효과의 유무에 관계한다. 운영비, 경험효과의 가치를 높이는 생산성을 위한 투자, 상품에 대하여 면밀히 검토된 구상 및 판매나 광고에 관한 경비를 엄격하게 감시하는 것을 의미하고 있고, 본질적으로 경쟁자보다도 저렴한 가격의 달성에 그 강조점이 있다. 이 전략은 때때로 원가에 의한 지배전략이라고 부르기도 한다.

코스트 우위성을 지니고 있다는 사실은 여러 경쟁요인에 대하여 유효한 방어전략이 된다. 경쟁요인에는 기존기업 간의 경쟁, 신규잠입자의 위협, 대체품의 위협, 고객의 교섭력, 공급자의 교섭력 등이 있다. 코스트 우위성은 이러한 요인에 대한 방어전략이 된다.

① 직접적 경쟁자에 대해서는 예상치 못한 가격경쟁에 보다 잘 견딜 수가 있고 또한 경쟁자가 제시하는 최저한의 가격에도 이익실현의 가능성이 있다.

② 강력한 고객에게도 가장 유리한 지위에 있는 직접적 경쟁자가 제시하는

가격과 같은 수준으로 가격을 내릴 수 있다.

③ 저원가는 강력한 원료공급자가 밀어붙이는 원가상승압력으로부터 기업을 보호한다. 여기서 원료공급자란 음식을 만드는 원료를 제공하는 자, 예를 들면 육류, 야채, 생선식품 등 식자재 공급업자, 비품공급업자 등을 말한다.

④ 저원가는 신규경쟁자에 대하여 잠입 장벽이 되고 또한 대체품에 대하여 유효한 방어전략이 된다.

2) 차별화전략

차별화전략의 목적은 경쟁자의 상품과 자사상품을 차별화하여 독특한 품질을 상품에 부여하는 것으로써 구매자에게는 중요하다. 외식기업은 가능하면 독점적 경쟁상황을 만들어내려고 노력한다. 그 상황에서는 기업은 차별화요소에 기초한 시장력을 유지한다. 이미 보아온 것처럼 차별화는 여러 가지 형태를 취한다. 즉 독특한 맛, 브랜드이미지, 상호, 광범위한 기술, 외관 등이 그것이다.

코스트에 의한 지배와 마찬가지로 차별화는 기존기업 간의 경쟁, 신규잠입자의 위협, 대체품의 위협, 고객의 교섭력, 공급자의 교섭력 등 경쟁요인으로부터 기업을 방어하나 그것과는 매우 다른 방법을 전개한다.

① 직접적 경쟁자에 대한 차별화는 상품의 대체성을 감소시키고 고객의 충성도를 증대시키며, 가격에 대한 민감도를 감소시켜 그 결과 수익성을 개선한다.

② 고객의 충성심(customer loyalty)을 유도하는 것에 의해 새로운 경쟁자의 잠입을 한층 곤란하게 만든다.

③ 강력한 경쟁자가 강요하는 코스트 증가에 대하여, 보다 높은 수익성은 기

업의 대항력을 증가시킨다.

④ 상품의 독특한 품질과 고객의 충성도가 상승작용을 일으켜 대체품에 대한 방어전략이 된다. 따라서 독특한 품질을 확보하는 데는 일반적으로 보다 높은 코스트를 필요로 하지만, 차별화가 성공하면 시장에서 받아들일 수 있는 높은 가격을 부가하여 경쟁자보다 높은 이익을 획득할 수가 있다.

이러한 전략은 높은 시장점유율 목표와 항상 양립하는 것은 아니다. 구매자의 대부분은 그 상품의 우월성을 알고 있어도 반드시 높은 가격을 지불하려고 하지는 않는다.

차별화전략은 일반적으로 업무적 마케팅, 특히 광고비에 대한 막대한 투자를 초래한다. 그 목적은 기업이 주장하는 독특한 품질을 시장에 알리는 데 있다.

3) 집중화전략

집중화전략 또는 특화전략은 시장 전체에 소구하는 것보다는 어떤 세분시장 또는 특정집단의 욕구에 집중하려고 하는 전략이다.

따라서 그 목적은 한정된 표적에 전념하여 시장 전체에 소구하는 경쟁자보다 한층 더 그 세분시장의 독자적 욕구를 충족시키는 것이다. 그렇기 위해서 이 전략은 차별화를 택할 것인가, 코스트 리더십전략을 택할 것인가, 아니면 동시에 양자를 병용할 것인가 등 어느 하나를 택하게 되는데, 그 어느 것도 한결같이 이미 결정한 표적에 대하여 적용하는 전략이다.

자동차산업에서는 이를테면 메르세데스 벤츠는 주로 좁은 시장부분인 고급품시장에 소구하고 있지만, 타 자동차회사보다 효율적으로 이 세분시장을 유지하고 있다.

단체급식업자는 이를테면 대기업에게만 소구하기로 하고 전체시장이나 학교단체 및 중소기업에게는 소구하지 않겠다고 결정할 수도 있다.

경영전략을 택하면 목표로 하는 세분시장에서는 높은 시장점유율을 획득할 수 있지만, 전체시장과의 비교에서는 그 비율이 낮은 것이 일반적이다.

이상의 세 가지 기본전략 중 어느 것을 선택하는가는 다른 성질의 위험과 다른 조직방법을 발생시킨다는 의미에서 중립적이지는 않다. 각각의 기본전략에 대한 고유의 위험은 다음과 같다.

첫째, 코스트에 의한 지배전략에 있어서의 위험이다.

- 과거의 투자 및 경험효과에 의해 획득한 우위성을 무효화하는 기술적 변화의 위험
- 신규잠입자나 모방자 사이에 저코스트 기술의 보급가능성
- 코스트 문제에 지나치게 주의하는 것에 의해 그 제품에서 발생 가능한 변화를 기간 내에 때맞춰 발견치 못할 위험
- 경쟁자의 억압에 필요한 가격차를 축소하는 코스트의 증가, 즉 개발비 등

둘째, 차별화전략에 있어서의 위험이다.

- 차별화 요소의 유지에 필요한 가격차가 경쟁자의 가격에 대하여 너무 높아질 위험
- 그 제품이 일반화되면 차별화 제품에 대한 구매자의 욕구가 불명확하게 될 위험

셋째, 집중화전략에 있어서의 위험이다.

- 특화하지 않은 경쟁자의 제품에 대하여 가격차가 너무 크게 될 위험

- 그 세분시장과 전체시장 간에 차이가 불분명하게 될 위험
- 대상이 되는 세분시장이 보다 특화된 하위세분시장으로 재분할될 위험

이러한 전략의 실시는 각각 상이한 자원 및 독자적 특성을 전제로 한다. 코스트 리더십전략은 지속적 투자, 고도의 기술적 능력, 제조·유통과정의 엄격한 감시 및 생산을 용이하게 하고 표준화된 제품을 전제로 한다. 따라서 생산기능이 지배적인 역할을 한다.

차별화전략은 그와 반대로 기술적 선도에 부가하여 중요한 마케팅능력이 필요하게 된다. 시장욕구의 변화를 분석하고 예측하는 능력이 여기에서는 그 기초가 된다. 이와 마찬가지로 연구개발, 생산 및 마케팅 간의 활동조정도 중요하다. 또한 조직 내의 모든 기능의 균형원칙이 존중되지 않으면 안 된다.

한편, 집중화전략은 전략적 세분시장에 대하여 상기의 두 전략의 여러 특질을 합한 것을 전제로 하고 있다.

3 외식마케팅 전략의 개요

1) 마케팅전략의 정의

마케팅목표로서 기업이 무엇을 성취하는가 하는 중대한 구상을 마케팅전략(marketing strategy)이라 부른다. 비행계획은 항공조종사와 관계가 있는 것과 마찬가지로 마케팅전략은 마케팅 전문가와 밀접한 관계가 있다. 조종사는 비행 목적지를 알고 있는데, 그것은 목적지가 미리 정해졌기 때문이다. 비행계획은 조종사가 어떻게 거기에 도착할 것인가를 명령한다. 마찬가지로 외식기업에 있어

서 마케팅관리자가 정해진 마케팅목표에 도달하기 위해서는 마케팅전략의 방향이 수립되어야 한다.

2) 마케팅목표

마케팅전략을 전개하거나 마케팅믹스를 만들어내기 이전에 기업은 각 표적시장에 맞는 명확한 마케팅목표를 수립해야 한다. 마케팅목표는 표적시장에 관련된 목표의 표현이다. 전략은 항상 이렇게 설정된 목표에 합치하도록 개발되어야 한다.

마케팅목표가 명확해야 한다는 것은 중요한 사항이다. 마케팅전략의 성공은 그 전략이 실행되었을 때 마케팅목표에 적합한지 아닌지 그 여부의 결정에 의해 측정되기 때문이다. 이러한 결정을 가능케 하기 위해서 마케팅목표는 항상 다음과 같은 정보를 포함해야 한다.

① 바라던 결과 : 무엇이 변하고 성취되었는가?
② 마케팅활동 : 어떻게 수행되었는가?
③ 표적시장 : 누구를 대상으로 활동이 수행되었는가?
④ 시간 축 : 언제?
⑤ 성공의 측정 : 어느 정도인가?

만약에 외식체인의 마케팅목표가 '시장점유율 증가'로 간단히 설정되었다면 그것은 너무나 일반적이다. 심지어 '20% 판매증가'라고 말해도 부적절하다. 이것은 여전히 그 목표가 시간축이나 표적시장, 방법 등을 일일이 설명하는 것이 아니기 때문이다. 마케팅목표가 의미를 지니려면 '기업간부(장년층 : 표적시장에 해당)를 목적으로 하는 DM촉진(다이렉트 메일의 판매촉진 활동)을 통해서

10월 동안(시간 축에 해당됨)에 20%(정도에 해당됨)의 점유율 증가'로 표현하는 것이 더욱 명확할 것이다.

이러한 마케팅목표의 명확화는 다음의 두 가지를 가능하게 한다.

첫째, 목표를 성취하기 위한 전략개발을 수립하는데 확고한 출발점을 제공한다. 무엇을 행해야 하는가를 분명히 한다.

둘째, 실시된 전략의 성공여부를 측정하는 것이 가능하다. 이것은 전략과 전술상에 실수 및 그에 대해 적절히 조정할 필요성을 말한다.

따라서 이러한 요인들은 간결하고 구체적인 마케팅목표의 중요성을 설명해준다. 그러한 것 없이는 효과적인 마케팅전략을 개발할 수가 없다.

3) 마케팅전략의 수립방법

마케팅전략은 시장의 환경과 기업의 능력을 서로 접합시키는 과정이라고 할 수 있다. 그러기 위해서는 기업의 외부환경과 내부능력에 대한 분석이 선행되어야 한다. 이러한 절차를 표시한 것이 [그림 11-2]이다(이우용 · 정구현, 1991, pp. 46~48).

(1) 외부환경 분석

수많은 외부환경 중에서 가장 중요한 것은 고객과 경쟁기업이다. 그 중에서도 고객은 전략수립의 출발점이 된다. 첫째, 고객 분석을 통해서 알아내려는 것은 충족되지 않은 고객의 욕구이다. 이것을 찾아낸다면 비교적 적은 비용으로도 상당한 구매를 유발시킬 수 있게 된다. 그렇지 못할 경우에는 경쟁기업에 상응하는 마케팅비용의 지출을 감수해야 하고, 고객의 욕구를 찾아내려면 이미 언급한 시장세분화를 자연스럽게 전개해야 한다.

[그림 11-2] 마케팅 전략 수립절차

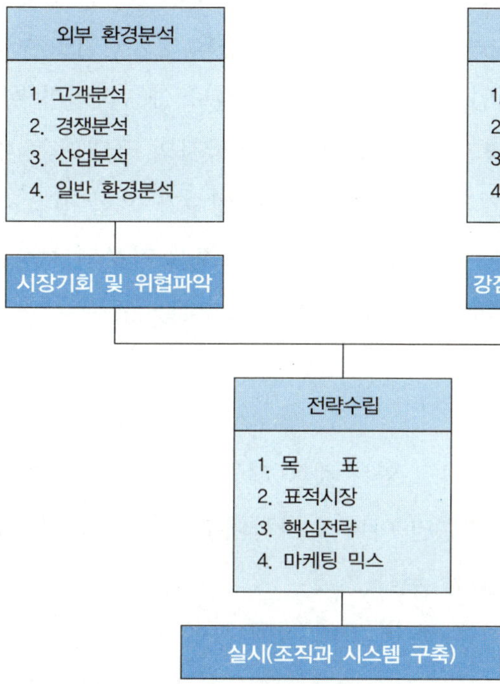

둘째, 경쟁분석은 경쟁여건을 분석하고 주요 경쟁사를 파악해서 경쟁사의 전략과 강점 및 약점을 파악하여야 한다. 경쟁분석은 특히 경쟁사의 수가 제한되어 있는 과점시장의 경우에 중요하며, 이러한 상황에서는 경쟁사의 강점을 무력케 하거나 약점을 이용하는 전략이 중요하게 된다. 경쟁분석에서는 단순히 현재의 경쟁사뿐만 아니라 잠재경쟁사, 즉 시장진입 가능회사까지도 감안해야 한다. 이제까지 외식사업에 진출하지 않던 대기업이 호텔 및 리조트시장에 진출하려는 움직임을 주의 깊게 관찰해야만 시장지각변동에 미리 대처할 수 있게 될 것이다.

셋째, 산업분석은 현재사업의 상품시장영역보다 더욱 넓은 산업규모와 그 속에 있는 세분시장의 규모 및 성장전망을 파악하고 원가구조와 유통구조를 분석하는 과제를 포함한다. 이것은 해당 산업에서의 주요 성공원인이 무엇인지를 파악하고 외식산업의 구조적인 변화추세를 어느 정도 예측하여야 한다.

넷째, 일반 환경분석은 경기동향, 기술변화, 외국사의 국내진출, 정부의 규제와 유인제도, 인구변동과 기타 문화적 · 사회적 변수가 포함된다. 이러한 변수 가운데 시장에 영향을 미치는 변수를 찾아내고 그것이 자사의 시장기회가 되는가 또는 위협이 되는가를 파악하여야 한다.

(2) 내부환경 분석

외식기업은 고객이 필요로 하고 있는 것을 제공하고 경쟁사에게 이기기 위해서는 외부환경을 분석하는 것뿐만 아니라 자사내부의 환경과 제약조건에 대하여 충분히 고려하지 않으면 안 된다.

첫째, 과거실적 평가는 최근 몇 년 간에 걸쳐 사업의 성장률, 점유율, 수익성의 실적은 과연 어떠하였는가를 분석해야 한다. 이 분석에서는 우선 기업이나 사업부의 손익계산서와 상품별 · 시장별 · 경로별 영업실적이 참고자료가 된다.

둘째, 전략분석은 현재 사업부가 택하고 있는 마케팅전략의 내용을 검토하고 전략적인 질문을 던지는 것이다.

셋째, 원가분석은 사업부의 가격경쟁력을 경쟁사와 대비하여 분석하는 내용이다. 자사보다 경쟁사가 더 유리한 원가구조를 갖고 있는 경우 이에 대응하기는 매우 어렵다. 특히 외국기업들이 그러하듯이 원가와 품질 면에서 모두 우위에 점하게 되면 경쟁사로서는 이를 극복하기가 무척 힘들게 된다.

넷째, 조직 및 인력평가이다. 이는 진행 중인 전략이 현실성을 갖기 위해서 매우 중요하다. 여기서 조직이란 조직구조, 경영시스템, 기업문화, 의사소통의 유형 등을 포함하며 조직의 성과에 중요한 영향을 미치게 된다. 또한 인력평가와 같은 사항은 기업이 성장하는데 궁극적인 제약요인이 될 수 있다. 그 업무에서 요구되는 자질과 경험을 갖추지 못한 사람이 중요한 지위를 차지하고 있을 때 그 기업의 성장은 기대하기 어려운 것은 물론이다.

이상의 내부 환경분석을 통하여 자사의 강점과 약점을 파악하고 이용가능한 자사의 자원을 파악함으로써 다음 단계인 전략수립에 들어갈 수 있다.

실제의 전략수립에는 앞서 언급한 외부 환경분석과 내부 환경분석을 바탕으로 창의적이고 선택적인 사고가 요구된다. 이러한 점이 마케팅의사결정에서 가장 어려운 일이다.

4 경쟁지위의 유형화와 외식마케팅 경쟁전략

경쟁자의 지위와 행위를 명확히 고려하는 것은 마케팅 경쟁전략의 중요한 전제이다. 경쟁력을 분석하면 가장 위험한 기업과 경쟁하는데 있어서 그 경쟁우위성에 대한 평가와 경쟁자의 경쟁활동 등을 확인할 수가 있다. 마케팅 경쟁전략에는 [그림 11-3]과 같이 시장선도자, 시장도전자, 시장추종자, 시장틈새자의 전략이 있다.

[그림 11-3] 경쟁지위의 유형화(類型化)

경영자원		경영자원력(量)	
		대	소
경영자원의 독자성(質)	고	시장선도자	시장틈새자
	저	시장도전자	시장추종자

1) 시장선도자의 전략

시장선도자(market leader)는 시장에서 최대의 상대적 자원을 가진 기업이다. 대부분의 경우, 시장선도자는 그 시장에서 최대의 시장점유율과 타 기업보다 우월한 독자적 능력을 가지고 있다. 시장선도자는 해당 시장에서 단 하나의 경쟁 지위를 가진 기업으로서 시장점유율에 대해 계속적인 도전에 직면하고 있다.

시장에서 선도적인 위치에 있는 기업은 시장의 욕구를 숙지하고 그러한 욕구를 충족시킬 수 있는 상품을 제공함으로써 우세한 지위를 차지하고 있다. 그러나 시장선도자는 단순히 팔짱만 끼고서 자신의 우월적 지위를 향유할 수는 없다. 왜냐하면, 다른 기업들이 시장선도자와의 간격을 좁히기 위해서 끊임없이 움직이고 있기 때문이다. 따라서 시장선도자들은 그들의 시장전략을 향상시키기 위하여 시장조사를 계속 실시하지 않으면 안 된다.

시장선도자는 두 개의 도전과제에 직면한다. 첫 번째는 선도자로서 자신의 지위를 방어하는 것이다. 모든 사람이 왕을 언덕에서 떨어뜨리려고 하는 '언덕의 왕'이라는 어린이들의 게임에서처럼 시장선도자의 제품은 선도자가 되고자 하는 기업에 의해 계속해서 포위되어 공격을 받고 있다. 시장선도자는 자신의 이미지와 시장점유율을 유지할 수 있는 회심의 마케팅전술을 사용하여 자신의 위치를 방어할 필요가 있다.

시장선도자가 직면하는 두 번째 마케팅도전은 시장점유율을 확대하여 시장선도자가 향유할 수 있는 이윤을 증대시키는 것이다. 경쟁사의 제품으로부터 고객을 유치하기 위해서 시장선도자는 공격전술을 사용해야 한다.

2) 시장도전자의 전략

시장도전자(market challenger)는 시장선도자에 준(準)하는 상대적 경영자원을 갖고 있고 또한 선도자와 시장점유율을 다툴 수 있는 지위와 의욕을 갖고 있는 기업이다. 그러나 시장도전자는 시장선도자에 비해 뚜렷한 종합적 독자능력의 우위성을 갖고 있지는 못하다.

시장도전자는 시장선도자가 되려고 노력하며 적어도 현재의 선도자를 공격함으로써 자사의 시장점유율을 확대하려고 한다. 시장도전자의 전략은 공격적이고 적극적이다. 시장도전자가 주로 사용하는 전술 중의 하나는 선도자의 제품과 직접적으로 경쟁하기 위해 보다 낮은 가격의 제품을 제공하는 것이다. 이 전략의 배후에는 고객들이 경쟁제품을 구입하여 돈을 절약할 수 있다면 제품에 대한 충성을 일시적으로 기꺼이 바꿀 것이라는 전제가 깔려 있다. 일단 사람들이 어떤 제품이나 서비스를 판매하여 그것이 만족스럽다는 것을 발견하기만 한다면 그들은 그 때 저축자극의 유인 없이 재구매를 할 가능성이 있다.

시장도전자는 시장선도자로부터 고객을 빼앗아오고 심지어 보다 낮은 이윤으로 사업규모와 시장점유율을 증대시키려고 한다. 혼잡한 시장은 할인가격이라는 도전적인 전술로 판매를 실시하는 예가 매우 많다.

3) 시장틈새자의 전략

시장틈새자(market niche player)는 상대적 경영자원 및 의욕이 이미 시장선도자를 직접적으로 노릴 만한 위치에는 없지만, 그러나 어떤 독자성을 지니고 있는 기업이다. 그러한 의미에서 시장틈새자는 양자 모두 한정적인 경영자원밖에 없지만, 상위 두 그룹(시장선도자와 시장도전자)과의 시장점유율 경쟁에 참가할 지위에는 있지 못하다는 점에서 유사성이 있고, 시장틈새자 쪽이 독자성이 강한 경영자원을 갖고 있다고 하는 데 차이점이 있다.

외식시장은 너무나 다양하고 광범위하기 때문에 일부 외식기업들은 그 시장의 매우 좁은 부분에 대해 상품을 판매하기를 선택한다. 이 전략이 시장틈새자의 전략이다. 일부 전문화된 세분시장에 대해 대부분의 거대기업들은 관심을 두고 있지 않다. 이러한 틈새는 거대회사들과의 직접적 경쟁을 피하는 방법으로 작은 회사들에게 전문화할 수 있는 기회를 제공한다.

4) 시장추종자의 전략

시장위치에 기초한 네 번째 유형으로는 시장추종자의 시장전략이 있다. 시장추종자(market follower)는 상대적 경영자원 및 의욕에 있어서 시장점유율, 즉 리더십을 노릴 만한 위치에 있지 못하고 동시에 어떤 뚜렷한 독자성도 갖고 있지 못한 기업이다.

시장추종자는 시장에서 자사의 복종적인 위치에 만족하고 있는지도 모른다. 때때로 시장선도자가 너무 강해서 다른 회사들이 도전하는 것이 무리인 경우도 있다. 시장추종자는 현재 시장의 상황을 파괴하지 않음으로써 수익을 확보하려고 한다. 또한 시장을 전복시킴으로써 이득을 얻는 것보다 더 많은 것을 잃게 되는 것을 두려워하기 때문에 자사의 위치를 인식하고 그들이 속해 있는 전체 시장이 사업에서 이득을 얻음으로써 자사도 이득을 보기를 기대한다.

그들은 경쟁관계에 있는 유사한 기본 표적시장에 대해서 약간의 다른 프로그램들을 제공한다. 성공적이고 생명력 있는 외식상품이 되기 위해서는 이러한 추종자들은 그들이 선도자이거나 또는 도전자일 필요가 없다고 결정한다. 그들은 모든 기업이 나눠 가질 수 있는 외식시장에 대한 충분한 수요가 있다고 굳게 믿고 있는 것이다.

현재, 우리나라 외식산업의 각 시장에서 시장선도자, 시장도전자, 시장틈새자, 시장추종자들은 누구이며 어떤 전략을 펼치고 있는가?

Coffee Break 직화방식(Flame Broiling)으로 승부하는 "버거킹"

버거킹은 global fast food brand 중의 하나로서, 1945년 미국의 마이애미에서 James W. Mclamore와 David Edgerton에 의해 최초 설립되었다. 현재 전 세계에서 11,000여 개의 매장을 운영하고 있다. 패스트푸드 체인 처음으로 고객이 매장 안에서도 먹을 수 있도록 하였고, 1975년에 소개된 'Drive-thru service'는 지금도 매출의 50%를 차지하고 있다.

한국에서는 (주)두산이 직영으로 매장을 운영하고 있으며, 1984년 종로에 1호점을 오픈하여 차별화된 제품과 개성 있는 매장인테리어로 지난 25년간 한국인들의 버거 입맛을 사로잡고 있다. 2008년을 기준으로 84개의 매장을 운영하며 '가장 맛있는 햄버거를 제공하는 프리미엄 패스트푸드 브랜드'로서 자리매김하고 있다.

버거킹의 독특한 Flame Broiling

버거킹은 100% 순 쇠고기를 불에 직접 구워 조리하는 직화방식(Flame Broiling)을 통해 조리하여 불필요한 기름기를 제거하고, 고기의 육즙은 그대로 보존되며, 고기의 독특한 향과 맛을 즐길 수 있도록 한다.

지불방법의 다양화

버거킹은 현금으로 돈을 지급하는 방법뿐만 아니라 달리 버거킹 상품권을 만들어서 발행을 하고 있다. 또한 버거킹과 제휴한 상품권(도서상품권, 문화상품권, Happy21, 해피머니)을 이용해서 패스트푸드 가격을 지불할 수 있다.

소외계층과 함께하는 와퍼 나눔의 행사

버거킹은 가정의 달 5월, 연말연시에 복지시설 어린이들에게 애정과 따뜻한 마음을 전하며 아이들의 밝은 모습을 통해 가슴 훈훈해지는 뜻 깊은 시간을 가졌다.

자료 : 버거킹 홈페이지에서 발췌

제12장

외식마케팅 계획

1 외식마케팅 계획

1) 외식마케팅 계획의 중요성

마케팅계획은 기업의 도로안내지도이다. 마케팅계획은 마케팅목표에 도달하고자 하는 기업의 의도를 보여주도록 자세하게 쓰인 안내서이다.

마케팅계획이 중요한 이유에는 몇 가지가 있다. 첫째, 도로안내지도와 같이 잘 입안된 마케팅계획은 조직으로 하여금 잘못된 방향을 택하거나 시간과 에너지를 낭비하고 예산을 헛되이 쓰는 것을 막아준다. 둘째, 마케팅계획은 마케팅 과정에 있어서 관련된 많은 사람들의 노력을 조정하고 커뮤니케이션의 기초로서 기능한다. 셋째, 마케팅계획은 선택시장에 대한 기업의 목표와 더불어 일관성 있는 마케팅활동을 보장하는데 기여한다.

결국 마케팅계획은 시장에서 기업의 성공을 측정하는데 도움을 주며 기업의 장기간 운영에 대한 계속성을 제공한다.

마케팅계획은 기업마다 그 범위와 내용에 있어서 매우 다양하다. 소규모 식당의 마케팅계획은 한두 페이지 분량이지만, 대규모 외식체인의 마케팅계획은 여러 권의 분량이 될 수도 있다. 어떤 마케팅계획은 단 하나의 제품 및 서비스에 초점을 맞추며, 또 어떤 마케팅계획은 전체의 제품과 서비스를 포함하기도 한다.

어떤 기업은 전략계획이라 부르는 광범위한 다층구조의 영업계획을 가진다. 그리고 전술계획이라 부르는 일 년 또는 매년마다 마케팅계획을 가질 수도 있다. 또한 마케팅계획은 내용과 형식에 있어서 다양하다.

2) 외식마케팅 계획의 구성요소

일반적으로 마케팅계획은 내용과 형식에 있어서 세 가지 기초적인 부분, 즉 개요, 이론적 근거, 실행을 구성요소로 한다.

〈표 12-1〉 마케팅계획의 구성요소

1. 개 요(전체 계획의 개관)
2. 이론적 근거(왜 과정이 선택되었는지 설명한다)
   - A. 상황분석
     - 제품과 서비스
     - 경쟁
     - 외부환경
     - 시장잠재력
     - 마케팅활동
   - B. 마케팅전략의 논의
     - 표적시장
     - 상품포지션
     - 마케팅목표
     - 마케팅전술
     - 마케팅믹스
3. 실 행
   - A. 활동계획 수립과 예산 설정
   - B. 마케팅과정의 통제
   - C. 마케팅계획의 평가

(1) 개 요

개요는 전반적인 마케팅계획을 간단하게 조감할 수 있게 해주며, 소비자가 기대하는 것이 무엇이며 무엇이 중요한가를 알게 하는 간단한 방법이다. 마케팅계획을 요약함에 있어서 개요는 일반적으로 다음에 나오는 이론적 근거 및 실행의 중요한 점을 강조한다.

(2) 이론적 근거

이론적 근거는 특별한 마케팅계획이 진행되어야 할 이유를 설명한다. 이론적 근거는 모든 연구, 분석 그리고 마케팅계획의 결정을 요약해 주는 것이고 마케팅계획을 발전시키기 위해 취해지는 행동에 대하여 역사적인 기록을 제시한다.

이론적 근거는 특히 기업 외부의 사람들 이를테면, 특별히 임무를 수행하기 위해 요청되는 사람들, 광고대행사 직원 등에게 활동목적을 제시해 준다. 대부분의 경우에 있어서 이론적 근거에는 두 가지 중요한 요소, 즉 상황분석과 마케팅전략에 관한 논의가 있다.

❶ 상황분석

상황분석은 기업의 위치, 상품 그리고 시장 등의 현재 상황에 관한 언급이다. 이것은 현재의 상황을 결정하는 개별적 구성요소를 체계적으로 기업이 검토하는 마지막 단계이다. 상황분석에 있어서 고려되는 요소는 다음과 같다.

- 제품 및 서비스 : 고객에게 최대한 소구하기 위해서 유형적 · 무형적 요소들을 조정하는데 중점을 둔다.
- 경쟁 : 경쟁사의 강점과 약점을 조사하고 신제품과 촉진수단을 분석한다.
- 외부환경 : 정치, 사회, 기술 동향과 변화를 포함하여 그 영향이 국제적 · 국

가적 · 지방적 · 지역적으로 어떤 수준인가를 파악한다. 어떤 요소를 강조한다면 기업의 마케팅노력에 있어서 이러한 변화의 영향에 긍정적인가 부정적인가를 고려한다.

- 시장잠재력 : 주로 현재의 고객, 그들의 습관, 취향 및 요구에 관해서 알아야 할 것이 무엇인가, 특히 변화가 관찰되고 기대되는지 아닌지에 관하여 고려한다.
- 마케팅활동 : 과거에 기업이 시도한 경험의 분석을 포함하여 미래 활동의 효율성을 평가한다.

일단 이런 요소들이 철저히 검토되고 나면, 발견된 결과는 마케팅계획의 이론적 근거부분인 상황분석 부분에 요약된다.

여기서의 요점은 각 요인에 관해서 발견한 모든 사항을 보고하는 것이 아니라 기업과 상품의 현재 위치에 대한 조감도를 제시하는 것이다. 특히 강조되어야 할 점은 개별적인 강점과 약점, 특정의 마케팅기회나 장애가 분석에 의해서 밝혀져야 한다는 것이다. 즉 상황분석에서 강조하는 것은 기업의 현재위치의 명확한 분석이며 과거의 노력으로부터 교훈을 도출하게 하고 과거와 현재의 결론을 기초로 해서 미래를 위하여 방향을 제시하는 것이다.

❷ 마케팅전략에 관한 논의

마케팅계획의 이론적 근거에서 이 부분은 마케팅계획에서 사용되는 특정한 전략과 전술에 대한 결정을 묘사하고 설명한다. 이것은 다음과 같은 것을 포함한다.

- 표적시장 : 개별적이든 결합된 형태이든 무엇이 세분화 변수에 사용되는가

하는 것이다.

- 상품포지션 : 경쟁상품과 자사상품을 구별하는데 사용된 방법, 표적시장에 대한 이미지의 소구, 상품의 이미지 확립 등을 포함한다.
- 마케팅목표 : 특정기간 내에 마케팅계획의 특정목표를 지정한다.
- 마케팅전술 : 각 표적시장에 사용될 전반적인 마케팅 접근방법을 확립한다.
- 마케팅믹스 : 상품을 제시하고 촉진시키는 마케팅요소가 어떻게 결합되었는지를 상세히 설명한다.

마케팅계획과 이론적 근거에 관련해서 강조할 점은 마케팅전략에 관해서 특정한 결정을 내린 사고의 간단한 개요를 제시하는 것이다. 즉 기업의 현재의 위치나 미래의 계획에 관해서 기업의 선택하는 전략이 최상의 마케팅전략이라고 믿게 하는 근거가 무엇인가 하는 것이다.

(3) 실 행

실행부분에서는 어떻게 마케팅계획이 수행될 것인가를 상세히 설명한다. 만약 계획을 너무 불분명하거나 너무 자유롭게 해석할 수 있다면 다양한 활동을 관리해야 하는 사람들이 혼란을 일으키거나 예기치 않은 낭비, 최종 목표를 맞히지 못하고 잘못된 방향으로 나갈 수도 있다. 대부분 실행의 부분은 다음과 같은 정보를 갖고 있다.

❶ 활동계획의 수립과 마케팅예산의 설정

간단히 말하면, 누가 무엇을 언제하고 또 비용이 얼마나 들어갈까 하는 것이다. 마케팅 활동계획에 관련된 직원들의 책임수행은 상세해야 하고 시간표에 따라야 한다. 그렇게 함으로써 어느 누구나 그들에게 맡겨진 업무를 파악할 수 있다. 위에서 쓰인 활동에 대한 비용은 예산범위 내에서 결정된다. 때때로 이러한 것들은 계획안에서 분리되어 취급된다.

❷ 마케팅과정의 통제

목표를 향한 진행, 직원들의 행위, 시간제한 등을 통제·감독하는 관리자에 의해 이용된다.

❸ 마케팅계획의 평가

이러한 정보는 마케팅계획의 전반적인 성공여부를 측정하는 시점과 방법을 설명하는 것이다.

일단 이러한 3단계가 마케팅계획에 의해 기술되면 어려운 부분이 남는다. 즉 실제의 수행이다. 이것은 어떻게 마케팅예산을 수립하고 마케팅 진행을 통제하며 마케팅계획을 평가할 것인가 하는 것이다.

2 외식마케팅 예산의 설정

마케팅계획에 있어서 마케팅예산은 전략을 수행하는데 드는 비용을 산정하는 것이다. 마케팅예산 설정은 한정된 자원을 가진 소규모 기업에 있어서는 각별히 고통스럽고 어려운 과정이다. 자금은 상품이 실제로 수익을 발생하기 이전에 일부 지출항목으로 잡혀 있거나 이미 쓰고 없기 때문이다. 왜냐하면, 기업은 어느 면에 있어서 그들의 투자를 회수할 수 있으리라는 도박심리가 있기 때문에 때때로 다른 어음이 지급될 때까지 마케팅예산을 보류하는 경향이 있다.

그러나 마케팅예산은 우선사항이어야 한다. 마케팅에 쓰여진 돈은 기업의 제품 및 서비스의 성공여부에 있어서 중요한 요인이 되기 때문이다. 그것은 사업을 진행시키는 투자로 간주되어야 한다. 엄격한 시장조사를 근거로 한 마케팅계획의 기능은 기업의 마케팅예산을 적절히 분배함으로써 기업의 신뢰도를 높이는 것이다.

1) 마케팅예산의 성격

훌륭한 마케팅예산은 포괄적이고 조정된 것이다. 예산은 토털 마케팅계획의 수행에 소요되는 비용뿐만 아니라 예산전체가 마케팅믹스 및 진행평가의 각 요소에 어떻게 분배되어야 하는가를 보여주어야 한다. 만약 계획이 하나의 외식상품이나 하나 이상의 표적시장을 대상으로 한다면 예산은 각 부분에서 어떻게 나누어지는가를 보여주어야 한다. 물론 비용은 적당하게 배분되어야 하는데, 이것은 계획의 주요 부분의 예산은 불충분한 반면에 계획의 중요하지 않은 부분에 너무 많은 돈이 할당되지 않도록 하기 위해서이다.

훌륭한 마케팅예산은 또한 구체적이고 실제적이어야 한다. 바꿔 말하면, 예산은 기업의 재원과 특정분야에서 기업의 위치 등에 논리적으로 연관성이 있어야 한다. 훌륭한 예산의 목표는 마케팅과정에서 쓰여진 투자분에 대해 초과하는 수익을 발생시켜야 한다.

또한 건전한 예산은 우연성까지도 감안하여야 한다. 전체예산의 10~15% 정도는 경쟁자의 예기치 않은 활동이나 광고비의 급등과 같은 예기치 못한 마케팅 비용증가를 위해 유보해야 한다.

2) 예산설정방법

마케팅 전문가는 일반적으로 예산 설정에 〈표 12-2〉와 같이 네 가지 방법을 사용한다. 그 방법 중 세 가지 즉 임의산출방법, 판매율방법, 경쟁평형방법은 상대적으로 마케팅목표를 고려하지 않는 단순하고 간단한 것들이다. 이런 방법은 지출에 있어서 상한선을 설정하지만, 일반적으로 마케팅믹스의 여러 요소 가운데 자금의 배분방법에 대한 지침을 제공하지는 않는다.

네 번째 방법, 즉 목표업무방법은 좀 더 복잡하고 시간을 요하기는 하지만 예산의 포괄성과 조정성의 조건들을 충족시켜 준다. 이것은 또한 목표달성을 위하여 여러 마케팅믹스를 고려하고 있고 그에 따라서 필요한 믹스 요소에 자원이 적절히 배분될 가능성이 크다.

(1) 임의산출방법

임의산출방법에서 마케팅 전문가는 예산을 산정하기 위해 기업의 역사를 이해하거나 개인의 판단을 이용한다. 그들의 생각으로 기업의 예비지급능력에 대해 결정을 내린다. 종종 전년도 예산과 동일한 예산을 짜거나 매년마다 임의적인 비율로 예산을 증액한다. 이 예산방법은 소규모 업체에서 가장 일반적으로 사용하고 있다. 이 방법의 주요한 약점은 현재 상태를 유지하고자 하는 경향과 기업으로 하여금 도달 가능한 충분한 잠재능력을 인식하지 못한다는 점에 있다.

(2) 판매율방법

판매율방법에서 마케팅관리자는 전년도 총판매율과 이번 해에 기대되는 판매율의 평가를 기본으로 한다. 따라서 이 방법을 경험법칙이라고도 부른다. 판매율의 비율은 기업이 마케팅 프로그램에서 지출되어야 할 어떤 공표된 지침이나 경험을 기초로 한 것이다. 예를 들면, 일부 연구에서는 호텔, 모텔 또는 식당은 총판매의 2.5%에서 5%까지 예산으로 지출해야 한다고 권유하고 있다.

이런 형태의 예산수립에서 가장 심각한 문제는 판매가 감소할 때 발생한다. 판매율 예산 설정에서 마케팅예산은 판매량 감소에 비례해서 줄어들게 되고 그렇게 되면 문제를 더욱 악화시킬 수도 있다. 사실상 마케팅 예산의 일시적인 증가는 판매부진에 대한 적절한 대응이 될 수 있는 것이다.

〈표 12-2〉 예산 설정방법

항 목	장 점	단 점
임의산출방법	· 단순하다. · 간단하다.	· 마케팅목표를 고려하지 않는다. · 균형유지 : 전체 잠재시장에 도달할 수 없다.
판매율방법	· 단순하다. · 간단하다.	· 마케팅목표를 고려하지 않는다. · 판매가 감소하면 예산이 줄어든다.
경쟁평형방법	· 단순하다. · 간단하다.	· 마케팅목표를 고려하지 않는다. · 예측적이라기보다는 대응적이다. · 예산은 경쟁자에 따라 어느 정도 결정된다.
목표업무방법	· 포괄적이다. · 종합적이다. · 마케팅목표 고려 · 목표설정과 이해	· 복잡하다. · 시간소비형이다.

* 마케팅활동에 있어서 금전의 지출은 상품의 성공과 실패에 주요한 요인이 되기 때문에 가장 효과적인 예산방법의 선택이 필요하다.

(3) 경쟁평형방법

경쟁평형방법에서 마케팅관리자는 경쟁자가 어디에 얼마를 지출했는가를 알고자 하며, 거기에 대응하여 예산을 수립하게 된다. 마케팅관리자는 경쟁자에 관한 기사나 그들의 연간보고서를 읽음으로써 정보를 수집한다. 경쟁평형방법의 약점은 예측적이라기보다는 대응적이고 자사보다는 경쟁자들에 의해서 기업의 마케팅 예산수준이 결정된다는 점이다.

(4) 목표업무방법

목표업무방법에서 마케팅관리자는 하향식이 아닌 상향식의 예산을 수립한다. 그들은 우선목표를 세우고 그 목표를 성취하기 위해 필요한 마케팅 업무를 뽑아낸다. 거기에서 각 업무를 완수하는데 필요한 비용을 산출한다.

목표업무방법을 이해하기 위해서 체인 30개로 총 6천 좌석을 가진 외식체인 기업의 상황을 생각해 보자. 이 기업의 마케팅부서는 다음과 같은 마케팅목표를 세운다.

10월과 4월에 걸쳐 전체 수용능력의 1 / 3(약 2천 좌석)을 20개의 특정 주말에 주말 패키지로서 가족고객에게 팔기 위해 DM광고(다이렉트 메일)를 사용한다.

다음으로 마케팅부서는 이 목표 달성시에 산출되는 수익의 양을 계획한다. 각각의 패키지는 2일 2인용이며 하루에 일인당 4만 5천원(또는 주말 가족용 18만원)으로 가정하면 수입계획은 다음과 같다.

2,000×20(주)×18만원=720,000만원 -------------------------------- ①
음료, 선물 등의 부수적 지출 : 하루 일인당 1만원
2,000×20(주말)×2(인)×2(일)×1(만원)
=160,000만원 --------------------------- ②
①+②=880,000만원 --------------------------- ③

다음으로, 마케팅부서는 목표한 판매수입을 올리기 위해 얼마나 많은 돈이 필요한가, 즉 마케팅예산을 결정해야 한다.

마케팅관리자는 단순히 계획판매량의 비율을 정하기보다는 사실과 경험, 개인의 판단을 항목화 하는데 사용하고 목표를 성취하기 위해서 필요한 마케팅 업무에 소요되는 비용을 계획한다.

소책자(250,000부)	6,000
DM엽서(50,000매)	2,500
소비자 매체 광고	22,000
외식산업 신문광고	1,000
판매시점 자료(여행사 호텔대상)	2,500
대중관계 캠페인	1,000
여행사 수수료	18,000
기타	5,000
임시비	6,000
	64,000(만원)

마케팅예산인 6억 4천만원은 예상수익의 7.3%이므로 이 체인본부로서는 받아들일 만한 것이다. 만약 마케팅부서가 관습적인 비율(5% 정도)에 집착한다면 이러한 전술을 구사하여 목표를 달성하는 데는 예산이 너무 적게 책정될 것이다.

3 외식마케팅 과정의 통제

기업이 일단 업무를 개시하게 되면 그 다음 단계는 마케팅과정의 통제이다. 어떠한 일이 발생해도 그에 따른 조치를 결정할 수 없는 마케팅전략을 구상하는데 자금과 노력과 시간을 들이는 것은 어처구니없는 일이다. 그렇기 때문에 마케팅계획과정은 통제되어야 한다. 통제에는 마케팅전략과 그들이 추진하는 활동에 대해 기업이 감독하는 모든 절차가 포함된다. 이런 절차는 마케팅계획안에 상세히 설명되어야 한다.

통제기간 동안에 마케팅전문가는 고객반응의 수집, 비용과 판매량의 관찰, 그리고 종업원의 업무수행 체크 등을 수행한다. 필요하고 가능한 범위 내에서 그 편차는 전략의 수정을 통해서 바로잡혀진다.

1) 정보수집과 기록유지

마케팅관리자는 고객에 대한 정보를 지속적으로 수집한다. 정보는 마케팅 사이클 전체를 통틀어 매우 중요하며 마케팅계획의 관찰·통제·실행에 있어서 중요한 열쇠의 하나이다. 마케팅전문가는 여러 마케팅믹스 요소의 효율성을 측정하기 위해서 계속적으로 정보를 수집·분석한다. 이러한 목적을 위해서 사용되는 몇 가지 정보수집기구는 계획단계에서 채택한 것과 유사한데, 그것은 앞에서 이미 기술하였다. 기타 다른 정보수집 기구들은 계획보다는 마케팅노력을 관찰하고 통제하는데 특별히 사용되어야 한다.

대부분의 경우 수집된 정보는 마케팅노력의 수행과 감독 그리고 제품 및 서비스의 조정과 전개에 유용할 수 있다. 정보수집방법과 적용시기를 불문하고 중요한 것은 마케팅의 성공에 정보가 중요한 역할을 한다는 점을 이해하는 것이다.

(1) 등록카드

외식업은 다양한 지리적 시장지역에서 발생하는 고객의 비율이 얼마인지를 알 필요가 있다. 이러한 정보는 등록카드를 기준으로 추출할 수 있으며, 도나 시・군별로 분류되어야 한다. 정확한 지리적 분석은 광고와 촉진에 쏟는 마케팅 노력에 방향을 제시하고 수정하는데 도움을 준다.

(2) 자율 관리된 질문서

질문서는 고객의 만족과 마케팅전술에 대한 피드백을 얻는 대중적이고 비용이 저렴한 정보수집방법이다. 외식업의 룸(객실)에 비치하고 계산 시 회수하는 것 혹은 고객주소로 우송되는 질문서가 가장 일반적인 형태이다.

자율 관리된 질문서의 약점은 고객들이 항상 그 질문서를 완성해 줄 것이라고 확신할 수 없다는 점이다.

따라서 참가를 조장하기 위해 어떤 경우에는 조사를 완성하는데 대한 동기부여로 선물을 제공한다. 질문서의 응답비율을 높이기 위해 어떤 식당은 고객이 계산할 때 질문을 받도록 하고 있다. 보통 질문을 대답하는 데는 30초 정도 걸리며 그 대답결과는 즉각적으로 기록되고 컴퓨터에 의해 도표화된다.

(3) 비공식면접

고객과의 비공식면접은 특히 소규모 사업에 유용한 정보를 제공한다. 예를 들면, 관리자는 판매직원들을 시켜서 어떻게 자사를 선택하였는가를 고객에게 묻도록 한다. 그 내용은 다음과 같다.

만족한 고객에 의해서 대답이 되었는가? 그들의 응답은 특별한 촉진에 의해 자극받아서 행해진 것인가? 업체의 위치, 주차시설 또는 영업시간이 주된 요인이었는가?

(4) 고객파일

외식기업들은 대부분 개인고객과 거래를 할 때 파일을 작성한다. 예를 들면,

고객이 예약할 때마다 그 정보를 고객파일에 추가시킨다. 고객파일에는 고객의 연령, 주소 그리고 직업과 같은 인구통계적인 것과 구매한 여행의 형태·목적, 여행하는 이유 등의 정보가 기록된다. 고객파일을 정규적으로 검토함으로써 마케팅관리자는 어떤 제품 및 서비스가 인기가 있는지, 판매할 대상으로서 인구통계학적 부류는 어떤 층인지 그리고 기업의 노력이 가장 효과적으로 작용하는 사람들은 누구인가에 대하여 지식을 얻을 수 있을 것이다.

(5) 응답메커니즘

응답메커니즘은 광고의 효율성을 평가하는데 이용된다. 응답메커니즘에는 우편 쿠폰이나 카드를 첨부한 잡지광고와 같은 도구가 포함된다. 만약 사람들이 광고된 외식상품에 대해서 더 많이 알고 싶다면 그들은 그 잡지의 우편쿠폰을 떼어내서 보내올 것이다.

특정지역에서 음식에 관한 TV광고에 특별 무료 장거리 전화번호를 잠깐 게재한다면 더 많은 정보를 얻으려는 시청자는 전화를 걸 것이다. 응답을 추적함으로써 마케팅관리자는 얼마나 많은 사람들에게 그들의 광고가 도달했는지를 알 수 있을 것이다.

응답메커니즘은 또한 응답자에 대해 더 많은 특별한 정보를 이끌어낼 수 있도록 고안될 수 있다. 예를 들면, 동일한 광고에서도 지역마다 다른 무료전화번호를 게재할 수 있다. 이 때 기업은 전화번호마다 얼마나 많은 전화가 걸려왔는지를 주목함으로써 광고가 가장 잘 도달된 효과적인 지리적인 시장을 찾아낼 수 있다. 이와 유사한 방법으로 마케팅관리자는 예를 들면, 두 개의 다른 잡지에 동일한 광고를 싣고서 연락처로서 다른 부서의 전화번호를 열거하는 것으로 광고의 배치를 효과적으로 테스트할 수 있다.

(6) 문 의

응답메커니즘에 의해 발생된 문의를 추적함과 더불어 외식업체는 문의방식이 전화, 편지, 방문 중 어느 것인가를 기록한다. 만약 기업이 야간유람선(크루즈 나이트) 또는 강연 등의 특별행사를 후원하고 있다면 문의는 참석한 사람들에게서만 나오게 될 것이다.

잠재고객은 외식상품에 대한 정보를 찾는 반면에, 마케팅관리자는 고객에 대한 정보를 구한다. 물론 마케팅부서는 결과가 없고 끝없는 문의에 대한 대답에 만족해서는 안 된다. 이 거래의 마지막은 전환, 즉 문의를 판매로 전환하는 것이다. 사실상 마케팅관리자가 자주 사용하는 평가방법 중 하나는 문의를 판매로 전환하는 비율을 알아내는 것이다.

만약 기업이 많은 문의를 받았으나 판매가 저조하다면 마케팅계획에서 그 일부분을 변화시킬 필요가 있다. 예를 들면, 이러한 현상은 광고가 흥미를 유발했음에도 불구하고, 제품이 고객이 기대했던 것만큼 호소력이 없다는 것을 의미하기 때문이다.

(7) 관 찰

마케팅관리자는 단지 마케팅계획이 수행되는 것을 관찰함으로써 마케팅계획이 제대로 진행되고 있는가에 대해서 많은 것을 알아낼 수 있다. 예를 들면, 로비를 걸어가면서 고객이 어떻게 대우를 받고 있고, 시설물이나 직원들에 대해 고객이 어떤 반응을 보이는지를 체크할 수 있다. 등록 데스크의 점원은 우호적이며 예의가 바른가, 체크 아웃 시에 직원이 앞으로의 예약을 또 할 것인가에 대해 물어보고 있는가를 점검한다.

한편, 관리자는 시설물의 외관도 관찰해야 한다. 출입구는 깨끗하고 매력적인

가, 환영 표지판은 있는가 등을 관찰하여야 한다.

2) 재무통제

외식기업이 마케팅진행을 통제하는 또 다른 방법은 재무통제이다. 여기에는 두 가지 측면이 있다. 첫째, 계획에 따라서 마케팅예산이 적절하게 쓰였는가를 파악하기 위한 것으로 마케팅부서의 정기적인 검사가 있다. 둘째, 기업이 마케팅목표를 얼마나 성취했는가를 보기 위한 것으로 정기적으로 판매량 · 비용 · 이익을 평가하는 방법이 있다. 그리하여 고객의 의견과 행동에 관련된 정보의 수집과 더불어 마케팅부서에서는 또한 판매와 지출에 대하여 기록하여야 한다.

3) 직원 감독

대부분의 외식상품은 무형적이므로 소멸되기 쉽다. 그러므로 외식상품의 질은 대부분 고객에게 전달하는 직원들에게 달려 있다. 외식기업 측에서 직원의 노력을 통제하기는 어렵지만, 몇 가지 유용한 단계를 취할 수는 있다. 우선 그 일에 적합한 사람들을 모집하고 고용할 수 있다. 적절한 훈련과 지도는 그들의 통제를 용이하게 한다. 특히 마케팅계획의 초기실행 동안에 직원은 지속적인 지도와 감독이 필요하다. 또한 관리자는 직원의 역할에 대한 중요성을 강조하는 커뮤니케이션, 즉 직원과의 마케팅계획에 대한 대화가 필요하다.

(1) 생산성

직원의 업무를 감독하는 한 가지 방법은 판매할당량을 정하는 것이다. 마케팅 디렉터나 세일즈매니저는 판매고와 판매할당량을 정해줌으로써 판매원의 업무를 감독한다. 직원 1인당 판매고도 그 하나의 예이다. 디렉터나 매니저의 책임

영역은 판매원이 그들의 목표를 달성하였는지를 보는 것이고 판매원이 곤경에 처했을 때 도와주는 것이다.

매니저는 판매원의 업무를 재구성하거나 그들을 재교육시켜야 한다. 현금보너스, 보상, 무료여행이나 포상휴가는 생산성 증대 및 판매원의 동기를 부여하기 위해 계획된다.

(2) 팀 정신

마케팅관리자의 주요한 책임 중 하나는 마케팅목표를 달성할 수 있도록 직원을 자극할 수 있는 팀 정신(team spirit)을 구축하는 것이다.

하나의 예로써 1980년대 중반에 라마다 체인은 금전적 손실을 입고서 그들의 특징과 이미지를 개혁하기 시작하였다. 전략의 일환으로써 라마다 호텔은 "당신은 누구든지 특별하다"라는 광고 테마를 창조하였다. 호텔경영자는 이 캠페인을 일반인에게 소개하기 전에 호텔직원을 향하여 광고 메시지를 사용하였다.

기업의 성공을 위해서는 열정적이고 행복한 직원들의 중요성을 인식하고 라마다 간부들은 호텔체인 직원들의 지지를 얻기 위해 모든 노력을 다하였다. 심지어는 그 회사의 사장까지도 가능한 많은 직원을 개별적으로 만나려 하였고, 직원 개개인을 라마다의 치어 리더로 만들려고 노력하였다.

이러한 전략은 효과적이었다. '80년대 후반에 이르러 라마다는 높은 수준의 서비스와 야심찬 건설계획을 추진하는 정열적인 기업으로써 스스로를 재구축하게 되었다.

(3) 최일선 직원에 대한 훈련

외식고객은 가끔씩 기업의 전문 직원, 예를 들면, 마케팅 디렉터, 세일즈 매니저, PR부서장 등을 만나기도 하지만, 실제로 만나는 대상은 거의 기업의 최일선 직원이다.

최일선의 직원은 웨이터, 웨이트리스, 주차원, 안내원, 예약담당자 및 기타 많은 사람이 있다. 이러한 최일선 직원의 행동과 태도는 고객이 제품과 서비스를 어떻게 받아들이는지에 커다란 영향을 미친다. 그러므로 이러한 직원은 적절한 훈련을 받아야 하며 직무수행중의 외모나 행동은 반드시 검사받아야 한다.

특별한 업무를 위해서 직원 훈련이 필요하고 이에 덧붙여 일부 기업은 직원에게 일반적인 환대훈련을 실시한다. 환대훈련은 직원으로 하여금 열성적이며 잘 훈련된 지역사회의 외교관으로써 봉사할 수 있도록 고무시킨다. 직원은 그들 지역사회의 역사, 관광지, 특별행사, 쇼핑, 레크리에이션 등에 대해 배운다. 그러한 훈련의 결과로 최일선 직원은 어떠한 놀이가 있으며 볼 것이 무엇인가에 대한 고객의 질문에 대답할 수 있어야 하고, 심지어는 그렇게 하기 위한 정확한 방법까지도 지도해 주어야 한다.

4 외식마케팅 계획의 평가

마케팅계획의 마지막 단계는 평가이다. 기업은 마케팅 전술전개의 결과를 공식적으로 평가하고 성취하기를 바라던 목표와 그 결과를 비교하게 된다. 평가는 기업이 미래의 계획을 세우는데 매우 중요하다. 마케팅계획은 공식적인 평가가 이루어질 때, 그리고 어떤 측정기술이 사용되는지에 따라 상세히 설명된다. 최종결과는 목표와 잘 맞아떨어지지 않기 때문에 마케팅계획은 또한 실행표준으로 정의되기도 한다. 실행표준은 기업의 성공여부를 결정하는, 목표로부터 받아들일 수 있거나 혹은 도저히 받아들이지 못하는 편차에 대해서 설명하는 것이다.

1) 측정방법

대부분의 기업에 있어서 평가기준의 기본은 경영상에 충분한 이윤이 발생하는가 하는 것이다. 그러므로 평가의 주된 초점은 재무수익분석이다. 몇 가지 방법이 기업이 재무상의 성공을 위한 완전한 그림을 그려내는 데 이용되고 있다.

(1) 총판매고

일부기업은 단순하게 평가의 기초로서 총판매고를 이용한다. 그들은 일정기간 동안의 총판매고와 다른 동일 기간의 총판매고를 비교한다. 예를 들면, 금년도의 판매고는 전년도의 판매고와 비교될 수 있을 것이다. 총판매고는 광범위하고 평이한 측정방법이지만 실체를 분명히 밝혀내지는 못한다. 이것은 판매의 증감을 나타내주기는 하지만, 기업이 목표를 달성했는지, 기업이 경쟁자와의 관계에서 어떻게 행동했는지, 얼마나 많은 이윤이 남았는지를 나타내지는 못한다. 또한 경영상의 어느 부분이 수익성이 있었고 마케팅계획의 어느 부분이 효과적이었는지도 밝혀내지 못한다.

(2) 판매량의 변화

대부분 마케팅목표는 예를 들면, 객실점유율 또는 좌석판매 등 측정할 수 있는 단위나 금액으로 표현된다. 판매상의 변화를 분석하는 것은 실제 판매량과 목표를 비교하는 것이고 그 격차를 설명하려는 것이다. 환언하면 목표가 분명할수록 측정이 더욱 용이하다. 예를 들면, 매주 각 메뉴의 판매액에 대하여 목표를 설정할 수 있다. POS시스템의 도움으로 즉시 판매결과를 얻을 수가 있고 변화량을 파악하기 위해 이전의 판매량과 비교할 수 있다.

(3) 시장점유율의 변화

시장점유율은 전체 외식산업의 판매고와 해당기업의 판매고의 관계를 백분율로 나타낸 것이다. 시장점유율의 변화를 분석하는데 있어서 기업은 일정 기간에 걸쳐서 업계의 총판매고와 자사의 총판매고를 비교할 수 있다. 예를 들면, 시장점유율이 2005년 9%에서 2010년 20%로 증가했다고 하자. 그 비율은 기업의 매출액을 산업 전체의 매출액으로 나누고 100을 곱해서 결정되는 것이다.

시장점유율 변화분석은 전(全)산업의 업적과 관련지어 기업이 얼마나 업무를 잘 수행했는가를 결정하는데 도움을 준다. 이것은 기업이 경쟁자보다 어떻게 잘하고 있는지를 파악토록 한다. 때때로 시장점유율 변화를 분석한 결과는 기업의 업무수행에 대해 전혀 다른 그림을 제공한다. 예를 들어, 어떤 기업의 매출이 어느 해에 있어서는 감소했지만, 같은 기간에 시장점유율은 오히려 증가할 수도 있을 것이다. 이것은 그 산업분야가 매출에 있어서 하향세임에도 불구하고 이 기업이 경쟁기업의 시장점유율을 잠식하였거나 능가했음을 시사하는 것이다.

(4) 마케팅비용과 수익성

한 기업의 재정적인 성공모습은 발생한 총수익과 총생산비 간의 마진이 파악되어야 비로소 끝나는 것이다. 기업은 판매고를 신장시킬 수 있지만, 이익이 실제로 감소하는 지점에서 마케팅비용이 증가할 수도 있다.

비생산적 요소가 변경 또는 재조직되거나 자금 재할당을 포기하도록 하기 위해서 비용-수익성 분석은 몇 가지 요소로 분해되어야 한다.

마케팅관리자는 몇 가지 방법 예를 들어, 특정 표적시장, 판매영역, 유통채널 등에 대하여 시장세분화분석을 실시한다. 이러한 형태의 분석계산숫자는 소득계산서로부터 주의 깊게 산출되어야 한다. 이 과정은 시간을 요하지만 노력할 만한 가치는 충분히 있다.

(5) 효율성 비율

촉진계획의 수행을 측정하는 유용한 방법은 효율성 비율을 산정하는 것이다. 이것은 촉진과 유통전략의 상대적 효율성을 결정하기 위한 통계학적 측정방법이다. 예를 들면, 유용한 효율성비율의 하나는 문의비용비율이다(CPI : the Cost Per Inquiry). 이것은 하나의 문의로부터 발생하는 평균비용이다. 일개 광고의 CPI는 총비용을 문의횟수로 나눔으로써 산출된다. 2.36CPI라는 것은 그 광고에 의해 발생된 문의 한 개당 소요되는 비용이 2.36달러라는 의미이다.

광고의 효율성은 예약 비용비율(CPR : the Cost Per Reservation)을 계산함으로써 더욱 자세히 평가될 수 있다. 이것은 하나의 예약으로부터 발생하는 평균비용이다. 여기서 마케팅 투자수익률(ROI : the Return On marketing Investment)은 마케팅에 쓰인 달러당 발생된 수익의 총액을 의미한다.

효율성 비율에 대한 또 다른 예는 다음과 같다.

① 판매원 1인당 1일 평균 판매수요
② 라디오나 텔레비전 방송국 등의 언론이용 횟수
③ 여행사를 통한 판매비율

2) 추적평가

마케팅계획에 있어서 재정적 문제를 측정한 이후에 기업은 반드시 성공 혹은 실패의 원인을 규명하는 추적평가가 뒤따라야 한다. 여기에는 고객기록, 조사, 관찰 그리고 그 밖의 주관적인 정보수집도구가 많은 도움이 된다.

추적(follow-up)이라는 것은 비록 기업이 이익을 산출했지만 기업의 성공이 마케팅전략보다는 다른 요인에 기인한다는 것을 지적하기도 한다. 예를 들어, 기업은 자사가 실수하지 않았음에도 불구하고 실패할 수 있다. 날씨, 조세구조의 변화, 경쟁자와의 가격전쟁 등과 같은 외부요인이 시장내부에 있는 기업에 영향을 미칠 수 있다. 그러므로 기업은 미래의 계획에 대한 기초 작업으로서 예측 불가능한 상황에서 발생했던 결과를 사용하지 않도록 하는 것이 중요하다.

이러한 추적단계에서 몇 가지 유용한 정보는 다음과 같다.

① 어떻게 마케팅계획이 수행되었는가?
② 얼마나 효과적으로 마케팅목표가 달성되었는가?
③ 보고된 결과의 정확성과 신뢰성
④ 계획실행에 소요된 자금의 계산 여부
⑤ 마케팅 프로그램과 개선방법

외식기업은 또한 다음 사항의 피드백을 통해서 고객에 대한 마케팅계획의 효과를 평가할 수 있다.

① 외식상품에 대한 고객의 만족도
② 실제 외식상품 이용경험과 기대를 비교하면 어떠한가?
③ 외식상품의 재구매 여부

평가가 완결되면 외식기업은 다음에 무엇을 할 것인지를 결정해야 하는 것처럼 마케팅 사이클은 다시 시작되는 것이다. 마케팅계획에 의해 윤곽이 잡힌 방법이 평탄하고 성공적이었다면 그 기업은 같은 길을 다시 한 번 가려고 할 것이다. 여기에는 또한 몇 가지 다른 선택이 가능하다.

① 약간 변경된 동일한 계획의 지속
② 동일한 계획을 지속하면서 동시에 새로운 시장, 새로운 메뉴 및 서비스를 개발하는 것
③ 그 계획을 포기하고 수집된 정보를 기초로 다시 시작

만약 기업이 마케팅진행 평가와 통제를 잘 수행한다면 기업의 미래진로는 더욱 밝아지고 좋은 결과를 예상할 수 있을 것이다.

Coffee Break 호텔 밖에서 호텔의 서비스를 만끽하는 특급호텔의 '외식사업부'

특급호텔이 운영하는 외식사업체는 고품격의 격조 있는 서비스를 호텔에 직접 방문하지 않고서도 호텔과 똑같은 음식과 분위기, 서비스를 제공받을 수 있는 장점을 가지고 있다. 호텔 측에서는 제한되어 있는 레스토랑과 호텔내의 매출액의 한계를 벗어나기 위한 자구책으로 호텔영업을 통해 얻은 노하우와 차별화된 서비스를 외식사업부를 통해서 고객에게 제공하고자 한다.

임피리얼팰리스 호텔 : 이 호텔이 운영하는 '에끌레어'는 젊고 쉬크한 인테리어에 아기자기하게 진열된 고풍스러운 플라워 프린트의 유러피언 앤티크 찻잔 및 각종소품과 최근 출시된 현대적인 리빙 용품들이 어우러져 현대와 과거를 넘나드는 매력을 지녔다. 리빙 & 델리, 이탈리안 레스토랑을 결합한 멀티플레이스의 문화 공간으로 역할을 하고 있다.

웨스틴조선호텔 : 외식사업부는 100년의 역사를 자랑하는 품격 있는 서비스를 다양하고 폭넓은 분야에 진출해 조선호텔의 서비스를 제공하고 있다.

· COEX 연회 & 웨딩
· KINTEX 연회 & 웨딩
· 비즈바즈
· 오킴스 브로이하우스
· 조선 델리
· 뱅커스 클럽
· 인천공항 레스토랑

호텔 밖에서 호텔의 서비스를 만끽하는 특급호텔의 '외식사업부' Coffee Break

서울프라자 호텔 : 이 호텔이 운영하는 "T園"은 오랜 전통의 서울프라자호텔 중식당 '도원'의 노하우를 비탕으로, 감각적으로 재구성 된 중식의 새로운 맛을 선사하는 Chinese Bistro이다.

· 새로운 만남의 시작 : T園 서울역
· 생동감 있는 요리의 현장 : T園 연세대
· 비즈니스의 중심 : T園 63 SQUARE
· 도전과 열정의 장소 : T園 경기중소기업지원센터(GSBC)

세종호텔 : 골프장 클럽하우스 운영에 독보적인 위치를 점하고 있다.

· 지산CC
· 화산CC
· 신안CC
· 파인크리크CC
· 이스트밸리CC
· 은화삼CC

신라호텔 : 아티제는 유럽풍의 까페 베이커리 전문점으로써 서울시 강남구 도곡동에서 운영하고 있고 후레쉬한 케익과 빵, 와인과 음료, 간단한 식사류를 제공하여 인근의 명소로 자리하고 있다.

쉐라톤워커힐호텔 : 한식, 중식, 웨스턴 스타일의 레스토랑을 운영하고 있으며 많은 고객들에게 큰 사랑을 받고 있다.

· 명월관
· 금룡
· 피자힐

제13장

내부마케팅

1 내부마케팅의 개념과 목적

1) 내부마케팅의 중요성

내부마케팅(internal marketing)은 내부지향적(내부, 조직 내)인 마케팅 활동이다. 종래의 발상에서는 마케팅이란 기업에 의한 외부고객의 표적시장 활동을 의미하는 것만을 생각하여 왔다. 마케팅조사를 비롯하여 마케팅 믹스에 의한 포지셔닝 전략은 모두 외부고객에 초점을 맞추어 계획되었다. 마케팅의 중심적 개념인 소비자 지향이란 실제로 외부고객 지향(External customer orientation)이었다. 이에 반하여, 내부지향적인 내부마케팅에서 말하는 소비자지향은 내부고객 지향(Internal customer orientation)이며 마케팅조사 및 전략은 내부의 고객(특히, 외식업의 현장직원)을 대상으로 하고 있고 그들 내부고객을 동기부여하기 위하여 계획·실시된다.

기업 내부의 직원에 대한 동기부여의 컨셉은 경영학분야에서는 전혀 새로운 것은 아니다. 이전부터 인사 및 노무관리·조직론 및 생산계획 등 여러 방면에서 직무전환, 자기관리 그룹, 경력관리 등에 걸쳐 직원의 동기부여이론이 다수 소개되어 왔다. 그러나 그러한 이론들은 그 배경이 제조업의 생산과정에서의 비용 삭감 및 효율성 향상에 기초를 두고 있고, 대부분 생산관리적 어프로치에 의거해 전개되어 왔기 때문에 그러한 의미에서 진정한 고객의식으로부터 발생한 동기부여책이라고 할 수는 없었다.

종래의 조직용어에 대신하여 내부마케팅이라는 용어를 사용하는 이유는 최종고객의 욕구를 충족시키는 서비스기업의 능력은 접객요원의 욕구를 만족시키는 경영자측의 대응능력에 크게 의존한다고 하는 현실에 기초를 둔 것이다. 내부마케팅은 내부고객이라는 종래의 동기부여이론에 결핍되어 있는 연구방법의 도입을 의미하고 이른바 마케팅론과 조직론의 접점(contact moment)을 언급하는 것이다.

2) 내부마케팅의 개념

외식업의 C・P(contact personnel : 현장직원)는 표적시장으로서 외부고객시장보다 우선적으로 전략을 실시하지 않으면 안 되는 시장이다. 즉 고객에 영향을 끼치는 C・P의 욕구를 만족시킴으로써 외식업은 외부고객의 욕구를 만족시키는 기업능력의 향상을 꾀할 수가 있다. 혜택 및 효용의 다발로서 서비스상품의 판매계획은 외식업의 영업사원과 상품제공의 현장직원, 접객요원의 협동활동 등에 의해 실행된다. 최고경영층 및 간부직원은 현장접객요원을 제1차적 고객으로 인식하고 그들에게 포지셔닝 전략을 우선적으로 실시하지 않으면 안 된다.

내부마케팅의 정의는 내부고객인 C・P에게 내부제품(internal products)으로서의 직무(jobs)를 제공하고, 그 내부제품을 내부고객의 욕구에 적절히 합치하도록 계획하는 것이다. 내부마케팅에는 경영자와 C・P 사이에 또는 C・P 상호간에 양호한 커뮤니케이션이 확립될 필요성과 외식업의 의사전달과정에서 C・P의 자유로운 참가결정의 필요성이 강조된다. 또한 그것은 유능한 인간을 채용 및 관리하고, 그들이 최고의 직무를 수행할 수 있다는 것 등의 의미를 내포하며, 따라서 외부고객과 대면접촉을 갖는 내부고객에게 마케팅이론과 실천을 응용하려고 하는 것이다.

3) 내부마케팅의 목적

내부마케팅의 목적은 현장의 직원을 충분히 동기부여되고 고객지향적인 접객요원으로 개발하는 데 있다. 이러한 목적을 달성하기 위하여 인사, 영업 또는 총무 등 여러 부문을 마케팅부문이 고객지향적 성향으로 조정하는 역할을 실시하지 않으면 안 된다. 또한 내부마케팅이 효과적으로 실시되기 위해서는 C · P 간에 고객지향 또는 판매지향이 형성되도록 기업의 내부 환경을 구축하지 않으면 안 된다.

외식업에서는 다수의 C · P가 각각의 고객과 대면해서 서비스의 생산 및 판매를 실시하고 있다. 그러므로 관광기업의 경영자는 자신의 견해 및 기업의 마케팅 비전을 최종소비자에게 판매하기 이전에 현장에서 일하는 C · P에게 판매할 필요성이 있다. 이러한 의미에서 관광기업은 두 종류의 고객을 갖고 있는 셈이 된다. 하나는 일반적인 의미에서의 고객, 즉 외부고객이며, 다른 하나는 기업의 직원 특히 접객요원, 즉 내부고객 또는 사내고객이다.

외식업은 외부고객에게는 상품을 판매하고 내부고객인 C · P에게는 그 직무를 판매한다. 경영자가 계획하는 서비스전략 및 세일즈 포인트를 C · P가 충분히 이해하지 못하고 경영자의 생각에 자진하여 협력하려고 하지 않는다면 최종소비자인 외부고객에게 최고의 서비스를 제공하는 것을 기대하기는 어렵다. 마케팅의 원점은 소비자지향이라고 말하고 있다. 그러나 경영자가 아무리 고객지향적 전략을 계획한다 하더라도 C · P가 이에 동조하지 않는다면 그 전략은 실패로 끝날 것이다. 그러므로 외식업의 내부고객인 C・P가 경영관리상 한층 중요한 의미를 갖고 있다는 것이 인식되어야 한다. 이러한 의미에서 C・P가 어떠한 역할을 수행하고 있는가를 파악하는 것이 중요하다.

4) 현장직원의 역할

서비스교환에서 외부고객의 만족은 서비스 거래현장에서 고객과의 인간적 접촉을 갖는 현장직원의 태도와 행동, 즉 서비스성과(service performance)에 의존하는 바가 크다. 고객만족을 얻는데 충분한 성과를 C・P가 행하는 것이 내부마케팅이고, 이것은 결국 외부마케팅의 성공적 요체가 된다. 그러한 의미에서 C・P가 수행하는 역할은 이하에서 보는 것과 같이 여러 가지가 있다.

① C・P는 기본적인 서비스를 고객에게 제공하는 서비스제공자의 역할을 담당한다. 뿐만 아니라 C・P는 고객의 욕구에 대한 최적의 선택사항을 인식하고 고객이 반복구매행동을 일으키도록 기여하며, 또한 고객이 거기에서 얻는 만족의 내용을 다른 고객에게 전달하도록 자극을 주는 역할을 담당한다.

② C・P는 품질관리자의 역할을 담당한다. 외식업에서는 생산과정과 소비과정이 동시적으로 발생하므로 고객의 반응에 따라 즉각적으로 생산과정을 변경하여야만 한다. 여기서 C・P는 자신의 자유재량 및 능력이 가능한 범위에서 서비스 제공방법을 수정하여 고객의 욕구에 합치하도록 서비스품질의 수준을 변화시킨다.

③ C・P는 PR맨의 역할을 수행한다. PR이라는 것은 기업의 의도를 상대방에게 정확히 전하여 양호한 관계를 유지하는 것이다. 말하자면 자사의 생각, 현재의 서비스상품, 기업의 이미지 등을 끊임없이 고객 및 일반대중에게

전달하여 이해를 구하는 것이 그들의 역할이다.

④ C · P는 의사결정자의 역할을 담당한다. 의사결정이란 복수안에서 하나의 안을 선택하는 행위이다. 이것은 선택안을 자신이 직접 만들어내거나 고객이 제안한 선택안 가운데서 하나를 선정하도록 권유하는 것을 의미한다. 식음료서비스를 제공하는데 발생하는 모든 문제에 대해서 최고경영자나 부장의 결정을 기다리면 시간적으로 늦어져 고객의 불만을 사거나 고객을 잃어버리는 경우가 종종 발생한다. 서비스가 행해지고 있는 현장에 그 결정을 위임하지 않으면 직무가 원활히 수행되기 어려우므로 현장직원이 어느 정도 의사결정을 담당하지 않으면 안 되는 것이다.

⑤ C · P는 교육자 또는 설득자의 역할을 담당한다. 새로운 서비스나 새로운 메뉴가 등장할 때에는 고객을 교육시키지 않으면 안 된다. 여기에서 교육이란 고객에서 새로운 태도를 심어 주는 것이며, 설득이란 고객이 지금까지 취하고 있던 태도를 새롭게 고치고 이해시키기 위한 행위이다. 이와 같이 고객이 갖고 있는 기존의 태도를 변경시키기 위하여 C · P는 고객을 설득하는 역할을 하여야 한다.

⑥ C · P는 정보전달자의 역할을 담당한다. 그들은 고객에게 정보를 제공함과 동시에 고객으로부터 정보를 수집하는 행위를 한다. 서비스 상품에 관한 유익한 정보를 고객에게 제공하는 것이 우선적으로 중요하지만, 고객으로부터 얻어낸 정보도 외식업의 발전에 없어서는 안 되는 중요한 요소이다.

⑦ C · P는 이익관리자의 역할을 담당한다. 유능한 C · P는 오로지 주문만을 받는 수동적인 일에 국한하지 않고 자사의 이익을 이해하고 수익이 많은 서비스상품의 판매에 관심을 쏟아 그것을 통제하고 관리한다. 소규모 사업에서는 월등히 훌륭한 서비스를 제공하는 C · P가 단골고객을 만들어 총 매상에 크게 기여하는 경우가 많다.

이상에서 기술한 역할들은 그 중 하나의 역할만이 별개로 또는 시간적으로 분리되어 발생하는 것이 아니고, 여러 가지 역할이 혼합되어 발생하거나 몇 개의 역할이 동시에 행하여지는 경우가 일반적이라고 말할 수 있다.

2 내부마케팅의 전략과 전술

1) 내부마케팅 전략의 개요

내부마케팅은 서비스 상품판매의 효율적 수행을 목적으로 사내 고객에게 직무를 판매하는 것인데, 내부마케팅에서는 전략과 전술이 분리된다. 외부마케팅(external marketing)에서는 그 전략 및 전술은 최고경영자나 중간계층의 간부진에 의해 입안되고 관리되고 있다. 그러나 현장의 인간관리나 접객요원의 기능을 중시하는 일이 무엇보다도 중요한 외식업에서는 자체적으로 기본적인 마케팅 계획 및 관리와 이것을 현장에서 상세히 운용하는 전술단계 간의 조직상의 분업화가 명확해야 한다.

내부마케팅의 전략으로는 시장조사, 시장세분화, 광고 등 종래의 마케팅활동을 운용하는 것만이 아니라 후술하게 되는 근무시간 변동제, 복지후생 선택제 및 경력계획 등 여러 가지 전략이 있다.

2) 시장조사와 시장세분화 전략

외부마케팅에서는 외부시장의 고객에 대해서 시장조사를 실시하는데 반하여, 내부마케팅에서는 내부시장의 직원을 대상으로 직무나 정책, 기타 노동조건에 관한 만족도 조사를 실시하고 제반정보의 분석을 통하여 내부시장에 대한 개선책을 고려한다. 또한 이러한 조사를 통하여 각 C·P의 개성 및 욕구나 직무수행상의 제안 등에 적합한 전략이 수립된다.

한편, 시장세분화 전략을 통하여 외부고객에 대한 상세한 대책이 계획됨과 동시에 내부마케팅에서도 활용된다. 그것은 내부시장에서도 C·P의 개인적 희망 및 개인의 라이프스타일과 라이프 스테이지(life stage)에 의해 직무환경에 대한 욕구가 다양하기 때문이다.

내부시장의 시장세분화(market segmentation) 전략으로는 이하에서 언급하는 근무시간변동제와 복지후생 선택제 방식이 유용하다.

3) 근무시간 변경제와 복지후생 선택제

근무시간 변경제(flexible time system)는 출퇴근시간에 대해서 C·P에게 선택의 폭을 제공하는 제도이다. 예를 들면, 전원이 회사에 출근해야 하는 시간대(core time)와 C·P 각 개인이 자유롭게 선택할 수 있는 시간대(flexible time)를 설정하여 C·P에게 자주적으로 시간관리를 할 수 있게 하는 제도이다.

한편, 복지후생 선택제(cafeteria benefit system)는 기업이 제공하는 몇 개의 복지후생 계획 가운데서 각 C·P가 희망대로 그 몇 개를 배합하여 선택할 수 있도록 하는 제도이다.

이 두 가지 방식은 C·P를 동질적인 욕구를 갖는 집단으로 보는 게 아니라 세분화를 이용하여 대응하여야 하는 내부시장으로서 파악하여야 한다는 발상에 기초를 둔 제도이다.

이러한 방식은 기업과 C·P의 양쪽 모두에게 이익을 가져다준다. 우선 기업의 이익으로는 C·P의 업무에 대한 생산성의 증가, 시간엄수문제의 해결, 직무시간에 개인적 용무의 감소, 상습적 결근과 전직의 감소 그리고 단위당 노동코스트의 절약 등이다.

C · P측의 이익으로는 가족활동을 위한 시간의 증대, 업무에 대한 만족도 증가 등 개인생활안정과 충실을 통한 물심양면의 여유 있는 생활을 갖게 되는 점이다.

4) 목표관리와 커뮤니케이션 전략

외식업의 C · P가 목표설정 및 계획화 과정에 참가하는 목표관리(MBO : Management By Objective)는 달성욕구가 강한 C · P를 한층 자극할 수가 있다. C · P의 관련목표로서는 일정기간 동안 특정 서비스의 매상 및 코스트의 수치에서부터 신규고객의 개척목표, 욕구개발단계의 고객수 목표 등 세부사항에 관한 구체적 내용에 이르기까지 다양하다. 특히 현장의 서비스전략 입안에서 C · P의 적극적인 참가와 C · P 자신에 의한 자주적인 서비스전술의 실현 및 C · P 자신에 의한 자기계발목표의 설정이 필요하며, 그러기 위해서 궁극적으로는 C · P와 관리자 간에 쌍방향 커뮤니케이션(two-way communication)의 확립이 필요하게 된다. 관리자는 C · P 또는 C · P단체와 충분히 의견을 교환하고 적절하게 도전의식을 자극하여 노력여하에 따라서는 달성 가능한 현실적인 목표설정에 협력함과 동시에 목표의 달성을 객관적으로 평가하는데 유용하도록 C · P의 양해를 얻어 성과측정척도를 결정해야 한다.

한편, 외부를 향한 광고 및 커뮤니케이션 전략도 내부마케팅에서는 C · P에게 직무를 판매하는 중요한 수단이 된다. 또한 사내보(社內報)와 혼합되어 C · P의 동기부여, 교육, 기업의 의사전달을 위한 수단이 될 수 있다. 베리가 지적한 바와 같이 C · P는 광고에 대한 제2의 청중이기도 하기 때문이다(L. L. Berry, 1984).

여기서 내부마케팅에 대한 보다 명확한 이해를 돕기 위하여 종래의 외부마케팅과 대비한 내용을 정리하면 〈표 13-1〉과 같다.

〈표 13-1〉 외부마케팅과 내부마케팅의 비교

구 분	외부마케팅	내부마케팅
목 표	소비자(외부고객)	C · P(내부고객)
제공물	상품	직무(job)
가 격	상품의 대가	직무의 대가
유 통	도 · 소매점	C · P(현장의 직원)
광 고	광고(외부광고)	광고(외부광고+내부광고)
시장전략	세분화전략, 마케팅믹스전략 등	근무시간변동제, 복지후생선택제 등
시장조사	시장조사	직원만족도 조사 등

내부고객관리에 대한 내부마케팅의 전략은 현장에서 자세하고 상세히 운용되는 전술단계에서 내부마케팅활동의 기초가 된다.

전술단계에서 내부마케팅활동이 성공하기 위한 전제는 두 가지가 있다. 첫째, 기업경영자는 C · P를 외식업의 생산자원 및 이익발생의 마케팅자원으로서 생각하고, C · P는 자기 역할의 중요성과 영향력에 대해 스스로 자각하는 것이다. 둘째, 외식업은 소비자에게 영향을 주는 모든 활동, 즉 새로운 서비스, 보조적 서비스, 광고 캠페인, 기타 활동을 사전에 C · P에게 알리고 판매하지 않으면 안 되는 것이다. 외식업이 내부시장에서 성공하지 못한다면 마케팅전략은 최종시장에서 생산 · 판매라는 목표까지 도달하지 못할 것이다.

내부마케팅의 전술로는 경영층과 C · P 간의 쌍방향 커뮤니케이션을 원활히 하는 구전 및 광고 등 종래의 마케팅활동이 한층 강조된다. C · P는 고객에게 새로운 정보를 알리기 이전에 새롭게 개발된 메뉴 및 서비스에 대해 상세히 숙지할 필요가 있다. 또한 기업측은 메뉴 및 서비스의 성격을 인식하고 이해하여 서비스의 실행방법 등에 대해서 C · P에게 정확한 정보를 제공하지 않으면 안 된다. 내부마케팅의 전술적 활동으로는 내부의 인적 커뮤니케이션 활동과 광고 캠페인 이외에도 4대 매체(TV, 라디오, 신문, 잡지)나 사내보, 업계지 등 여러 가지 마케팅수단을 이용할 수 있다.

3 서비스 수준향상을 위한 조직관리

직원 중심적 기업의 경우 서비스의 질과 생산성을 보장하기 위한 노력은 네 가지 요인 즉 참가, 측정, 보수, 경영진의 의욕 등을 포함한다. 이 네 가지 요인을 살펴보기로 하자.

1) 참 가

외식업이 서비스수준을 향상시키기 위해서는 경영진과 직원 간의 참가가 중요한 의미를 갖는다. 그 가운데 첫째로 중요한 것은 경영진이 사정에 통달해 있어야 한다. 즉 경영진이 어떤 서비스의 질이 좋고 어떤 것이 나쁜가를 알고 있어야 한다.

둘째, 경영진의 의욕에 대한 문제이다. 경영진은 서비스 품질의 중요성을 이해하고 전달하지 않으면 안 된다. 단지 서비스의 품질과 생산성에 대한 관리의 중요성을 알고 이를 수행하도록 허가해 주는 정도로는 충분치 않다. 경영진부터 모든 일을 파악하여 회사의 조직풍토를 건전하고 만족에 이르는 화기애애한 상태로 바꾸지 않으면 안 된다.

비스 실시와 고객의 만족에 대한 가정이다. 그리고 기업이 제공하는 서비스는 고객이 받아들이겠다고 생각하고 있다는 가정이다.

직원은 서비스 개선에 관한 풍부한 정보를 갖고 있음과 동시에 무엇을 측정해야 하는가에 대한 아이디어의 원천이기도 하다. 크로스비는 이렇게 말하고 있다. "무엇을 어떻게 측정하는가를 결정하는 것부터 직원의 참가가 시작된다. 어떻게 측정해야 하는가를 직원들은 잘 알고 있다. 해야 할 것은 측정수준을 수량화할 때에 올바른 방법으로 그것이 명확하도록 그들에게 의뢰하는 것이다." 어떠한 사업인가를 아는 것, 즉 사업명제, 자사의 사업에서 진실의 순간을 결정한다는 것, 그리고 훌륭한 서비스를 제공하기 위하여 무엇을 측정해야 할 것인가를 직원에게 물어보는 것 등 이러한 모든 것은 서비스관리 프로그램을 성공으로 이끌기 위한 핵심내용인 것이다.

3) 보 수

금전적인 것이나, 정신적인 것이나 일반적으로 말하면 보수는 서비스를 개선하거나 최상의 서비스를 제공하기 위하여 불가결한 요소이다. 급료에 의해 업적이 변하는 것에 대한 여러 조사가 있지만, 완전한 성과급제를 유지하는 것은 점점 어려워지고 있다. 특히 서비스에 대해서는 거의 불가능하다. 그러나 동시에 최고수준의 서비스제공을 장려하려면 기업의 경영진은 "나는 무엇을 얻고 있는가?"라는 직원의 질문에 대답하지 않으면 안 된다. 일부의 직원 소유회사의 성공은 잘 알려져 있다. 그 결과 직원지주제에 의한 직원의 참가가 도입되어 시행되고 있는 기업도 일부 있다. 또한 기업에 따라서는 보다 실제를 기반으로 하는 프로그램도 검토되고 있다.

금전은 부수적인 보상의 중요한 부분이지만 때때로 간과되는 경우도 있다. 만약 금전이 동기부여가 되지 않는다고 한다면 시험적으로 월말에 봉급을 주지 말고 그 다음에 몇 명의 직원이 일하러 오는가를 세어보면 될 것이다. 금전 이외에도 중요한 보상이 있다. 일을 잘 끝마친 경우의 기쁨에서부터 훌륭히 일하면 타인에게 인정을 받는 것까지 정신적인 만족감은 커다란 보상이 될 수 있다.

4) 경영진의 의욕

경영진의 의욕이란 서비스관리의 노력을 단지 하나의 프로그램으로 만드는 것뿐만 아니라 습관화하기 위하여 경영진이 행하는 것이다. 의욕이 있는 조직구성원들은 거의 대부분의 동기부여 프로그램에서 특정한 개선목표를 향하여 일정기간(예를 들면, 90일간)에 걸쳐서 일하고 움직이고 열의와 노력을 기울일 것이다. 미국에서는 이 현상을 이해하고 이용하여 높은 수익을 올리고 있는 기업이 많다. 그러나 서비스 개선 프로그램이 통일된 것이 아니라 조각조각이라면 단일 목표의 코스를 벗어나 프로그램 실행 이전의 수준으로 되돌아가 버릴지도 모른다. 서비스 개선노력이 하나의 프로그램에 지나지 않다거나, 그 개선노력에 계속적인 의욕을 가질 것인가에 대하여 결정하는 차이가 바로 그 기업의 최고경영자에게서 나오는 것이다.

서비스에 강한 관심을 갖고 있고 그것이 잘 진행되고 있는 조직에서는 서비스의 질에 대한 경영자의 의욕은 때때로 최고경영층에서 구체적으로 나타나는 것이다. 빌 메리엇이 워싱턴의 메리엇호텔 계단을 어슬렁거리기도 하고, 보관하고 있는 디너용 접시가 깨끗한가 어떤가를 체크하는 것은 직원들이 생각하고 있는 이상의 세심한 서비스의 품질에 대하여 메리엇호텔의 의욕을 나타내고 있음에 틀림이 없다. 그럼으로써 메리엇호텔에 투숙하는 고객이 체험하는 품질에 대해서도 메리엇이 관심을 갖고 있다는 것은 말할 나위도 없다.

이라고 일컬어지는 서비스혁신을 단행하여, 고객과 접촉(encounter)하는 순간에 최선을 다하는 고객만족전략을 실시하였다.

그 결과 스칸디나비아항공은 1년 사이에 800만 달러의 적자에서 20억 달러의 매상과 7,100만 달러의 이익을 올리는 극적인 성공을 거두었다. 스칸디나비아항공은 올해의 항공사(Airline of the Year)에 뽑혔고, 유럽에서 가장 정시 운항하는 항공회사라는 인정을 받게 되었다. 즉 이 항공사는 표적시장을 비즈니스맨으로 정하고 비즈니스맨을 위한 항공사로 널리 알려지도록 노력하여 그러한 평가를 얻은 것이다. 타 항공사가 같은 해에 적자를 내는 상황에서 극히 짧은 기간에 스칸디나비아항공은 이와 같은 성과를 올린 것이었다.

2) 진실의 순간관리

진실의 순간관리란 기업의 경영에서는 고객과 제일선에서 일하는 직원과의 만나는 지점이 가장 중요하고 그 순간을 고객이 만족하는가에 기업경영의 모든 것이 달려 있다고 하는 생각을 기반으로 하고 있는 경영철학이다. 그러므로 고객의 만족을 위하여 전직원의 의식혁명을 일으키고 고객과의 여러 가지 접점에서 서비스 향상을 꾀하는 것이다. 스칸디나비아 항공의 예를 들면, 비즈니스맨을 위하여 특별클래스의 신설, 시간관리의 철저 등을 적극적으로 행하는 것이다. 결국 스칸디나비아항공은 인기가 일거에 높아지고 기업재건에 성공하게 되었다. 타사들이 직원 및 경비의 삭감에 의한 방법을 채택하고 있었지만, 스칸디나비아항공은 그러한 방법을 취하지 않고 고객만족경영에 성공하게 된 것이다. 이러한 결과를 참고로 하여 영국항공도 진실의 순간관리를 응용한 결과, 그 다음해 올해의 항공사로 뽑혔으며 세계적인 항공사로 부각하게 되었다. 이러한 성공이 미국에 전하여졌고 미국에서도 이러한 고객만족경영을 도입하여 현재 커다란 성과를 얻고 있다.

이를 레스토랑에 응용하여 MOT모델이라 칭하는 순환도를 제시한 것이 [그림 14-1]이다. 그림에서 만약 한 곳이라도 서비스제공에서 'X'가 되면 전체 상품이 품질불량이 되고, 결국 고객이 불만족한 결과로 나타날 것이다.

[그림 14-1] 진실의 순간관리(MOT관리)

〈Moment of Truth의 순환개념도 : MOT 모델〉

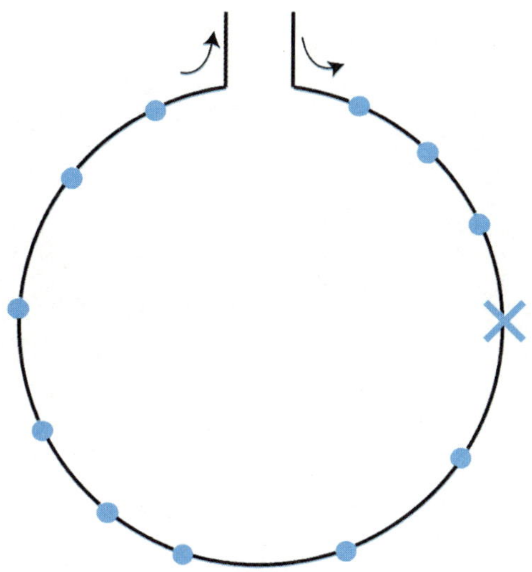

· 레스토랑에 전화로 예약한다.
· 교환이 예약계로 연결한다.
· 예약이 완료된다.
· 당일 자동차로 레스토랑에 도착한다.
· 직원이 맞이하며 고객이 내린다.
· 자동차 열쇠를 직원에게 건넨다.
· 입구에서 안내를 기다린다.
· 직원이 정돈된 좌석으로 인도한다.
· 컵에 물을 따른다.
· 식음료를 주문한다.
· 음식을 제공한다.
· 고객이 식사한다.
· 청구서를 요구하고 지불한다.
· 청구서를 받아서 확인한다.
· 현관에 나와서 자동차를 의뢰한다.
· 주차장에서 자동차가 나온다.
· 차를 타고 출발한다.

3) 고객만족경영의 개념

마케팅의 핵심은 얼마나 자사의 제품 및 서비스를 경쟁상대보다 고객의 눈에 잘 뜨이게 할 것인가, 즉 차별화를 꾀하는 것이다. 이러한 차별화는 기업구성원 각자의 의지 있는 노력이 있어야 결실을 맺게 된다.

자, 최고관리자로 이들은 현장직원 다음으로 도표화된다.

기업조직이 역피라미드가 된다고 해서 결코 관리자층의 권위가 실추되는 것을 의미하는 것은 아니다. 관리자의 역할이 달라진다는 것은, 즉 종래와 같이 조직전략의 설정 및 의사결정을 내리는 것에는 변함이 없고, 거기서 고객의 만족을 실현하기 위하여 최일선에서 활약하는 직원을 지원한다고 하는 새로운 역할이 추가되는 것이다.

5) 고객만족 행동강령

외식업의 기본인 고객만족을 위하여 직원들이 명심하고 새겨야 할 내용을 중심으로 요약한 것이 고객만족 행동강령이다.

① 우리는 고객만족을 최우선으로 한다.
② 우리는 나를 제외한 모두를 고객으로 생각한다.
③ 우리는 고객의 입장에서 생각한다.
④ 우리는 고객이 우리에게 기대한 그 이상을 행한다.
⑤ 우리는 고객을 부모님처럼 모신다.
⑥ 우리는 고객이 기다리는 시간을 최소화한다.
⑦ 우리는 고객의 불만을 고마워한다.
⑧ 우리는 고객을 위해 나부터 변한다.
⑨ 우리는 고객만족의 가치를 창조한다.
⑩ 우리는 고객을 위해 모든 일을 한다.

2 CRM(고객관계관리)

1) CRM(고객관계관리)의 개념

마케팅 및 서비스 경쟁이 점차 치열해지면서 외식업계와 호텔업계에서는 고객에 대한 정보를 체계적으로 정리해 정보원으로 삼아야 할 필요성이 있게 되었다. 이러한 필요에 의해 영업활동, 마케팅, 인사관리 등 고객관리와 관련된 업무들을 하나로 통합한 것이 고객관계관리(CRM : Customer Relationship Management)이다. 이것은 특히 고객의 각종 신상정보와 취향, 기호까지도 하나의 데이터베이스로 통합・관리함으로써 기존처럼 불특정 다수가 아닌 특정계층 및 고객을 위한 차별화된 마케팅이 가능한 시스템이다.

이 시스템의 도입으로 고객에 대해 꼼꼼하고 세심한 서비스를 제공할 수 있고 고객DB(데이터베이스)를 각 업장이 공유하기 때문에 고객들은 어떤 직원에게라도 동일한 내용의 서비스를 받는 것이 가능하다. 우리나라에 CRM이 최초로 도입된 시기는 1990년대 말 금융권 회사들이 고객만족과 회사의 수익창출이라는 목표를 가지고 급속히 확산되기 시작하였다.

이후 외식산업에서도 외국의 거대 프랜차이즈 기업과 국내의 대기업들이 외식산업에 뛰어들기 시작하면서 기존고객들을 관리하면서 새로운 고객창출이라는 목표를 가지고 앞다투어 CRM을 도입하고 관련부서를 확충하기 이르렀다. 소규모 외식업체에서도 고객의 명함을 모아서 이메일과 연락처를 가지고 주기적으로 DM이나 해피콜을 실시하는 등 여러 가지 방안을 구사하고 있다. 이러한 작은 일들로부터 시작하여 고객만족을 기할 수 있으며 충성도 있는 새로운 고객을 만들어나갈 수 있을 것이다.

는 것이다. 주변의 무수히 많은 직·간접적인 경쟁업체로부터 앞서나가고자 한다면 CRM을 통한 고객만족 경영을 최우선시 하여야 할 것이다. 한 가지 더 첨언하자면 주변의 경쟁업체와는 독특하고 차별화된 서비스의 제공과 고객의 흥미를 유발할 수 있는 프로그램 개발이 효과적일 수 있다.

넷째, 방문하는 고객을 분류하여 적절한 피드백(Feedback)을 통해 최대의 효과가 나올 수 있도록 한다. 방문하는 모든 고객을 기여도에 따라 A그룹, B그룹, C그룹, D그룹 등으로 세분화하여 이에 적절한 CRM 활동을 전개하여야 할 것이다. 이러한 활동은 레스토랑의 규모와 상황에 맞게 실시하는 것이 합당하다.

마지막으로는 위와 같이 제시한 CRM 활동을 수행한다면 적은 비용으로 요즘 같은 외식산업의 불황기를 큰 어려움 없이 해쳐나갈 수 있을 뿐더러 궁극적으로 외식업체의 최대의 목표인 단골고객의 확보와 영업이익창출에 큰 공헌을 하리라 판단된다.

미국과 유럽의 기업들이 중요하게 생각하는 CRM의 속성들은 고객충성도 획득, 고객별 차별화된 서비스 제공, 고객에 대한 보다 더 나은 지식 축적, 경쟁우위 획득, 최고의 수익성을 가진 고객인지, 고객별 수익 증대, 고객문의 신속 증대, 신규 고객 유치, 고객 라이프사이클의 가치 인식, 고객문의 대응 비용 최소화, 신규 고객 유치비용 감소 등을 꼽았다.

3) 고객데이터베이스 활용마케팅

외식업체에서 CRM은 실제적인 측면에서 현저한 효과를 발휘하고 있다. TGIF, 아웃백스테이크하우스, 베니건스, 토니로마스 등 주요 패밀리레스토랑들은 온라인상에서 확보된 수만 명에 이르는 회원들을 대상으로 CRM마케팅을 활발히 펼치고 있다. 베니건스가 고객에 대해 상세한 정보를 데이터베이스화한 '뉴멤버십프로그램'을 개발한 것이 국내 CRM의 효시로 알려져 있다. 베니건스는 이 프로그램을 통해 인터넷으로 고객이 선택한 메뉴와 포인트, 상품 신청 등의 상세한 정보를 토대로 밀착마케팅을 펼치고 있어 고객만족도를 높이고 있다. 고객이 좋아하는 쿠폰을 발송하고 각종 이벤트 행사시에 초청하는 한편, 이메일로 감사장을 전달하는 등 인지도를 넓혀가고 있다.

토니로마스와 스파게띠아, 메드포갈릭 등의 브랜드를 운영중인 썬앳푸드에서도 e-CRM을 전담하는 팀을 구성하고 대대적인 홈페이지 새단장과 함께 적극적인 CRM마케팅에 들어갔다(e-CRM은 다음 절에서 언급함). 또한 버거킹, 파파이스, 롯데리아, 맥도널드 등 패스트푸드 업체들도 각기 CRM의 중요성을 인식하고 홈페이지를 통한 컴플레인 접수 등 인터넷마케팅부터 강화하고 있다. 외식업체에 있어서의 데이터베이스는 CRM 활동을 적절히 수행하기 위해서 그리고 고객의 이탈을 방지하고 충성고객의 양성을 위한 전산화된 마케팅시스템의 기초자료를 DB라 할 수 있다.

CRM의 DB에 포함되는 고객의 자료에는 고객의 이름과 주소, 전화번호, 이메일, 회사명과 직책 그리고 인구통계적 특성(나이 · 성별 · 학력 등)과 거주지와 관련한 지리통계적 정보(거주지와 거주지의 특성)와 라이프스타일에 관련한 내용 그리고 과거에 방문했을 때의 상세한 이용내역 등을 DB에 포함시켜 CRM 활동을 전개한다. 예를 들면, 피자헛이나 맥도날드 등의 업소에 음식을 주문하고자 할 때 최초에 전화를 하여 여러 가지 개인 신상을 주문과정에서 이야기하였다면 두 번째, 세 번째 주문 시 부터는 업체에서 자기에 관한 일련의 정보를 정확히 알고 있음에 당황한 경험이 있을 것이다.

이미 구축된 정보를 통해서 불필요한 과정을 생략한 것이며, 고객은 다시금 업체의 고객관리 프로그램에 대해서 깜짝 놀랄 것이다. 이러한 DB를 바탕으로 외식업체의 CRM 부서에서는 체계적이고 효율적인 관리가 필요하겠다. 즉 앞서 기술한 바와 같이 최소의 비용으로 최대의 효과를 내기위한 큰 그림의 전략을 수립하여 집중적으로 고객을 공략하는 작은 그림의 전술을 실행에 옮기는 것이 적절한 방법일 것이다.

CRM 활동의 기본은 고객을 앉아서 기다리는 마케팅 활동이 아니라 표적시장을 선점하여 공격적인 마케팅활동을 통하여 전개하여야 한다. 이러한 공격적인 마케팅 활동은 기존 고객의 DB를 통하여 가능하리라 본다. 기존고객을 통해서 새로운 고객창출이 가능해지고 한결 쉬운 이유가 있다.

4) 세부적인 특징

세부적인 추진방향에서 외식업체의 특징은 다음과 같다. 온라인상에서 확보된 수많은 고객을 대상으로 하고 있지만, 그 정보량의 방대함으로 인해 주로 인터넷을 활용한 CRM을 펼치고 있고, 표적고객의 연령이 호텔에 비해 상당히 낮아지고 업장 컨셉에서부터 알 수 있듯이 이벤트 중심의 마케팅이 중요하기 때문에 확실한 어필을 할 수 있도록 강한 바람몰이가 중요하다.

한편, 외식업체와 호텔들은 정기적인 고객모니터링제도를 통해 자사 서비스의 질을 점검하고 문제점을 개선할 수 있는 계기로 삼기도 한다. 유명 외식업체나 호텔들은 일년 중 특정기간을 정해 중요한 단골고객들에게 무료쿠폰을 발행하거나 특별이벤트를 펼쳐 이에 대한 결과를 조사해 마케팅의 기본정보로 활용하고 있다. 자사에 대한 호평이나 칭찬보다는 문제점 지적이야말로 마케팅 담당자들에게 최적의 정보로 작용한다는 것은 마케팅이론에서 가장 기본에 속한다. 이는 한 고객이 지적한 문제점을 해결할 경우 해당고객의 연령이나 직업군, 성별, 기간 등에 알맞은 마케팅을 펼칠 수가 있기 때문이다.

효과적인 정보를 축적하기 위해서는 고객이 직접 작성하거나 표현하는 방식의 조사방법이 대종을 이루고 있지만, 신문이나 잡지, 방송, 인터넷사이트 동호회 등의 검색도 트렌드의 변화를 알기 위해서 필수적인 업무에 속한다.

5) 외식산업에서의 다양한 CRM 활동

외식산업에서의 CRM 활동은 이제는 더 이상 특별한 활동이 아니며 업종과 업태를 불문하고 모든 외식산업에서 다양한 방면과 더불어 지속적으로 펼치고 있는 마케팅 수단이 되었다. 모든 외식업체 오너의 희망은 잘 지어진 건물에 멋진 인테리어로 단장하고 맛있는 음식과 잘 훈련된 직원들의 품위 있는 서비스로 고객을 모시기를 희망할 것이다.

이러한 희망에 의해 결국 많은 고객이 방문할 것이고 방문한 고객이 만족한다면 주위의 사람들에게 좋은 구전(Good Word of Mouth)으로 답례할 것이다. 레스토랑에는 더 많은 고객의 방문으로 이어지고 단골고객의 증가와 함께 더욱 더 충성고객이 차고 넘칠 것이다. 충성도 있는 고객의 증가는 전술한 바와 같이 불황을 슬기롭게 극복할 수 있을 뿐만 아니라 레스토랑의 지속적인 성장을 담보하는 최후의 보루인 것이다. 다음은 각각의 외식산업에서 시행하는 다양한 CRM 활동을 정리하였다.

(1) 재방문과 고객의 충성도를 높이는 베니건스의 다양한 CRM 활동

❶ 고객 마일리지제도 운영

베니건스는 각종 카드를 통한 마일리지 적립과 가격 할인으로 단골고객에게 혜택을 제공하고 있는데 멤버십카드는 다음과 같이 세 가지 종류로 나누어져 있다. 방문횟수 3, 6, 9, 12회마다 멤버십369(치킨샐러드)를 제공받을 수 있는 BONUS CARD와 방문 누적횟수 12회 이상의 경우 발급되는 VIP CARD는 식사

금액의 10%를 할인받을 수 있으며, 타 할인카드와 중복 사용 시는 5% 할인이 가능하다. 그리고 PLATIUNM CARD는 반기별 누적 결제 금액이 200만원 이상, 6회 이상 방문 시 발급된다. PLATIUNM카드 제시할 때 전 매장에서 식사금액의 20%, 타 할인카드와 중복 사용 시 10% 할인이 가능하며 4인 이하 예약이 가능하다.

또한 이동통신사 SKT, KTF 20% 할인, 신용카드로는 신한 베니건스, LG2030, LG레이디, 신한 맨체스터유나이티드카드, 신한 TOPS CHECK 20% 할인, 하나 오토카드, 삼성 知&美카드, 현대 마이원 레드카드 10% 할인, 삼성 KIDS카드 키드메뉴 무료 등 각종 제휴할인이 가능하며, 국민KB카드 포인트, 삼성카드 보너스 포인트, 비씨 TOP포인트 등의 보너스 포인트를 결제 시 이용할 수 있다.

❷ 멤버십 프로그램

과학적인 마케팅과 고객 만족도 제고를 위한 Only Bennigan's 전략의 일환으로 추진한 멤버십 프로그램은 인터넷으로 고객이 식사한 메뉴, 지불금액, 포인트 조회, 상품신청 등 원하는 정보가 총망라되어 있어 고객에게 커다란 혜택을 제공하고 있으며, 포인트 적립 후 실시간으로 발송되는 이메일 감사편지는 고객에 대한 한 차원 높은 베니건스만의 서비스로 자리잡아 가고 있다.

❸ 고객데이터관리-모나크(MonArch)

베니건스는 모나크(MonArch)라는 웹기반의 고객관계관리(CRM) 솔루션을 사용하여 보다 정확하고 강력한 데이터베이스 마케팅 및 고객 정보시스템을 확보하고 있다. 모나크는 고객정보관리와 캠페인 진행을 이끌어주는 베이스 모듈을 중심으로 필드 영업조직을 지원하는 영업자동화(SFA) 모듈, 고객상담실 업무를 지원하는 헬프데스크 모듈, 마케팅리서치 기능을 제공하는 서베이 모듈, 주문처리 업무를 지원하는 오더 모듈 등 총 10여 개 모듈로 구성된다.

또한 이메일과 메시지서비스(SMS), 팩스, DM 등 고객과의 접촉에 사용되는 다양한 마케팅 채널들을 관리하는 기능이 기본 장착되어 채널들을 자동으로 연동, 정확한 타깃 마케팅을 가능케 한다. 특히 모든 회원들의 개인정보와 매출정보(POS)를 연동시켜서 어떤 유형의 고객이 어떤 유형의 메뉴를 선호하고 주문하는지 취식 행태를 실시간으로 확인할 수 있어 체계적인 고객밀착형 CRM을 실현하고 있다.

❹ 고객과의 커뮤니케이션-고객과의 창구개설

베니건스의 홈페이지는 각 매장별로 고객과의 창구가 개설되어 있어 1 : 1로 고객상담이 가능하다. 1 : 1 상담은 소비자의 다양한 욕구를 개별적으로 충족시켜 주고, 고객에게 친근한 접근이 가능하며 고객과의 관계를 통해 고객의 이탈을 방지할 수 있다는 장점이 있다. 고객들은 개별적 매장에 대한 의견 음식의 평가, 서비스 만족여부, 매장 방문 후 느낌뿐만 아니라, 베니건스 전체적인 메뉴의 평가, 멤버십, 쿠폰, 행사와 관련된 궁금한 사항과 의견을 인터넷을 통해 쉽게 전달할 수 있다. 이러한 시스템을 통해 베니건스는 고객커뮤니케이션의 획기적인 발전을 이루게 되었다.

(2) 피자업계의 후발 주자 파파존스의 CRM 활동

❶ 사랑을 나누는 파파스 데이(Papa's Day) 지정

파파존스에서는 매월 8일을 가족, 연인, 친구들이 함께 사랑을 나누는 날로 파파스 데이(Papa's Day)를 정하고, 라지 사이즈 이상 피자 주문 시 20% 할인 서비스를 제공한다. 이와는 별도로 주말을 제외한 평일에는 각 요일별로 지정된 피자를 온라인으로 주문 시 20% 할인된 가격으로 제공하는 요일별 이벤트도 진행한다.

❷ 고객과 함께하는 다양한 이벤트 프로그램

파파존스에서는 고객과의 관계개선을 위해 다양한 활동을 전개하고 있다. 피자 빨리 먹기 대회를 개최하였고, 리틀피자 만들기 체험행사와 수험생에게 책 나누기 운동, 장애인들을 위한 자선 행사, 방학을 맞은 학생들에게 풍성한 콘서트와 뮤지컬 문화 공연 및 스포츠경기 관람 기회를 제공하는 문화 이벤트를 진행하여 고객들에게 좋은 반응을 얻고 있다.

(3) 다브랜드 전략으로 승부하는 썬엣푸드의 CRM 활동

❶ 2H 프로그램운영(Happy & Healthy Program)

썬엣푸드는 건강한 육체와 건강한 정신을 바탕으로 기업을 경영하고 있으며 이를 위해 다양한 스포츠 활동을 통해서 직원간의 친목을 도모하고 있다. 또한 전 사원의 급여에서 1%를 Happy Fund로 조성을 하고 있으며, 이를 통해 지역사회와 불우한 이웃들에게 사랑을 나누는 활동을 적극적으로 하고 있다.

❷ 썬엣푸드의 통합 멤버십카드 'The Sth'

썬엣푸드에서는 2006년 로열티가 있는 멤버십 고객과 방문 위주의 고객들을 상대로 프로모션을 강화한 멤버십카드 The Sth를 런칭하고, 회원을 위한 포인트 경품 행사와 요일 마케팅을 진행해 매출에 긍정적인 작용을 하고 있다.

❸ 이벤트 메일링 서비스

썬엣푸드는 가장 적극적인 마케팅 도구로 이메일을 활용하고 있으며, 매월 신규메뉴 출시에 대한 안내와 진행하고 있는 이벤트를 충성고객에게 이메일을 통해 전달하고 있다. 충성고객의 70%는 한메일 사용자로 CRM 대상 회원인 한메일 고객들에 대한 적극적인 관리를 하고 있다.

❹ 해피버스(Happy Bus) 운영

Happy Bus는 기존에 각 브랜드별, 매장별로 진행되던 봉사활동을 썬엣푸드 전체 봉사로 묶는 의미에서 Happy Bus를 운영하고 있다. 모금행사를 통해 불우한 이웃이나 보육원, 양로원에 돈을 기증하기도 하고 직접 찾아가 다양한 봉사를 한다. 또한 아프리카 등 해외의 어려운 나라에 직접 찾아가 봉사활동도 한다.

(4) 사랑과 나눔의 기업 놀부(NBG)의 CRM 활동

❶ 홈페이지를 통한 포인트 적립 'N포인트'

(주)놀부는 홈페이지를 통하여 포인트 적립프로그램을 운영하고 있는데, 놀부 홈페이지에 가입할 시에 100포인트, 로그인 5포인트, 설문지를 작성 10포인트, 이메일 수신 5포인트, 이벤트 참여는 2포인트를 부여한다. 이러한 프로그램이 N포인트이며 포인트를 이용해 쿠폰을 쓸 수도 있는데, 1,000포인트 당 1만원의 고객식사권을 주는 등 많은 혜택들을 제공하고 있다.

❷ 놀부장학회 운영

(주)놀부 김순진 사장의 강력한 의지를 엿볼 수 있는 부분이며, 놀부에서 근무하는 직원 자녀들에게 장학금을 지원한다. 또한 놀부 외식논문 현상공모 등의 행사를 통하여 더욱 많은 학생들에게 장학금을 지원하고 있다.

❸ 놀부의 봉사활동

(주)놀부는 '사랑과 나눔'을 소중히 생각하면서 소외계층을 돕는데 항상 앞장

서고 있다. 음식과 문화를 다루는 외식기업인 만큼 사람에 대한 사랑과 소외된 계층이 대한 나눔을 실천하고 있다. 특히 장애우들의 복지환경에 남다른 관심을 기울이고 있으며, 요한의 집, 새빛 재활원, 작은 둥지, 양무리의 집, 꿈나무의 집, 나자로의 집 등 많은 시설들과 교류를 나누고 있다.

(5) 슬로우푸드(Slow Food)를 지향하는 본죽의 CRM 활동

❶ 본 커뮤니티를 통한 소통의 장 마련

본죽은 본 커뮤니티를 통하여 고객들과 각 점주들과의 소통의 장을 만들었다. 이 사이트에서는 본죽의 메뉴에 대한 고객들의 평가와 후기, 레스토랑의 만족도 뿐만 아니라 각종 이벤트 및 프로그램에 대한 소개가 잘 나타나 있다. 그리고 각종 요리 레시피를 제공하고 공유하는 게시판을 만들어서 네티즌들의 관심을 끌고 있다.

(6) VIPS의 CRM 활동

❶ 대기고객을 위한 다양한 서비스 제공

VIP에서는 고객의 레스토랑 방문 시에 다과준비, 인터넷 공간제공, 도서제공, 영상 컨텐츠를 감상 할 수 있는 공간을 제공하여 다양한 체험을 할 수 있도록 하고 있다.

❷ VIPS 메뉴 평가단 운영

VIP에서는 온・오프 라인상에서의 고객의 소리를 귀담아 들어 레스토랑의 메뉴를 지속적으로 리뉴얼하는 작업을 진행하고 있다.

❸ 어린이 VIPS 체험교실

유치원, 어린이집 등 단체 어린이 고객들을 대상으로 빕스 소개, 레스토랑에서의 예절, 샐러드 바 및 베이커리체험, 쿠키 만들기 등의 행사를 통해 어린아이 시절부터 빕스에 대한 이미지와 유대관계를 가지고자 하는 프로그램을 진행하고 있다.

3 e-CRM

1) e-CRM(Electronic Customer Relationship Management)의 개념과 특징

기존의 CRM이 외식업계와 호텔업계 측에서 효과적으로 활용되기도 하였으나, 여러 가지 대내외적인 환경변화로 인해 기업들은 CRM을 온라인에 적용하고자 e-CRM의 도입을 고려하기 시작하였다. 그리하여 인터넷을 이용한 전자상거래(e-commerce), 인터넷 마케팅(internet marketing), 개인화(personalisation) 그리고 셀프서비스(self-service) 등이 나타나기 시작했다. 새로운 기술을 보유한다는 것은 off-line의 CRM 활동을 e-business환경에서 완성할 수 있다는 뜻이다. CRM과 일반대중 지향적으로 e-business가 결합을 할 때 기업들은 e-CRM을 좀 더 쉽게 이해할 수 있을 것이다.

e-CRM은 일반적으로 인터넷 기반의 온라인 CRM을 의미하는데, "e-CRM은 실제로 CRM의 21세기 스타일이며, e-CRM이 CRM이고 CRM은 e-CRM이 되어야 한다"는 주장이 있을 정도로 e-CRM이 새로운 커뮤니케이션 방법으로 대두되고 있다. e-CRM은 고객 각각의 요구사항에 대해 전자기술(electronic technology)에 기반을 둔 전자채널(e-channel)을 이용해 고객과 접촉을 갖고 고객의 요구사

항을 처리하며 마케팅, 판매, 서비스의 세 가지 기업활동을 할 수 있는 환경을 갖추는 것이라고 할 수 있다. 여기서 전자채널은 인터넷, 키오스크, 쌍방향 TV 및 EDI 기술(기업 간 주문내용 데이터를 플랫 파일로 전송하는 기술)을 포함한다. 최근 들어 CRM에 전자기술을 도입되면서 e-CRM 관련연구가 전개되고 있으며 학자들과 실무자들을 중심으로 다양한 정의가 내려지고 있는데, e-CRM에 관한 정의를 정리하면 〈표 14-1〉과 같다.

〈표 14-1〉 e-CRM의 정의

연구자	정 의
Reinartz, Krafft & Hoyer (2004)	e-CRM은 CRM과 기술의 결합이며, e-CRM은 CRM과 동일한 것
성현선(2004)	e-CRM이란 e비즈니스 환경에서 전개되는 CRM
Kelly, Gilbert & Mannicom (2003)	e-CRM이란 잠재적인 개별고객 유치나 장기적인 고객관계형성 및 유지를 하기 위한 특별한 목적을 가지고 웹사이트, e-mail, 데이터 갭쳐, 데이터 웨어하우징, 데이터 마이닝과 같은 기술을 이용해서 인터넷으로 전달되는 마케팅 활동, 도구, 기술
Kotorov(2002)	e-CRM은 고객서비스의 규모와 범위를 증가시키기 위해서 정보와 의사소통 기술을 적용시키는 것
Rigby, Reicheld & Schefter (2002)	e-CRM은 기술적인 소프트웨어 적용뿐만 아니라, 고객을 유인·유지·관리하고자 하는 기업의 목표를 달성시켜 주는 것
Romano & Fjermestad (2001~2002)	e-CRM은 경제적인 이득을 제공해주는 고객을 유인하고, 유지할 수 있도록 설계되어진 기술이며, e-CRM은 하드웨어, 소프트웨어, 프로세스, 기술적용, 관리몰입의 집합체
Dyche(2001)	e-CRM은 고객과의 관계를 강화하고 기업에 성과를 제공하기 위해서 운영적·분석적 기술을 적용하는 것
Rosen(2001)	e-CRM은 사람(people), 과정(process), 기술(technology)의 집합체
Winer(2001)	e-CRM은 새로운 시대흐름에 발맞추어 신기술을 적용한 고객관계관리 시스템

송현수(2002)	e-CRM은 크게 상품과 서비스, 콘텐츠를 온라인상의 고객접촉 수단과 원리를 활용하여 수시 또는 즉시로 쌓이는 기업 내 · 외부의 고객관련 정보를 통합하고 가공 · 재정리 · 분류하여 이것을 전략적으로 분석함으로써 고객과의 관계 개선을 통해 고객만족도를 향상시키고 고정고객화를 통해 고객충성심을 증진시켜 궁극적으로는 수익구조를 개선하는 경영관리활동 내지는 솔루션 운용활동
강현식 · 서영호(2001)	인터넷을 통해서 고객의 기본적인 인적 정보, 클릭 스트림을 통한 주요 관심사, 구매정보와 불만/문의정보 등을 실시간으로 분석하고 마케팅 활동으로 바로 연결이 가능한 솔루션
전성훈 · 최현희(2001)	e-CRM은 e채널과 전통적 채널을 포괄하여 기업의 e-Business 영역 전반에 걸쳐 고객과 적정한 시기에 개인화되고 인터렉티브한 커뮤니케이션을 행하는 활동

2) CRM과 e-CRM의 차이

e-CRM은 기존의 CRM과 달리 인터넷을 통해 고객데이터를 수집하고 고객과 쌍방향으로 실시간 커뮤니케이션이 가능하다. CRM과 e-CRM은 고객관계를 지원한다는 면에서 많은 공통점이 있지만, e-CRM이 인터넷을 활용한다는 점에서 주문처리 및 고객 불만응대처리에 대해 신속하게 대응할 수 있어 고객만족도가 상승하게 되며, 통합된 정보공유를 통해 처리과정이 단순해지고, 처리 오류 및 비용감소를 가져옴으로써 궁극적으로 기업의 수익을 창출할 수 있도록 해준다.

CRM과 e-CRM의 차이점을 살펴보면 크게 네 가지로 정리할 수 있다.

첫째, 고객접점의 경로에 차이가 있다. e-CRM의 고객접점 경로는 CRM의 고객접점 경로에 포함된다. 즉 e-CRM은 e-mail, 인터넷, 이동통신, 전자카탈로그, PDA, 디지털 TV방식의 온라인 환경에서 고객과의 접촉 또는 커뮤니케이션을 통해 CRM솔루션의 구축 및 운용이 가능하다. 그 반면에 CRM은 전술한 e-CRM의 접촉영역을 포함하여 전화, 팩스, 도소매업자, 지역점 또는 체인점 등 기존의 오프라인 중심 경로까지 구축할 수 있다.

둘째, 활용 목적에 차이가 있다. e-CRM은 실시간 · 다채널 · 동시의 커뮤니케이션 수단을 중시하는 반면에, CRM은 전통적인 오프라인 경로를 중심으로 고객 관계 개선을 통한 경영 효율성과 수익구조 개선을 중시한다.

셋째, 활용범위에 차이가 있다. e-CRM은 마케팅적인 측면이 강하다. 즉 고객에게 알림, 판촉, 쌍방향 커뮤니케이션 등을 개선하기 위한 의사전달 기능으로 콘텐츠 활용과 커뮤니케이션 빈도, 제품 및 서비스의 활용능력이 높다. 반면에 CRM은 대면 또는 비대면 접촉의 활성화, 판매 및 경영활동의 경로별 조화를 통한 경영효율성이 강하다.

넷째, 활용 능력에 차이가 있다. e-CRM은 고객 개개인의 행동 특성과 상황 데이터를 실시간으로 접할 수 있을 뿐만 아니라 복합적인 상황처리가 가능하다. 반면에 CRM은 과거의 경험 · 분석된 가공 정보를 중심으로 활용한다.

CRM과 e-CRM의 전략적 구분과 차이점을 요약설명하면 〈표 14-2〉와 같다.

〈표 14-2〉 CRM과 e-CRM 비교

구 분		CRM	e-CRM
관계	범위	전사적 관계	확장된 전사적 관계
	통제	기 업	기업과 고객
	본질	단순 통계적	복잡하고 유동적
	초점	고 객	
데이터	목적	고객과 관계자의 이해와 증진	
	요약	구매서비스 데이터에 근거한 데이터 요약(구매금액, 건수, Call 건수)	구매이력 이외에 방문횟수, 관심 횟수, 광고 관심횟수, 게시판 사용 횟수 등 고객의 행위를 표현하는 정보의 사용
	채널	복수의 분산된 채널(영업사원 방문, 전화, DM, TM 등)	인터넷을 활용한 단일통합체계(웹로그 데이터, e메일 반응, 웹 콜센터)

고객요청 처리과정	복잡하고 처리과정에 오류 가능성	On-demand access로 단순한 절차와 시간 처리
비 용	높은 인건비로 관리비용이 상대적으로 높음	초기 IT비용이 높은 반면에 유지관리 비용이 낮음
온라인 서비스 대응	주로 전화를 이용한 단순한 질의응답	음성, 동화상, Multimedia, FAQ 등 고객관심 분야
시간적·공간적 범 위	제한된 시간, 지역적 한계 존재	지역적, 시간적 제약 탈피

자료 : 김태희 · 소정현 · 박홍현(2004) 등을 참조로 재정리

3) e-CRM 활동(e-CRM Activity)

e-CRM에 관한 연구는 2000년도를 넘어서 본격적으로 나타나기 시작하였다. Feinberg, Kadam, Hokama, & Kim(2002)은 일반소매기업, 전문소매기업과 인터넷 소매기업 간의 e-CRM 활동의 실시 정도와 이에 따른 고객의 만족도, 충성도, 기업성과를 비교 · 분석하였고, Fjermestad and Romano(2003)는 e-CRM을 실행하고 있는 인터넷관련 13개 기업을 선정하여 e-CRM시스템 실행 정도를 조사하였다. Baloglu and Pekcan(2006)은 터키의 총139개 특급호텔을 대상으로 인터넷을 통한 e-마케팅활동 정도를 알아보았다. 국내의 경우, 김태희 · 소정현 · 박홍현(2004)의 외식업체 e-CRM 활동 등이 진행되고 있다(황수영 · 김성혁, 2008).

(1) e-Marketing, e-Sales, e-Service, e-Support, e-System

Raaen(2000)은 Anderson Consulting의 연구를 인용하여 우수한 성과를 나타내는 기업에서는 여러 핵심역량들 중에서 CRM의 역량인 Marketing, Sales, Service가 기업성과에 영향을 미치며 향후 ROS(Return On Sales)에도 상당한 영향을 미친다고 설명하였다. 일부 연구자들(Kincaid, 2003; West, 2001)은 이러한 CRM의

핵심역량에 대한 주장에 맥락을 함께 하고 있다. West(2001)는 기업과 고객간의 상호작용인 CRM 활동을 Marketing, Sales, Service의 흐름으로 움직이는 고객라이프사이클(customer life cycle) 측면에서 고려해야하며 이를 뒷받침해 줄 기술도입이 가능해야 한다고 주장하였다. Kincaid(2003)는 CRM을 정보(information), 과정(process), 기술(technology) 그리고 사람(people)을 이용해서 기업들이 고객의 라이프사이클에 맞게 Marketing, Sales, Service, Support를 제공함으로써 고객관계를 관리하는 것이라고 하였다. 특히, 그는 Marketing은 CRM과 가장 잘 연계되어있는 영역으로써, 기업을 성공으로 이끄는 중요한 영역이며, 전통적인 마케팅은 브랜드인지나 메시지전달이 주였지만, 현대에 들어서는 고객과의 상호작용 및 상호대화의 영역으로 확산되고 있다고 하였다. 그에 의하면 Sales는 구매활동의 결과물로서 CRM을 통해 얻을 수 있는 궁극적인 기업의 혜택이기도 하다. 또한 Service는 고객에게 컨설턴트나 상호작용을 통해 기업과 고객관계를 원활하게 하는 역할을 하며, Support는 고객의 소리에 귀를 기울이고, 고객의 어려운 점이나 불만사항들을 해결해주는 활동으로 보고 있다.

고객관계관리 측면에서 질 높은 service와 support는 고객을 유지하고 좋은 관계를 이어가는 핵심역할을 한다(Yelkur, 2000). IT(Information Technology)와 IS (Information System)는 CRM을 발전시키는 핵심역할을 하며 모든 CRM 활동의 흐름에 이용되기도 한다(Kincaid, 2003; Ling and Yen, 2001). 이렇듯 다년간의 기존연구 검토에 의해 CRM과 e-CRM 활동의 구성요소들이 밝혀지기 시작하였다. Ngai(2005)는 10년(1992~2002년) 동안 이루어진 CRM에 관한 기존연구의 흐름을 고찰하는 가운데 Kincaid(2003)가 분류한 Marketing, Sales, Service, Support, IT & IS 활동분야로 나눠서 CRM연구를 검토하였다. 이러한 CRM의 활동영역은 인터넷을 기반으로 하는 e-CRM 활동영역으로 연결되어 e-Marketing, e-Sales, e-Service로 적용이 가능해졌다(Ngai, 2005).

(2) e-CRM 활동 정의

e-CRM 활동은 인터넷을 통한 CRM 활동으로 간주하고, Raaen(2000)과 West (2001)가 주장한 Marketing, Sales, Service와 Kincaid(2003)의 Marketing, Sales, Service, Support 그리고 Ngai(2005)의 Marketing, Sales, Service & Support, Information Technology & Information Systems 등으로 나눈 CRM 활동영역을 e-CRM 활동으로 종합적으로 적용하여, 황수영과 김성혁(2008)은 비록 모든 학자들이 IT와 System을 CRM요소로 포함하고 있지는 않으나, 그들 대부분이 IT와 System은 모든 CRM 활동에 적용되어 업무를 원활히 해주며 CRM 활동을 발전시키는 원동력이 된다(Ling and Yen, 2001; Kincaid, 2003)고 판단하여, e-CRM 활동을 〈그림 14-3〉과 같이 다섯 가지 차원으로 구분하여 e-Marketing, e-Sales, e-Service, e-Support, e-System 등으로 명명하고 〈표 14-3〉과 같이 정의하였다.

〈그림 14-3〉 e-CRM 활동영역

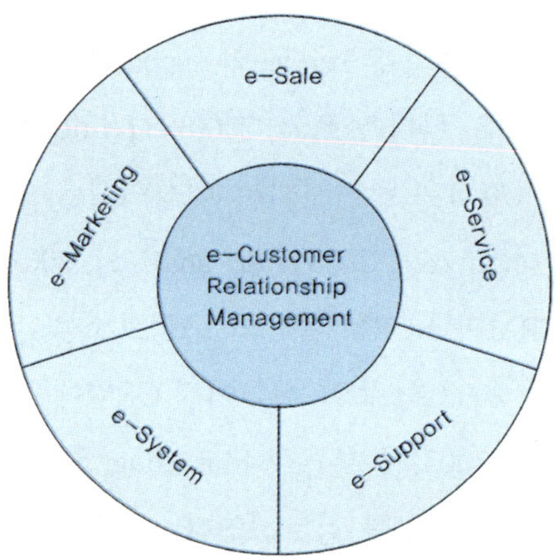

자료 : Kincaid(2003), Ngai(2005), Raaen(2000), West(2001) 등의 CRM 활동영역을 기반으로 해서 e-CRM 활동영역으로 재정립

〈표 14-3〉 e-CRM 활동의 정의

e-CRM 활동속성	조작적 정의	출 처
e-Marketing	인터넷을 통해 브랜드인지, 메시지 전달, 개별고객의 정보를 획득하여 의미 있는 고객을 찾아내고 수익성 높은 고객층을 대상으로 접근전략을 수립하는 모든 활동	Ngai(2005) Kincaid(2003) West(2001)
e-Sales	인터넷상에서 서비스/상품을 판매하는 것과 온라인 판매를 지원하기 위한 모든 활동	Ngai(2005) Kincaid(2003) West(2001)
e-Service	인터넷상에서 고객에게 컨설턴트하거나 상호작용을 통해 기업과 고객관계를 원활할 수 있게 온라인서비스를 관리하는 모든 활동	Ngai(2005) Kincaid(2003) West(2001) Yelkur(2000)
e-Support	인터넷을 통해 고객의 소리에 귀를 기울이고, 고객이 어려운 점이나 불만사항들을 해결해 주는 모든 활동	Ngai(2005) Kincaid(2003) West(2001) Yelkur(2000)
e-System	인터넷을 통한 e-CRM 활동을 원활히 할 수 있도록 시스템 기반을 제공하고 전반적인 시스템을 지원·관리하는 모든 활동	Ngai(2005) Kincaid(2003) West(2001) Ling and Yen(2001)

4) 외식업계 e-CRM 활동 현황

외식업계를 대표하는 대형업체 중 아웃백, 씨제푸드빌, 피자헛에 종사하는 CRM 또는 e-CRM 전문가들을 대상으로 현재 외식업계의 e-CRM 활동 현황에 대해서 조사해 보았다(황수영 · 김성혁, 2008). 이들의 공통된 의견을 종합해보면. 현재 실질적으로 외식업계에서는 e-CRM 활동이 잘 이루어지지 않고 있으며, 대부분 도입단계라고 하였다. 외식업체 중에서도 국내에 본사를 두고 있는 사업체와 국외에 본사를 두고 있는 사업체간의 e-CRM을 바라보는 입장이 조금

달랐다. 우선 국내의 경우, 국내의 대표적인 외식업체 씨제푸드빌은 e-CRM 활동을 통한 구매는 실제적으로 이루어지고 있지 않고 있으며, 앞으로도 현실성이 부족하다고 언급하였다. 그 이유는 현재 외식산업은 온라인보다는 오프라인을 통해서 전화로 예약을 받고 있으며, 오프라인예약일지라도 예약을 통해서는 결제지불은 불가능하며 매장에 직접 가서 외식상품의 서비스를 받을 때 비로소 직접적인 구매와 결제가 이루어진다고 설명하였다. 국내 외식업체의 경우 외식산업을 하나의 트렌드로 보고 있기 때문에, 한 외식상품의 평균 생명주기를 2년으로 보고 있으므로, 기존고객을 확보해서 e-CRM 활동을 해나가는 것은 무리라고 설명하였다. 또한 외식업체는 본사 아래 전국에 상당히 많은 소규모의 지점을 가지고 있기 때문에, 각 지점차원에서 자신들의 기존고객을 대상으로 e-CRM 활동을 하기에는 인력과 시스템 측면에서 많이 열악하다고 언급하면서 향후 e-CRM 활동 발전가능성을 희박하게 보고 있었다.

반면에, 외국에 본사를 두고 있는 우리나라의 대표 외식업계인 아웃백과 피자헛에서도 e-CRM 활동을 통해 구매는 실제적으로 이루어지지 않으나, 국내업체와는 달리 앞으로 e-CRM 활동을 통한 기존고객성장 가능성을 긍정적으로 내다보고 있었다. 특히, 배달을 병행하고 있는 피자헛의 경우, 인터넷 이용이 친숙하고 빈번한 젊은 층의 고객들이 점차적으로 온라인을 통한 주문이 늘어가고 있다고 설명하였다. 온라인을 통한 주문 횟수량에 따라, 포인트가 쌓여서 그에 대한 혜택을 기존고객에게 제공하고 있고, 이로 인해 고객들의 타사로의 전환을 막고 수익이 증대되고 있다고 설명하였으며, 꾸준히 온라인을 통한 고객들의 수가 늘어가는 추세라고 하였다. 매장의 경우도, 앞으로는 웹사이트를 통해서 외식서비스상품 정보만을 제공할 것이 아니라, 구매에 관한 관련 업무들도 가능하도록 차근히 추진해 나갈 계획이라고 설명하였다. 따라서 비록 현재로는 외식업체의 e-CRM 활동이 도입기이고, 그리 활발하지 않으나, 인터넷에 친숙한 10~20

대 젊은 세대들이 본격적인 소비활동을 하는 때가 곧 도래함으로써 외식업체의 e-CRM 활동은 향후 상당히 발달할 것이므로, 관련 외식업체들은 변화하는 시대 변화에 발맞추어 철저한 준비와 대비를 할 필요가 있을 것이다.

다브랜드 전략으로 외식업계 평정에 나선 '썬엣푸드'

Coffee Break

썬엣푸드는 1995년 독립법인으로 출범한 (주)이오코퍼레이션을 토대로 압구정동에 토니로마스 1호점을 오픈하면서 외식전문 기업으로 성장해 왔다. 2000년 썬엣푸드로 사명을 변경한 후 출범 10년 만에 브랜드 5개, 총 50여 개 매장을 운영하게 되었으며 이 중 립 전문 레스토랑 '토니로마스'와 스테이크 전문점 '페퍼런치'는 해외브랜드이며 '스파게띠아', '메드포갈릭', '봄날의 보리밥'은 자체 개발한 브랜드이다. 특히, 메드포갈릭은 업계 최초의 마늘 요리 전문 레스토랑으로, 새로운 메뉴와 컨셉으로 고객들의 높은 호응을 얻고 있다.

TONY ROMA'S

1972년 1월 20일 Mr. Tony Roma는 Florida주 Miami에 오랜 경험을 바탕으로 Tony Roma's라는 브랜드를 처음으로 오픈 하였다. 이후 편안한 인테리어, 이웃집 같은 바와 맛있는 음식, 친절한 서비스 등으로 성황을 이루게 되었다. 한국에서는 1995년 압구정동에 1호점을 오픈하였다.

Spaghettia

1996년 12월에 런칭한 스파게띠아는 국내 개발 브랜드로서 편안하고 자유로운 분위기에서 스파게띠아만의 조리법을 통해 정통 이탈리안 메뉴부터 한국적인 맛을 살린 다양한 퓨전 메뉴를 선보이고 있다.

Mad for Garlic

'마늘에 미치다'라는 의미의 메드포갈릭은 마늘을 이용한 50여 가지의 이태리 음식과 100여 가지의 다양한 와인 및 음료를 편안하게 즐길 수 있는 새로운 개념의 이탈리안 와인 Bistro이다.

모 락

한국적 정서와 세련되면서도 정겹게 느껴지는 새로운 컨셉의 모락은 우리 땅에서 재배되는 신선한 채소와 소스를 사용해 더욱 건강하고 맛깔스러운 메뉴를 선보이고 있다.

자료 : 썬엣푸드 홈페이지에서 발췌

참고문헌

강현식 · 서영호(2001). 고객구매 활동 기반의 e-CRM전략. 품질경영학회지, 28(3), 133-144.

김성혁(1996). 외식서비스, 백산출판사.

______(2004). 호텔관광서비스마케팅, 백산출판사.

김태희 · 소정현 · 박홍현(2004). 패밀리 레스토랑의 e-CRM 구성요인이 e-CRM 활동만족도 및 외식서비스 만족도에 미치는 영향에 관한 연구. 호텔경영학연구, 13(4), 97-114.

도이도시오(土井利雄, 1990). 외식, 일본경제신문사.

성현선(2004). 호텔기업의 인터넷 고객관계관리 접점과 고객인식과의 관계연구. 호텔경영학연구, 13(1), 99-117.

손일락(1993). 미래의 식당경영, 형설출판사.

송현수(2002). e-CRM 구축과 운용전략. 서울: 새로운 제안. 15-17.

신재영 · 박기용(2000). 외식산업개론, 대왕사.

이우용 · 정구현(1991). 마케팅원론, 형설출판사.

이정실(2002). 외식기업경영론, 기문사.

전성훈 · 최현희(2001). e-CRM 실무지침. 서울: 삼각형프레스, 25-26.

통계청(www.nso.go.kr). 가계조사연보.

황수영 · 김성혁(2008). 여행 · 호텔 · 항공 · 외식업의 e-CRM 활동에 관한 탐색적 연구. 관광학연구, 32(6), 383-403.

AMA(1985), *Marketing News*, March.1.

______(1985). *AMA Marketing Definitions : A Glossary of Marketing Terms*, Committee on Definitions.

Baloglu, S., & Pekcan, Y. A.(2006). The website design and internet site marketing practices of upscale and luxury hotels in Turkey. *Tourism Management*, 27, pp. 171-176.

Berry, L. L., et al., eds,(1984). *Emerging Perspectives of Services Marketing*, AMA.

Bradach, Jeffrey L.,(1999). *Franchise Organizations*, Harvard Business School Press.

Burke, J. E., and Resnick, B. P.(1991). *Marketing & Selling the Travel Product*, South-Western Publishing Co. Ohio.

Christopher W. L. H, and Troy, D. A.(1986). Strategic Hotel / Motel Marketing. East Lansing, MI.

Cohen, E.(1979). "Rethinging the Sociology of tourism", Annals of Tourism Research, Vol.6. 1979. pp. 18-35.

Coltman, M. M.(1989). Tourism Marketing, N.Y.: Van Nostrand Reinhold.

Dyche, J.(2001). *The CRM Handbook : A Business Guide to Customer Relationship Management*. Addison-Wesley, Bostone, MA.

Feinberg, R. A., Kadam, R., Hokama, L., & Kim, L. H.(2002). The state of electronic customer relationship management in retailing. *International Journal of Retail & Distribution Management*, 30(10), pp. 470-481.

Fjermestad, J., & Romano, N. C. Jr.(2003). Electronic customer relationship management : Revisiting the general principles of usability and resistance-an integrative implementation framework. *Business Process Management Journal*, 9(5), pp. 572-591.

Goodal, B., and Ashworth, G.(1988). *Marketing in the Tourism Industry : The Promotion of Destination Regions*, eds, Routledge, London.

Gronroos, C.(1983). *Strategic Management and Marketing in the Service Sector*, MSI.

Howell, D. W.(1989). Passport : *An Introduction to the Travel and Tourism Industry*, South-Western Publishing Co.

Kelly, L. L., Gilbert, D. & Mannicom, R.(2003). How e-CRM can enhance customer loyalty. Marketing Intelligence and Planning, 21(4), pp. 239-248.

Kincaid, J. W.(2003). *Customer Relationship Management - getting it right -*. Prentice Hall PTR, Upper Saddle River, NJ.

Kotler, P.(1986). *Principles of Marketing*, Prentice-Hall, Inc, 3ed.

Kotorov, R. P.(2002). Ubiquitous organization : organizational design for e-CRM. *Business Process Management Journal*, 8(3), pp. 218-232.

Levitt. T., Bowen J., and Makens J.(1996). *Marketing for Hospitality and Tourism*, Prentice-Hall., Upper Saddle River, NJ.

Ling, R., & Yen, D. C.(2001), Customer relationship management : an analysis framework and implementation strategies, *Journal of Computer Information System*, 41(3), pp. 82-97.

Mathieson, A., and Wall, G. W.(1982). *Tourism : Economic, Physical and Social Impacts*, Longman, London.

McIntosh, R. W., and Goeldner, C. R.(2000). *Tourism : Principles, Practices*, Philosophies, N.Y.: Wiley.

Middleton. V. T. C.(1988). *Marketing in Travel & Tourism*, Heinemann Professional Publishing.

Mill. R. C., & Morrison, A. M.(1985). *The Tourism Marketing System : An Introductory Text*. Prentice-Hall, Inc.

Ngai, E. W. T.(2005). Customer relationship management research(1992~2002) : An academic literature review and classification. *Marketing Intelligence & Planing*, 23(6), pp. 582-605.

Nykiel. R. A.(1989). *Marketing in the Hospitality Industry*, N.Y.: Van Nostrand Reinhold.

Raaen, D. A.(2000). A Strategic approach to CRM. *America's Network*, 104(6), pp. 35-44.

Reinartz, W., Krafft, M., & Hoyer, W. D.(2004). The customer relationship management process : Its measurement and impact on performance. Journal of Marketing Research, 41(3), pp. 293-305.

Rigby, D, K., Reicheld, F., & Schefter, P.(2002). Avoid the four perils of CRM. *Harvard Business Review*, Feb, pp. 101-110.

Romano, N. C., & Fjermestad, J.(2001~2002). An agenda for electronic commerce customer relationship management research. in DeGross, J.(ED.), *Proceeding of Seventh Annual Americas Conference on Information System*, Boston, MA, August 3-5, Omnipress, pp. 831-834.

Rosen, K.(2001). Five myths of CRM, Computerworld, available at : www.computerworld.com/softwaretopics/crm/story/0,10801,60972,00html(accessed 31 May).

Wahab, S., Crampon, L. J., and Rothfield, L. M.(1976). *Tourism Marketing*. London: Tourism International Press.

West, J.(2001). Customer relationship management and you. *IIE Solusions*, 33(4), 34-7.

Winer, R. S.(2001). A framework for customer relationship management. *California Management Review*, 43(4), pp. 89-105.

Yelkur, R.(2000). Customer satisfaction and the services marketing mix, *Service Marketing Quarterly*, 21(1), pp. 105-120.

Zeithaml, V. A.(1997). *Defining and Relating Price, Perceived Quality, and Perceived Value. Cambridge*, Mass.: Marketing Science Institude.

Zeithaml, V. A., and Bitner, M. J.(1996). *Service Marketing*. N.Y.: McGraw-Hill.

찾아보기

김성혁(金聖奕)

일본 경응의숙(KEIO大) 상학박사
한국관광학회 부회장, 편집위원장 역임
문화체육관광부 관광자문위원 등
현) 세종대학교 호텔관광경영학과 교수

저서 및 논문 | 관광학원론(형설출판사, 2004), 호텔관광서비스마케팅(백산출판사, 2004) 외 다수
논문 140여 편

황수영(黃琇映)

Griffith University, Master of International Tourism & Hospitality Management
세종대학교 호텔관광경영학 박사
현) 안양대학교 관광경영학과 교수

저서 및 논문 | 여행·호텔·항공·외식업의 e-CRM 활동에 관한 탐색적 연구(관광학연구, 2008), 레스토랑직원의 서비스교육훈련과 조직공정성이 조직유효성 및 고객지향성에 미치는 영향(관광레저연구, 2007) 외 다수

김연선(金連善)

경원대학교 관광경영학과 경영학석사
세종대학교 호텔관광경영학박사
호텔관리사, 식품위생관리사, The Food Safety Manager, 조주기능사
(주)태승21 임피리얼팰리스 호텔 근무, (주)인토외식산업 근무 역임
현) 원광보건대학 호텔관광과 교수

저서 및 논문 | 셀프리더십이 팀웍과 자기효능감, 직무만족, 조직몰입 및 직무성과에 미치는 영향: 특급호텔 Wine & Dining Restaurant을 중심으로 외 다수

외식마케팅론

2009년 8월 20일 초판 1쇄 발행
2015년 1월 20일 초판 3쇄 발행

지은이 김성혁 · 황수영 · 김연선
펴낸이 진욱상 · 진성원
펴낸곳 백산출판사
교 정 편집부
본문디자인 조영숙
표지디자인 편집부

등 록 1974년 1월 9일 제1-72호
주 소 서울시 성북구 정릉로 157(백산빌딩 4층)
전 화 02-914-1621/02-917-6240
팩 스 02-912-4438
이메일 editbsp@naver.com
홈페이지 www.ibaeksan.kr

ISBN 978-89-6183-205-2
값 20,000원